운세별 성공처세술과 六神易學

– 내 운명 내가 보는
신 사주팔자 보는법 –

운세별 성공처세술과 六神易學

1판 1쇄 2015. 4. 28.
저 자 魯炳漢
발 행 인 이 창 식
발 행 처 안암문화사
등   록 1978. 5. 24. 제2-565호
          135-200 서울시 강남구 밤고개로 21길 25
          포레 레미안APT 311동 807호
전   화 02)2238-0491
팩   스 02)2252-4334
E-mail anam2008@naver.com

Copyright © 2015. by An Am Publishing Co.
Printed in Seoul, Korea

ISBN   978-89-7235-054-5   03150

易學의 지혜, 운세별로 대처하는 **성공처세술 코칭**

운세별 성공처세술과 六神易學

한국미래예측연구소 소장

魯 炳 漢 博士 著

圖書出版 **안암문화사**

易學의 지혜, 운세별로 대처하는
성공처세술 코칭

사람들은 저마다 좋은 운이 오기를 소망하며 살아간다. 기다린다고 좋은 운이 그냥 오는 것은 아니다. 저마다 자신과 가족의 운수대통을 달라며 하나님이든 부처님이든 천지신명께 기도를 하면서 신앙생활도 한다.

언제 운수대통이 올지 궁금해 하면서 철학관이나 영매자 또는 무속인을 찾아가 묻기도 한다. 그러나 운수풀이를 하고 점사를 해주는 그들도 자신의 운수대통을 몰라서 다들 그냥 그렇게 산다.

이제 어찌할 것인가? 운수대통을 하려면 운수대통 하는 방법이 뭔가를 먼저 알아야만 하고 이를 준비하고 대응하는 대처방법을 강구한 후에 실천을 해야만 운수대통도 가능해질 것이다. 노력이 기회를 만나면 그게 운(運)이다. 노력은 때를 기다리며 철저히 준비하는 과정이다.

소극적인 운명론은 타고난 천명에 순응하는 논리다. 그러나 적극적 운명개척이론은 타고난 천명의 개조가 가능하다는 논리다.

운세분석과정에서 대운 연운 월운의 관찰에 기본원칙은 천간(天干)을 중심으로 본다. 그러나 해당 지지(地支)의 12운성의 강약에 따라 천간(天干)운기의 강약이 다르게 나타난다.

역학(易學)이나 사주명리에서 사람에게 주어진 운명과 일정기간 진행되는 운세를 분석하는 판단기준은 육신(六神)이다.

육신과 육친에는 10가지의 유형이 있는데 비겁(比劫), 식상(食傷), 재성(財星), 관성(官星), 인성(印星)이다. 그래서 육신을 십성(十星), 십신(十神)이라고 부르기도 한다.

각각의 육신이 갖는 기본성정은 해당 육신이 갖는 본래의 성정이다. 그러나 A라는 육신이 또 다른 B라는 육신을 만나 상호관계를 가지면서부터 A라는 육신의 본래 성정은 둔갑해 다른 양상으로 변하게 된다는 것이 자연이치 자연섭리 물리현상이며 그 궤를 같이 한다. 이러한 점이 바로 수수께끼와 같은 생명과 운명의 비밀의 문을 열고 들어가는 키워드다.

만물과 모든 생명체들이 갖는 성정이나 행동양태가 절대적인 것이 아니라 상대적인 이중성과 다양성을 갖는다는 사실이 바로 음양의 진리이고 자연의 이치다. 만물은 홀로 존재하는 것이 아니라 상호간의 관계와 작용성에 의해서 생성하고 소멸하듯 또 존재하고 작용하며 순환하듯 윤회를 한다.

우주와 자연 그리고 생명체의 구성 원리는 원소와 물질들의 결합과 해체과정에서 생성 소멸을 하는 일정한 순환과 윤회의 과정이기 때문이다. 자연계의 모든 원소와 물질들은 혼자였을 때의 성정과 혹은 다른 인자와 결합하여 다른 양상으로 상호관계를 맺을 때의 성정이 전혀 다르다는 점이 이미 과학적인 실험과 증명 과정 등을 통해서 입증이 된 사실이다.

그러므로 사람의 운명과 운세를 분석해 판단함에도 그 사람에게 주어지고 처해진 운세의 기간별로 둔갑해 변신해버린 육신의 성정을 바르게 이해하고 적용하여 운세를 판단해야만 그에 대한 올바른 대처와 대응방법이 강구될 수 있을 것이고 결과적으로 성공적인 처세도 가능해질 것이다.

상대성원리의 중심인 상관관계는 인연이다. 인연은 만남이고 씨앗인데 씨앗의 좋고 나쁨이 모든 것을 결정한다. 상관관계를 다른 말로 표현하면 인연이다. 인연에는 흥하는 인연도 있고 망하는 인연도 있기 마련이다. 만남에도 사람의 만남, 스승의 만남, 학문의 만남, 이론의 만남, 직업의 만남, 종교의 만남 등 그 형태도 다양하다.

그러므로 육신의 동향에 따라 운세분석을 좌우하는 올바른 육신 성정의 적용과 올바른 운세분석과 적용 그리고 판단이 필요한 이유다. 운세분석에서 육신이 갖는 본래의 성정만으로 주어진 운세를 판단을 한다면 그릇된 판단을 하기가 십상이다. 미분 적분이 필요한 상황에 감감승제만을 가지고 덤비는 꼴일 것이니 말이다.

기본적으로 천명사주분석과 운세분석에서 육신의 기본성정을 잘 따져서 제아무리 잘 살핀다고 한들 다른 인자와의 상호관계 속에서 변해서 둔갑해버린 육신의 둔갑성정과 그 속사정을 정확히 모른다면 운세판단을 백번이고 천만번한들 무슨 소용이 있겠는가?

사주와 운세분석에서 관건은 육신이 갖는 본래 그 자체의 성정이 아니라 주인공(日干)과 신하(他六神)와의 이해관계다. 육신간의 상관관계에서 서로 유익하면 기뻐하고 반기며 후대를 하지만 서로 무익하여 쓸모가 없고 불리한 관계라면 미워하고 방해하며 싫어함이 상식이고 진리다. 이 세상의 만물이 시간(天時)에 따라서 변화를 하듯이 사주와 운세분석에서 육신의 가치와 성정도 또한 시간에 따라서 항상 변동함이 자연의 섭리다.

적과 동지의 구분이 항상 똑같을 수만은 없다. 오늘의 동지가 내일의 적이 될 수도 있고 오늘의 적이 내일의 동지가 될 수도 있음이다. 이렇듯 사주와 운세분석에서도 주인공을 기쁘게 하는 오늘의 희신(喜神)이 주인공을 괴롭히는 내일의 기신(忌神)이 될 수도 있음이고, 주인공을 괴롭히는 오늘의 기신이 주인공을 기쁘게 하는 내일의 희신이 될 수도 있음이다.

이렇게 사주와 운세분석에서 희신과 기신의 역할관계가 시간에 따라서 늘 변화하고 있다. 물레방아처럼 돌고 도는 것이 인생이라는 속담이 있듯이 한 인간의 운명을 조정하는 육신의 희신과 기신도 물레방아처럼 돌고 돌기 때문에 삶의 흥망성쇠가 무상한 것이 아니겠는가?

그래서 운명의 진행과정에서 희신이 때를 만나 득령 득세를 할 경우에는 춘풍에 꽃이 만발하는 격이니 매사에 만사형통하고 부귀영화를 누린다. 그러나 반대로 운명의 진행과정에서 기신이 득령 득세를 할 경우에는 천하의 누구든 추풍낙엽처럼 몰락하고 만사불성이니 천하 없는 누구라도 질병 재앙 실패 빈곤에 허덕이게 되어 곤경에 처하게 되는 것이 주어진 팔자이고 운명이다.

그러나 하나의 육신이 또 다른 육신을 만나게 되면 서로의 색다른 상관관계가 형성되어 그 육신이 본래에 가지고 있던 성정과 운질이 다른 양상으로 변해버린다. 이점이 매우 중요한 관건이다. 정상오행인 정(正)오행이 변화해서 변화오행인 화(化)오행으로 변하는 것처럼 말이다. 그래서 육신의 해석과 분석이 정확하지 않게 되면 사람의 운명의 흐름과 운세의 변화과정을 정확히 살펴 예측할 수가 없게 된다.

그렇기에 육신성정의 해석과 분석이 정확하지 않으면 유리하고 좋은 운세를 더욱 상승시켜 키우는 방법도 강구할 수 없게 된다. 한편 불리하고 나쁜 운세를 적절히 대처하는 방법도 강구할 수가 없게 된다. 어떤 기운이 지나치게 치우쳐 문제가 발생할 경우에는 그 기운을 격리시키는 방편과 노력이 필요할 것이고, 반면에 특정한 기운이 무력해 문제가 생길 경우에는 그 기운을 동원하는 방편과 노력이 필요할 것이다.

특정한 기운을 동원하거나 격리시키는 방법들에는 의상이나 생활가구의 색상선택, 소지품의 차별화, 움직이는 방향의 선택, 인간관계설정의 경중과 차별화, 감정컨트롤의 차별화, 수호신의 변화와 기도명상 등 다양한 방편들이 사용될 수가 있다.

이렇게 세상을 살아가면서 자신에게 주어진 운명과 운세도 자신이 그 운명과 운세를 어떻게 대하고 대응하며 관리하고 또 처세를 하는 가에 따라서 그 운세의 질이 다르게 나타난다는 점을 명심해야만 할 것이다. 우리는 이러한 이치를 이해하고 터득하여 자신의 '삶의 질'을 향상시키기 위해서 '운세별 육신역학을 통한 성공처세술'을 이해하고 실천할 필요가 있다.

그러므로 이 책에서는 이와 같은 방식으로 10개의 육신이 10개의 다른 육신을 만날 경우에 그 육신의 성정이 어떻게 변화를 하는 지를 관찰하고 적용해서, 운세를 예측하고 현재 진행 중이거나 앞으로 다가올 운세에 어떻게 대응하고 처세를 해야만 실패하

지 않고 성공적인 정치활동 경제활동 사회활동 문화활동이 가능
한지에 대한 해법을 얻어 보고자함에 그 목표를 두고자 한다.

　따라서 제1장에서부터 10개 장에 걸쳐 '운세분석도구인 육신
의 성정변화하는 상대성원리'를 이해하고, 각각의 육신별 운세
기간의 "육신별 운세판단과 성공처세술을" 살핌으로써, 역학(易
學)의 지혜를 활용해 운세별로 대처하는 성공처세술을 이해하는
데 도움이 되는 입문서로 삼고자 한다.

2015년 初春
지은이 통명(通明) 노　병　한

차례

제3장
겁재운세기간의 육신별 운세판단과 성공처세술　117

제4장
식신운세기간의 육신별 운세판단과 성공처세술　　163

제6장
재성운세기간의 육신별 운세판단과 성공처세술　　243

제7장
편관운세기간의 육신별 운세판단과 성공처세술   291

제9장
편인운세기간의 육신별 운세판단과 성공처세술   353

제10장
정인운세기간의 육신별 운세판단과 성공처세술 *375*

제1장

운세분석도구인 육신의
성정 변화는 상대성원리

운세분석도구인 육신의
성정 변화는 상대성원리

1. 운세의 분석도구인 육신이란 과연 뭔가?

인간이 선천적으로 타고난 천명(天命)과 후천적으로 살아가는 운명(運命)을 관찰하고 분석함에 있어서 동원되는 학문이 사주(四柱)학이고 명리(命理)학이다. 사주를 분석함에 있어서 그 중심은 육신(六神)의 분석이다. 그러나 육신법칙의 기본전제와 관계설정이 바르게 되어있는지부터 재검토를 해보아야만 학문의 실증성과 예측성을 높일 수가 있다.

육신은 조상, 부모, 형제, 부부, 자식과 같이 매우 가까운 육친(六親)에서 비롯된다. 부모는 윗사람으로서 독립된 생활력을 가지기 이전까지 나를 부양하고 관리하며, 형제는 동일한 같은 위치에서 서로 상부상조하며, 남편은 아내를 부양하고 보호하며, 젊어서는 부모가 자식을 부양하지만, 늙어서는 자식이 부모를 부양함이 바른 설정이다.

그래서 육신은 육친(六親)간, 가족 간의 상하와 좌우관계를 구체적으로 분류한 체계이고 계통이다. 즉 사회적인 대인관계의 체계와 체통을 마치 육친간의 상하좌우 관계인 것처럼 분별하고 명명한 것이 바로 육신의 전제이고 설정이다.

이렇게 육신은 육친보다도 사회적인 대인관계에 중점을 두어 보다 더 구체적으로 다루고 있다. 그러므로 육신을 자세히 잘 관찰하면 조상, 부모, 형제, 부부, 자손관계는 물론 사회적인 인간관계나 상황 등도 한눈에 정확히 살필 수가 있다.

예컨대 사주분석에서 육신이 길(吉)하고 다정하면 육친을 비롯한 사회적인 인간관계가 원만하고 상부상조하기 때문에 인간만사가 순탄하고 형통하다. 그러나 육신이 흉하고 무정하면 육친은 물론이고 사회적인 인간관계도 대립적이고 냉정하기 때문에 만사가 불통이고 인생이 파란만장함을 암시하는 것이다.

육신이 흉하며 무정하고 모가 나면 성격도 무정, 반항적, 독선적이고 거칠기 때문에 운명도 역시 풍파가 많고 불행하게 진행이 된다.

결론적으로 사주팔자의 길흉화복을 정확히 살핌에 있어서 전제가 되는 조건은 바로 사주 속에서의 오행의 상생, 오행의 상극, 용신의 유무, 용신의 강약, 육신의 동향 등이다. 그래서 사주를 살핌에 있어서 육신의 기본성정을 반드시 정확히 알아야만 운명과 운세의 진행과정을 바르게 살필 수가 있다.

그런데 각각의 육신 간에도 상생과 상극관계가 존재한다. 각각의 육신 간에 존재하는 상생관계를 살펴보자. 예컨대 비겁(比劫)은 식상(食傷)을 생하고, 식상(食傷)은 재성(財星)을 생하며, 재성(財星)은 관성(官星)을 생하고, 관성(官星)은 인성(印星)을 생하며, 인성(印星)

은 비겁(比劫)을 생하며 윤회하듯 순환하고 있다.

한편 각각의 육신 간에 상극관계를 살펴보자. 예컨대 비겁(比劫)은 재성(財星)을 극하고, 재성(財星)은 인성(印星)을 극하며, 인성(印星)은 식상(食傷)을 극하고, 식상(食傷)은 관성(官星)을 극하며, 관성(官星)은 비겁(比劫)을 극하고 있는 이치다. 여기서 비겁(比劫)이란? 비견(比肩)과 겁재(劫財)를 합해서 부르는 용어다.

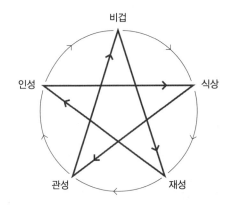

원을 따라 시계방향으로 상생관계.
원내의 별표에서 화살표 방향은 상극관계

[육신간의 상생 상극 관계]

운세분석에서 육신이 갖는 본래의 성정만으로 주어진 운세를 판단하면 그릇된 판단을 하기가 십상이다. 즉 육신의 기본성정도 육신이 그때그때 처해진 상황과 여건에 따라서 변하고 있기 때문이다.

그러므로 육신이라는 그 자체가 갖는 본래의 성정이라고 해도, 해당 육신이 처한 상황이나 여건 등에 따라서 그 육신의 성정이 변해 해당 육신의 길흉(吉凶)이 변하고 달라진다는 점을 명심해야만 한다.

기본적으로 천명사주분석과 운세분석에서 육신의 기본성정을 잘 따져서 제아무리 잘 살핀다고 한들 변해서 둔갑해버린 육신의 둔갑 성정과 그 속사정을 정확히 모른다면 운세판단을 백번이고 천만번 한들 무슨 소용이 있겠는가?

세상만사 모든 것이 그러하듯이 사주와 운세분석에서 육신의 길 흉은 주인공의 환경, 여건, 능력, 기타 여러 가지 사항 등 주어진 여 건에 따라서 결정되고 달라지게 마련이라는 점이다. 아울러 각각의 육신 그 자체에는 길흉이 따로 존재하지 않는다는 점도 명심해야 한다.

✱ 육신의 기본설정에 대한 오류점검

전통적으로 육친을 분석할 때에 중국 명리학에서는 모계(母系) 중 심으로 어머니(母)를 위주로 해서 아버지(父)의 육신을 설정했다. 그 래서 육신 상 어머니는 나를 생해주는 정인(正印=印綬)에 해당하고 아버지는 어머니와 합을 이룬 부부간이라고 가정을 했다.

그래서 나 자신을 나타내는 일주(日柱)의 천간(天干)이 갑목(甲木) 이라면 갑(甲)의 어머니(印綬)는 계(癸)이고 계(癸)와 합(合)을 이루 는 것은 무(戊)이다. 그러므로 무(戊)가 갑(甲)의 아버지에 해당된다 는 논리였다.

즉 계수(癸水)의 정관(正官)은 무토(戊土)이므로 무토(戊土)는 갑 목(甲木)에서 보면 편재(偏財)에 해당한다. 이렇게 무(戊)는 갑(甲)의 편재에 해당하고 편재는 정실(正室)이 아닌 소실(小室=妾)에 해당함 이니 아버지(父星)가 격하되어 소실처럼 나(子息)의 지배를 받는 수 하의 자리로 밀려나서 첩인 소실과 동격으로 전락됨이 중국 명리학이 그동안 주장해 온 육친분석의 설정이었다. 이는 분명히 잘못 설정된 육신법칙(六神法則)이라 아니 할 수가 없다.

아버지는 가정에서 최고의 존재로서 어머니보다 위에 자리함이 전통적인 체통인데 아버지를 소실과 동일한 육친궁의 가장 낮은 자리로 밀어낼 수는 없는 일이다. 그러나 중국명리에서는 천년이상을 아버지를 소실의 별인 편재로 정립하고 해석해 왔다.

이에 중국의 위대한 역학자 위천리(韋千里)가 최초로 이러한 논리에 반기를 들고 아버지는 어머니와 같은 생아자(生我者)로서 마땅히 어머니와 동격의 자리에 위치해야 한다고 주장하기에 이르렀다.

그래서 위천리가 아버지와 어머니를 똑같이 정인(正印=印綬)이라고 설정했던 것이니 이는 지극히 윤리적이고 합리적인 논리라 할 것이다. 그렇다고 해서 아버지와 어머니를 똑같이 정인(印綬)이라고 설정을 한다면 또 아버지와 어머니를 어떻게 구분할 수 있을 것인가에 대한 의문이 생기지 않을 수 없다.

누구든 인터넷에서 '간지달력'을 찾아서 '자신의 출생 연월일'을 검색하면 스스로 자신의 '사주(4개의 기둥)'를 세울 수가 있다. 그런데 이 4개의 기둥 중에서도 모든 운세판단의 기준점은 태어난 날(日)의 간지(干支) 중에서 천간(天干)이다.

이 천간은 갑을병정무기경신임계(甲乙丙丁戊己庚辛壬癸)의 10가지 중에 1가지에 속한다. 육신과 육친 관련 내용들을 조견표로 정리하여보면 다음과 같다.

육신(六神)별 가족명칭의 조견표

육신	육친(남자사주)	육친(여자사주)
비견(比肩)	형제 · 친구 · 조카	형제 · 친구 · 조카 · 이복형제 · 남편의 妾
겁재(劫財)	형제 · 친구 · 조카+이복형제 · 며느리	형제 · 친구 · 조카 · 이복형제 · 남편의 妾+며느리
식신(食神)	손자 · 조카 · 장인 · 장모	딸 · 손자
상관(傷官)	할머니	할머니 · 아들 · 손자
편재(偏財)	아버지 · 처첩 · 처의 형제 · 엄처(嚴妻)	아버지
정재(正財)	정식의 처 · 현처(賢妻)	시어머니
편관(偏官)	아들 · 사촌 · 형제	남편형제 · 남편外의 남자 · 거친 남자 · 연상남자
정관(正官)	딸 · 조카 · 손자며느리	남편 · 단정한 남자 · 손자며느리
편인(偏印)	거친 어머니 · 이모 · 계모 · 서모 · 할아버지	거친 어머니 · 이모 · 계모 · 서모 · 할아버지
정인(正印)	인자한 어머니 · 장모	인자한 어머니 · 사촌형제

천간(天干)별 육신(六神)의 분류표 [태어난 날인 일간(日干) 기준]

他干 \ 日干		甲 陽木	乙 陰木	丙 陽火	丁 陰火	戊 陽土	己 陰土	庚 陽金	辛 陰金	壬 陽水	癸 陰水
甲	陽木	比肩	劫財	偏印	正印	偏官	正官	偏財	正財	食神	傷官
乙	陰木	劫財	比肩	正印	偏印	正官	偏官	正財	偏財	傷官	食神
丙	陽火	食神	傷官	比肩	劫財	偏印	正印	偏官	正官	偏財	正財
丁	陰火	傷官	食神	劫財	比肩	正印	偏印	正官	偏官	正財	偏財
戊	陽土	偏財	正財	食神	傷官	比肩	劫財	偏印	正印	偏官	正官
己	陰土	正財	偏財	傷官	食神	劫財	比肩	正印	偏印	正官	偏官
庚	陽金	偏官	正官	偏財	正財	食神	傷官	比肩	劫財	偏印	正印
辛	陰金	正官	偏官	正財	偏財	傷官	食神	劫財	比肩	正印	偏印
壬	陽水	偏印	正印	偏官	正官	偏財	正財	食神	傷官	比肩	劫財
癸	陰水	正印	偏印	正官	偏官	正財	偏財	傷官	食神	劫財	比肩

지지(地支)별 육신(六神)의 분류표 [태어난 날인 일간(日干) 기준]

他干 \ 日干		甲日 陽木	乙日 陰木	丙日 陽火	丁日 陰火	戊日 陽土	己日 陰土	庚日 陽金	辛日 陰金	壬日 陽水	癸日 陰水
子	陰水	正印	偏印	正官	偏官	正財	偏財	傷官	食神	劫財	比肩
丑	陰土	正財	偏財	傷官	食神	劫財	比肩	正印	偏印	正官	偏官
寅	陽木	比肩	劫財	偏印	正印	偏官	正官	偏財	正財	食神	傷官
卯	陰木	劫財	比肩	正印	偏印	正官	偏官	正財	偏財	傷官	食神
辰	陽土	偏財	正財	食神	傷官	比肩	劫財	偏印	正印	偏官	正官
巳	陽火	食神	傷官	比肩	劫財	偏印	正印	偏官	正官	偏財	正財
午	陰火	傷官	食神	劫財	比肩	正印	偏印	正官	偏官	正財	偏財
未	陰土	正財	偏財	傷官	食神	劫財	比肩	正印	偏印	正官	偏官
申	陽金	偏官	正官	偏財	正財	食神	傷官	比肩	劫財	偏印	正印
酉	陰金	正官	偏官	正財	偏財	傷官	食神	劫財	比肩	正印	偏印
戌	陽土	偏財	正財	食神	傷官	比肩	劫財	偏印	正印	偏官	正官
亥	陽水	偏印	正印	偏官	正官	偏財	正財	食神	傷官	比肩	劫財

육친육신표출표(六親六神表出表)

비화자형제(比和者兄弟)	비견(比肩)·겁재(劫財)	비겁(比劫)
아생자자손(我生者子孫)	식신(食神)·상관(傷官)	식상(食傷)
아극자처재(我剋者妻財)	편재(偏財)·정재(正財)	재성(財星)
극아자관귀(剋我者官鬼)	편관(偏官)·정관(正官)	관성(官星)
생아자부모(生我者父母)	편인(偏印)·정인(印綬)	인성(印星)

육신(六神)의 조견표

癸	壬	辛	庚	己	戊	丁	丙	乙	甲	일간	육신
癸	壬	辛	庚	己	戊	丁	丙	乙	甲	天干	비견
子	亥	酉	申	丑·未	辰·戌	午	巳	卯	寅	地支	比肩
壬	癸	庚	辛	戊	己	丙	丁	甲	乙	天干	겁재
亥	子	申	酉	辰·戌	丑·未	巳	午	寅	卯	地支	劫財
乙	甲	癸	壬	辛	庚	己	戊	丁	丙	天干	식신
卯	寅	子	亥	酉	申	丑·未	辰·戌	午	巳	地支	食神
甲	乙	壬	癸	庚	辛	戊	己	丙	丁	天干	상관
寅	卯	亥	子	申	酉	辰·戌	丑·未	巳	午	地支	傷官
丁	丙	乙	甲	癸	壬	辛	庚	己	戊	天干	편재
午	巳	卯	寅	子	亥	酉	申	丑·未	辰·戌	地支	偏財
丙	丁	甲	乙	壬	癸	庚	辛	戊	己	天干	정재
巳	午	寅	卯	亥	子	申	酉	辰·戌	丑·未	地支	正財
己	戊	丁	丙	乙	甲	癸	壬	辛	庚	天干	편관
丑·未	辰·戌	午	巳	卯	寅	子	亥	酉	申	地支	偏官
戊	己	丙	丁	甲	乙	壬	癸	庚	辛	天干	정관
辰·戌	丑·未	巳	午	寅	卯	亥	子	申	酉	地支	正官
辛	庚	己	戊	丁	丙	乙	甲	癸	壬	天干	편인
酉	申	丑·未	辰·戌	午	巳	卯	寅	子	亥	地支	偏印
庚	辛	戊	己	丙	丁	甲	乙	壬	癸	天干	정인
申	酉	辰·戌	丑·未	巳	午	寅	卯	亥	子	地支	正印

2. 육신은 가정적 사회적인 환경관점에서 적용해야

대체적으로 육신(六神)을 육친의 별이라고 한다. 그런데 부모 형제 처자에 국한을 시키려는 경향이 많다. 예컨대 인성(印星)이 길하면 부모덕이 두텁다. 비견과 겁재가 흉성(凶星)이면 형제의 덕이 없다. 여성의 경우에 관성(官星)이 길하면 남편의 덕이 있다. 남성의 경우에 재성(財星)이 흉성(凶星)이면 처덕이 없다는 등으로 판에 박은 것처럼 육신에 대해 직역만 하기를 서슴지 않고 있음이 현실이다.

그러나 육신은 사람의 일생을 통해서 상대하고 거래해야 할 생활의 주변 인물들이고 사회적인 환경에 해당한다고 해야 바를 것이다. 태어난 해인 연주(年柱)는 소년시절의 주어진 환경을 관장하는 운명의 별이다. 태어난 달인 월주(月柱)는 청년의 주어진 환경이고, 태어난 날인 일주(日柱)는 중년의 주어진 환경이다. 그리고 태어난 시각인 시주(時柱)는 노년과 말년의 사회적인 환경을 상징하는 별이라 함이 바르다.

인간에게 주어진 환경은 크게 가정적인 환경과 사회적인 환경으로 나누어진다. 부모 형제 처자의 육친은 가정환경의 별이고, 상사 부하 동창 친구 동료나 은사와 제자, 동업자와 대립자, 적과 동지 등은 사회적인 환경의 별이다.

육신은 가정보다도 사회적인 관계와 경제적인 거래가 그 중심과 핵심을 이루고 있는 현실에서 운명과 운세의 길흉을 판단하는 사주와 운세의 분석과 감정에서도 역시 사회적인 환경으로서 육신의 통변을 위주로 해야 함은 너무도 자명하다 할 것이다.

그러므로 사회적인 환경을 가정환경과 비유해 확대해석하는 비교육신이론을 적용해야 바르다고 하겠다. 결과적으로 육신의 대상과 그 범위를 더 넓게 확대해석해 볼 필요가 있다는 말이다.

첫째 편인(偏印)과 정인(正印)을 이르는 인성(印星)은 나를 먹이고 입히고 가르치고 기르는 양육과 교육의 후견인이다. 그러기 때문에 사회적으로 나를 먹이고 입히고 가르치고 인도하는 직장 은사 상사 의식주관계 등의 모두가 이에 해당한다고 할 수 있다.

둘째 비견(比肩)과 겁재(劫財)는 나와 유사한 환경과 여건을 가진 대상이다. 그러기에 동업자 동창생 동료 동향인을 비롯해서 나와 경주하고 대립하는 경쟁자 대립자 나와 대결하는 직업 직종 기업인 그리고 나를 시기하고 질투하는 삼각관계, 나의 생명과 재산을 노리고 박해하는 고소인, 도적, 밀고자 등의 모두가 이에 해당한다고 보는 것이 바를 것이다.

셋째 식신(食神)과 상관(傷官)은 나의 기분과 감정을 동하게 하고 호감을 사거나 유혹을 하는 환경과 여건을 가진 대상이다. 그러기에 자신의 재능과 자본 그리고 의욕을 움직이게 하는 직업, 기업, 권고자, 유혹자 등을 비롯해서 나의 출세의 길을 열어주는 각종고시, 취직, 나의 투자를 권유하는 증권, 보험, 계(契) 그리고 자신의 실력을 발휘하는 선발대회, 기능대회, 스포츠경기 등은 모두가 나의 피와 땀을 발산시키고 꽃을 피우는 것들의 모두가 이에 해당한다고 할 수가 있을 것이다.

넷째 편재(偏財)와 정재(正財)를 이르는 재성(財星)은 나를 공경하고 섬기는 부하, 나에게 의지하는 종업원을 비롯해서 내가 보살피고 부담하고 관리하고 지배해야 할 대상이다. 그러기에 자신의 책임, 의무, 관리대상, 나의 관심을 이끄는 사물이나 욕심을 발동시키는 이해관계 등의 모두가 이에 해당한다고 할 것이다.

다섯째 편관(偏官)과 정관(正官)을 이르는 관성(官星)은 나를 지배하고 명령하며 보호를 하는 대상이다. 그러기에 상사, 규범, 법칙을 비롯해서 나의 재능과 의욕을 분발시키는 출세, 명성의 기회와 찬스, 직위 등의 모두가 이에 해당할 것이다.

이렇듯 육신의 사회적인 환경에의 적용은 다양하고 그 폭이 매우 넓다고 해야 할 것이다. 그러므로 운세를 분석할 경우에 육신분석에서 사회적인 작용을 광범위하고 폭넓게 통변할 경우에야 비로소 육신의 진미를 맛볼 수 있음인 것이고 또 그 진가를 느낄 수가 있는 것이다.

3. 육신은 주어진 여건과 상황에 따라 본래 성정이 변해

사주의 육신의 관찰과 분석에서 매우 중요한 관건은 육신의 성정이 주어진 상황에 따라서 변화를 하고 둔갑을 한다는 점이다. 그래서 육신에 주어진 여건과 상황 등에 따라 육신의 성정이 어떻게 변하는 지를 정확히 파악할 수 있어야만 한다. 이러한 관찰과 분석만이 육신의 바른 통변이라고 하겠다.

육신은 군왕에게 딸린 군왕의 신하고 권속(眷屬)이다. 권속이란? 좁은 의미로는 아내 자식 종 등 집안의 사람들을 아우르는 말이다. 그러나 넓은 의미로는 뜻을 같이 하는 자, 보좌하는 자, 시중을 드는 자, 따르는 자, 종속되어 있는 자 등을 일컫기도 한다.

군왕은 예로부터 신하에 의해서 나라와 주권과 생명과 재산을 유지하고 부귀영화를 누린다. 사주의 분석에서 신하는 모두 7명이다. 태어난 날의 1개의 천간(天干)인 주인공(군왕)을 제외한 나머지 7개가 모두 신하인 셈이다.

선천적으로 타고난 신하들이 현명하고 충실하며 쓸모가 있다면 주인공인 군왕은 가만히 앉아서 호의호식을 하고 부귀 공명을 할 수 있다. 그러나 사주에 가지고 있는 7개의 신하들이 어리석고 불충하며 아무런 쓸모가 없다면 평생 고생문이 훤하다고 하겠다.

사람들은 조물주가 만들어준 각본이자 설계도인 8개의 팔자(八字)대로 살아가야 한다. 여기서 8개의 팔자는 태어난 연월일시를 간지(干支)로 나타낸 4간(干)과 4지(支)를 합해서 부르는 말이다.

이렇게 주인공이 거느린 7명의 신하들을 아들딸로 바꾸어 생각해 보자. 천간은 양(陽)이니 아들이고 지지(地支)는 음(陰)이니 딸에 해당한다. 8개의 팔자 중에서 태어난 날인 일(日)의 천간(天干)을 제외하면 나머지가 3간(干)과 4지(支)이니 사람은 누구나 모두 3남4여를 기본적으로 거느리고 있다고 함을 인식할 수가 있다.

주인공인 군왕의 삶은 이런 3명의 아들과 4명의 딸들에게 전적으로 의지할 수밖에 없음이다. 그러므로 군왕은 아들과 딸들의 능력 성격 효성에 따라서 잘살 수도 있고 못살 수도 있음이 현실이다. 그래서 사람들이 누구나 효자와 효녀를 원하고 탐하며 또한 이러한 점이 바로 인지상정이다.

그러나 조물주와 천지신명은 냉혹하리만치 인정에 메마르고 사람들의 소망함을 외면함이 현실이다. 그래서 효자보다는 불효자가 많고 효녀보다도 불효녀가 많으며 충성하는 사람보다는 불충한 자들이 더욱 많음이 일반적 현상이고 경향이다.

간혹 때때로 효자와 효녀가 꽁보리밥에 하얀 쌀알이 드문드문 1~2개씩 섞이는 수도 있다. 그러나 좋은 일 뒤에는 반드시 나쁜 일이 함께 오듯 호사다마라고나 할까? 충(沖)이나 극(剋)에 의해서 효자와 효녀가 짓밟히고 깨져서 무용지물이 되어버리는 경우도 다반사이니 말이다.

그렇다고 모두가 그런 것만은 아니다. 어쩌다가 혹간 조물주가 후한 인심을 쓰는 경우도 있음이니 말이다. 예컨대 자녀들의 3남4여가 모두다 효자와 효녀로 일색인 경우도 있으니 말이다. 물론 그런 경우는 만에 하나가 있을까 말까하다. 대부분이 흑백이 뒤범벅이고 백보다는 흑이 훨씬 더 많음이 현실이다.

옛날에는 일반적으로 식신(食神), 정관(正官), 정인(正印), 정재(正財), 편재(偏財)를 효자의 별이라 했고, 비견(比肩), 겁재(劫財), 상관(傷官), 편인(偏印), 편관(偏官)의 칠살(七殺)을 불효자의 별이라 치부를 했었다.

그러나 지금까지 분석해본 육신이론을 통해서 구체적으로 관찰해보면 육신은 그 활용되는 용도에 따라서 길흉이 있을 뿐이지 육신 그 자체에는 길함도 흉함도 따로 없는 백지상태와 같은 존재라고 해야 바를 것이다.

문제는 육신이라는 그 별이 주인공에게 쓸모가 있는 희신(喜神)으로 작용을 하느냐? 아니면 쓸모가 없고 오히려 해를 끼치는 기신(忌神)으로 작용을 하느냐? 라고 하는 그 필요성과 가치성에 의미를 두어야 육신해석의 바른 길이라 할 것이다.

주인공인 군왕에 쓸모와 가치가 있고 충성을 다하는 희신이라면 어버이를 정성껏 공경하는 효자이고, 주인공인 군왕에 거역하고 근심덩어리인 기신이라면 어버이를 괴롭히는 불효자라고 보아야 바르기 때문이다.

그런데 이러한 희신과 기신이 절대적인 것만은 아니라는 점이다. 이런 희신과 기신의 구분은 선천과 후천에 따라서 또 달라지고 바뀌어지기 때문이다. 예컨대 사주의 구성상 분별되는 희신과 기신은 선천적인 것이나, 대운과 세운에 따라서 분별되는 희신과 기신은 후천적인 것이기 때문이다.

이렇게 선천적으로 가지고 타고난 희신과 기신이 후천적으로 달라지고 바뀌어진다는 것은 무엇을 의미하는 것일까? 이는 육신의 길흉이 절대적인 것이 아니고 상대적인 개념으로 희신과 기신의 상대성원리를 명백히 밝혀주는 대목이 될 것이다.

이같이 육신이라는 그 자체의 성정은 흑도 아니고 백도 아니다. 주어진 상황과 경우에 따라서는 흑도 되고 백이 될 수 있는 상대적이고 가면적인 변화무쌍한 것이 바로 육신의 성정인 것이다.

그러기 때문에 육신에 대한 희기(喜忌)와 길흉을 속단하거나 절대적인 것이라고 못을 박는 단정적인 행위는 금물이다. 그래서 육신이라는 그 자체의 성정을 분석함에는 그 어떠한 선입감도 가져서는 안 된다는 점이다.

그러므로 타고난 사주에 식신, 정관, 정인, 정재, 편재가 있다고 해서 무조건 좋은 사주라고 선입감을 갖는 것은 패착이다. 또 타고난 사주에 비견, 겁재, 상관, 편관의 칠살이 즐비하게 있다고 해서 덮어놓고 사주가 무조건 나쁘다고 속단을 해서도 안 된다는 점이다.

그러함의 이유는 비견, 겁재, 상관, 편인, 편관의 칠살도 희신으로 작용을 하는 사주의 구조에 따라서는 천금의 가치가 있을 수가 있음이기 때문이다. 그리고 식신, 정관, 정인, 정재, 편재도 기신으로 작용을 할 경우에는 오히려 얼마든지 무용지물이 될 수가 있기 때문이다.

이렇게 사주의 육신 분석에서 희신과 기신의 작용성과 상대성에 따른 분석과 판단은 반드시 전체적인 관점의 종합적인 분석과 판단에서만 비로소 결정되고 가능하다는 점을 알고서 육신에 대한 통변과 재해석이 필요하다는 점이다.

4. 육신성정의 바른 해석에 성공처세의 이정표 숨어있어

선천적으로 타고난 천명과 후천적으로 살아가는 사주나 운명분석의 중요한 지표로 사용되는 육신에는 10가지가 있다. 육신이란 사주팔자의 내용을 구성하므로 운명과 운세의 질(質)을 나타낸다고 할 수 있다. 그리고 10년의 대운(大運)과 1년의 연운(年運)에서 오는 육신이 무엇인가에 따라서 운세의 질이 다르게 나타나는 운명이라 할 것이다.

이러한 육신 하나하나가 갖고 있는 본래의 성정과 운질을 이해하는 것도 매우 중요한 일이다. 그러나 하나의 육신이 또 다른 육신을 만나게 되면 서로의 색다른 상관관계가 형성되어 그 육신이 본래에 가지고 있던 성정과 운질이 다른 양상으로 변해버린다. 이점이 매우 중요한 관건이다. 정상오행인 정(正)오행이 변화해서 변화오행인 화(化)오행으로 변하는 것처럼 말이다.

이러한 상관관계를 정확히 이해하지 않고서는 천명과 사주분석,

그리고 운세분석을 제아무리 정확히 하려고 해도 그 한계가 있기 마련이다. 그래서 육신의 해석과 분석이 정확하지 않게 되면 사람의 운명의 흐름과 운세의 변화과정을 정확히 살펴 예측할 수가 없게 된다.

육신의 해석과 분석이 정확하지 않으면 유리하고 좋은 운세를 더욱 상승시켜 키우는 방법을 강구할 수도 없게 된다. 한편 불리하고 나쁜 운세를 적절히 대처하는 방법도 강구할 수가 없게 된다.

육신의 지표에는 10개가 있으므로 개별적인 육신의 성정과 운질(運質)에도 기본적으로는 10가지가 있는 셈이다. 그러나 모든 만물은 A혼자만으로 단독으로 존재하는 것이 아니라 B라는 또 다른 상대적인 존재와 항상 함께하기 마련이다.

이렇게 육신의 지표에는 10개가 있으나 육신간의 상관관계가 형성되는 경우의 수인 조합에는 10×10=100이므로 100가지에 해당하는 변화된 육신의 성정과 운질(運質)이 따로 존재하고 있다는 점이다. 이를 간과해서는 바른 운세판단과 대처방법이 강구될 수가 없다.

또한 주인공 자신(日干)의 기준지표인 10개(天干)의 별로 사주 자체가 신왕(身旺)함과 신약(身弱)함의 차이에 따라 변화된 육신의 성정과 운질이 또 다시 달라져 100×2=200이 되므로 200가지에 해당하는 육신을 해석하는 경우의 수가 존재하게 된다.

사람들은 저마다 좋은 운(運)이 오기를 소망하고 기다리며 자신과 가족의 운수대통을 기리면서 살아간다. 그러나 눈이 빠지게 마냥 기다린다고 좋은 운이 그냥 오는 것이 아니다.

운수대통을 하려면 운수대통을 하는 방법이 뭔가를 미리 알아서 대처하고 대응하는 전략을 강구해야만 성공적인 처세술로 이끌 수가 있을 것이다.

첫째로 운수대통을 하려면 우선 좋은 운(運)을 받을 수 있는 노력이 있어야 한다. 좋은 운을 받으려는 마음(心)의 준비와 자세가 필요하다. 마음과 정신 그리고 영혼이 맑고 밝지 않으면 좋은 운을 받을 수가 없다. 그래서 마음(心)공부를 열심히 닦는 것이다. 영혼이 맑고 청명해지려면 신앙, 수행, 영혼의 인도 등이 필요하다.

여기에는 초보자도 있고 고수도 있다. 여기서 이르는 고수는 도통을 한 자를 가리킨다. 고수는 자기가 하고 있는 분야에 통달을 한 사람으로 이런 이를 가리켜서 도통을 한 사람이라고 한다. 도통이 별다른 게 아니다. 도통한 사람이란 자기분야의 1인자이고 최고실력자를 지칭함이다. 이러한 이를 찾아 한 수 배우며 익혀가는 방법도 터득할 수가 있음이다.

둘째로 운수대통을 하려면 좋은 운(運)을 받을 그릇을 준비해야 한다. 여기에서 그릇은 자신의 몸(身)이다. 몸이 건강하고 튼튼해야 한다는 이야기다. 그러기 위해서 '마음(心)공부'에 못지않게 '몸(身)공부'도 열심히 하여야 한다는 말이다. 건강유지를 위한 '몸(身)공부'에는 각종의 운동이나 다양한 수련방법들이 있다. 이러한 '몸(身)공부'에도 고수가 있다. 이러한 고수들을 찾아 한 수 배우며 익혀가는 방법도 터득할 수가 있음이다.

세상살이에서 관건은 가깝고 먼 촌수의 문제가 아니라 돈(財星)의 문제다. 예컨대 주인공이 돈(財)도 많으면서 주변에 인심(官)도 후하게 되면 사돈의 팔촌도 친형제지간 이상으로 가깝다. 그러나 반대로 주인공이 가난해 돈도 없으면서 인심도 박절하고 처신이 못됐다

면 부자형제지간이라도 남남보다도 더 싸늘한 관계가 됨이 세상이
치다.

그래서 재물을 나타내는 재성(財星)과 직업을 나타내는 관성(官
星)이 사주팔자에 왕성하고 많은 사람은 자신을 괴롭힐 가능성이 높
은 겁재(劫財)든, 편인(偏印)이든, 상관(傷官)이든 뭣이든 불문하고
이들에게 차별 없이 후하게 대하고 대접을 해준다면 자신의 운명을
좌우하는 어떠한 육신(六神)이든지 간지덕지해서 주인공을 향해서
충성을 다하게 될 것이다.

사주분석과 운세예측에서 관건은 육신(六神)이 갖는 본래 그 자체
의 성정이 아니라 주인공(日干)과 다른(他) 육신인 신하육신(六神)과
의 이해관계에 있다고 해도 과언이 아니다. 예컨대 육신간의 상관
관계에서 서로 유익하면 기뻐하고 반기며 후대를 한다.

그러나 육신간의 상관관계에서 서로 무익하여 쓸모가 없고 불리
한 관계라면 서로가 미워하고 방해하며 싫어함이 상식이고 진리이
기 때문이다.

이 세상의 만물이 시간(天時)에 따라서 변화를 하듯이 사주분석에
서 육신(六神)의 가치도 또한 시간인 세월에 따라서 항상 변동함이
진리이다.

적과 동지의 구분이 항상 똑같을 수만은 없다. 오늘의 동지가 내
일의 적이 될 수도 있고 오늘의 적이 내일의 동지가 될 수도 있다.
이렇듯 사주와 운세분석에서 주인공을 기쁘게 하는 오늘의 희신(喜
神)이 주인공을 괴롭히는 내일의 기신(忌神)이 될 수도 있음이다.

이렇게 사주와 운세분석에서 희신과 기신의 역할관계가 시간이
라는 세월에 따라서 늘 변화하고 있음을 인식해야만 운세판단을 바

르고 정확하게 할 수 있음이다.

물레방아처럼 돌고 도는 것이 인생이라는 속담이 있듯이, 한 인간의 운명을 조정하는 사주 분석과 운세 예측에서 육신의 희신과 기신도 물레방아처럼 돌고 돌기 때문에 삶의 흥망성쇠가 무상함이 아니겠는가?

그래서 운명의 진행과정에서 희신이 때를 만나듯 득령(得令)과 득세(得勢)를 할 때에는 춘풍에 꽃이 만발하는 격이니 만사형통하고 부귀영화를 누린다. 그러나 반대로 운명의 진행과정에서 기신이 때를 만나듯 득령과 득세를 할 경우에는 하던 일이 추풍낙엽처럼 몰락하고 매사가 만사불성 함이니 천하 없는 누구라도 질병, 재앙, 빈곤에 허덕이게 되어 곤경에 처하게 되는 것이 팔자이고 운명이다.

사주팔자와 운세분석에서 육신(六神) 중에서 정인(正印)은 생모에 해당하고 편인(偏印)은 계모에 해당한다. 세상을 지켜보면 생모도 생모하기 나름이고 계모도 계모하기 나름이다. 생모라고 해서 이 세상의 모든 생모가 착하고 어질지만은 않아 어떤 경우에는 자식을 굶기거나 길에 내버리기도 하며 심하면 목을 졸라서 죽이는 극악무도하고 악독한 생모도 있다.

계모도 모성을 가진 여성인지라 때로는 생모 이상으로 착하고 자상하며 다정다감한 계모도 얼마든지 있음이다. 이처럼 정인(正印)과 편인(偏印)의 가치는 늘 상대적이다.

이렇게 세상을 살아가면서 자신에게 주어진 운명과 운세도 자신이 그 운명과 운세를 어떻게 대하고 대응하며 관리하고 또 처세를 하는 가에 따라서 그 운세의 질(質)이 다르게 나타난다는 점을 명심해야만 할 것이다. 우리는 이러한 이치를 이해하고 터득하여 자기 자신의 '삶의 질'을 향상시키기 위해서 '운세별 육신역학을 통한 성공처세술'을 이해하고 실천할 필요가 있다.

5. 육신이 처한 상황에 따라 운세를 판단해 대응 처세해야 백전 백승

사람의 천명, 운명, 운세의 길흉화복을 살피는 이론이 사주학, 팔자학, 명리학이다. 그런데 10년의 운세인 대운(大運), 1년의 운세인 연운(年運=身數), 1월의 운세인 월운(月運), 1일의 운세인 일진(日辰) 등의 운세를 분석하고 판단함에 있어 가장 기본을 이루고 기준이 되는 것이 바로 육신(六神)이다.

육신이란? 사주팔자의 길흉화복을 살피기 위한 하나의 기준점이자 수단으로 5개인 금목수화토(金木水火土)의 오행을 음양으로 각각 나누어 세분화하여 10개로 구분했으므로 이를 본래 십신(十神)이라고도 부른다.

예컨대 육신은 비견, 겁재, 식신, 상관, 편재, 정재, 편관, 정관, 편인, 정인의 10가지로 분류가 된다. 이러한 육신은 천간(天干)의 육신과 지지(地支)의 육신으로 분류된다. 이런 육신에는 가족구성원인 부모 형제 처자(父母兄弟妻子)가 각각 배속하여 분류할 수 있기에 이를 또 육친(六親)이라고도 부른다.

✽ 육친의 바른 설정과 해석이 사주 분석 예측력을 높이는 지름길

 사주와 운세 분석에서 육신의 기본설정은 내 자신이자 군왕격인 일간(日干)을 기준으로 한다. 일간(日干)과 동일한 오행은 비겁(比劫-比我者)이고, 일간(日干)을 생(生)하는 오행은 정인(正印=印綬-生我者)이며, 일간(日干)이 생하는 오행은 식상(食傷-我生者)이고, 일간(日干)을 극(剋)하는 오행은 관귀(官鬼-剋我者)이며, 일간(日干)이 극하는 오행은 처재(妻財-我剋者)이다.
 똑같은 비아자(比我者)라고 해도 오행과 음양이 동일한 것은 비견(比肩)이고, 오행은 같지만 음양이 다른 것은 겁재(劫財)다. 즉 갑목(甲木)일 생의 경우에 갑목(甲木)은 목오행(木五行)과 동일한 양목(陽木)이므로 비견이다.
 그러나 갑목(甲木)일 생의 경우에 을목(乙木)은 목오행(木五行)은 같지만 음목(陰木)으로 음양이 서로 다르기 때문에 겁재(劫財)가 된다. 이와 같이 같은 논리로 생아자(我生者)라고 하여도 음양이 같으면 식신(食神)이고 음양이 서로 다르면 상관(傷官)이 됨이다.
 육신(六神)은 음양을 위주로 하여 정(正)과 편(偏)으로 구분 짓는데 일간(日干)과 음양이 바른 짝을 이루면 음양의 안배가 바르기에 바를 정(正)이라고 하고, 일간(日干)과 음음(陰陰) 또는 양양(陽陽)과 같이 음양이 균형 있게 안배가 안 되고 편중(偏重)되어 있게 되면 편(偏)이라고 부른다.
 즉 생아자(生我者)인 정인(正印), 극아자(剋我者)인 관귀(官鬼), 아극자(我剋者)인 처재(妻財)가 일간(日干)과 음양을 서로 달리하면 음양이 균형 있게 안배됨으로써 정인(正印), 정관(正官), 정재(正財)라

고 한다.

　그러나 일간(日干)과 음양이 서로 같이 짝을 이루면 음양이 균형 있게 안배 되지 못하고 음음(陰陰), 양양(陽陽)으로서 음양이 편중된 것이므로 편인(偏印), 편관(偏官), 편재(偏財)함이다.

　즉 육친(六親)과 육신은 사주의 일주(日柱)에서 일천간(日天干)을 기준으로 따지는 것인데 음양이 서로 다르면 바른 짝이기에 정(正)이라 하고, 음양이 서로 같으면 편중되었음이기에 편(偏)이라 하는데 이는 음양이 같으면 편중되어 좋지 않기 때문이다.

　이상과 같이 사주분석의 예측력을 높이고 예측내용의 신뢰도를 높이기 위한 노력은 계속되어야만 한다. 그래야만 비로소 사주학이 현대사회에서 과학성의 구조를 갖춘 학문으로 인정받고 다시 태어날 수가 있다.

✻ 타고난 재능과 기량이 운세를 지배해

　기량과 품성을 선천적으로 타고나는 것이라고 가정을 하자. 그렇다면 사람들은 저마다 선천적으로 타고난 재능과 기량만으로 판에 박힌 듯 살아가야만 하는 것일까? 재능, 능력, 성품, 성격, 기질, 용모 등도 상당히 많은 부분을 선천적으로 타고난다.

　그 사람의 운명은 태어나면서부터 이렇게 이미 정해져 있음인 것이다. 이렇듯 사람들은 각자가 타고난 기량을 가지고 자기의 삶을 살아간다.

　최고의 리더는 천부적으로 최고의 리더가 되는 별을 가지고 태어난다. 그렇지만 그 사람의 재능과 기량이 운세만으로 지배되어지는 것은 아니다. 누군가가 최고의 자리에 오르게 되면 억세게 운이 좋다고들 한다.

인생항로에서 생졸(生卒)이 분명하듯이 출생과 죽음사이에서 전개되는 모든 사항들을 알 수는 없는 일이다. 이는 단지 신(神)의 영역에 맡겨두어야 할 사안이다. 삶의 진행과정인 도중에 모습을 드러내고 나타나는 운은 그저 일시적인 것에 불과하다.

타고난 기량이 바로 운이다. 그러나 운이 그 사람의 모든 것을 결정할 만큼 세상이 간단치만은 않다. 진행 중인 운세에 대해서 자기 자신이 어떻게 순응하고 대처하느냐에 따라서 결과는 다르게 나타난다.

즉 대처방식에 따라서 운세가 그 모습을 바꾸기도 하고 그 기복에 차이를 보이는 것이다. 다시 말해 운이라고 하는 기량은 자기 자신의 운을 어떻게 느끼고 어떻게 대응하느냐에 따라서 그 모습이 다르다는 의미인 것이다. 자기 자신의 운을 어떻게 인식 하는가 하는 기량은 갈고 닦듯 연마를 하면 빛이 나게 되어 있다.

✱ 기량은 감(Feeling)에서 나타나

영감 육감 직감 등 사람들은 누구나 자신만의 특별한 기량을 가지고 태어난다. 그러한 기량과 기질에 따라서 정치꾼 장사꾼 농사꾼 놀이꾼 소리꾼 사기꾼 행정가 예술가 스포츠맨 등의 자기의 삶을 살아가는 것이다. 시간법칙과 공간법칙이 합해진 것이 자연법칙이고 천지음양과 오행법칙이다.

즉 시간성과 공간성을 이해하는 것이 조물주법칙을 이해하는 지름길이다. 시간적으로는 춘하추동 4계절과 1년 12개월이 존재한다. 공간적으로는 동서남북 4방위와 8방위가 존재한다.

다소의 차이는 있으나 사람들이 선천적으로 타고나는 기질과 기량을 분석함에 있어 출생하는 계절에 따라서 확연히 다름을 알 수가 있다.

6. 육신과 육친의 기본설정에 보정이 필요한 이유

아버지와 어머니는 똑같은 부모이고 부부간이지만 아버지는 한 가정의 최고 가장이고 1인자로서 온가족을 벌어 먹이는 부양자이지만, 어머니는 아버지를 도와서 집안일을 보살피는 2인자로서 아버지가 벌어온 돈으로 자녀들을 먹이고 입히며 기르고 가르치는 양육자이다.

그래서 아버지와 어머니를 동일 격으로 취급함에는 분명히 문제가 있다. 아버지는 가정의 최고1인자인 것처럼 육신 설정에 있어서도 최고위상의 별인 관성(官星)에 위치해야만 아버지의 인격, 권위, 위치를 가장 체계적, 본질적, 합리적으로 분석, 판단할 수가 있다.

아버지(父命)와 어머니(母命)는 부부 일심동체라 해서 한집에서 같이 살뿐, 그렇다고 부부가 한 넝쿨의 한 몸은 결코 아니다. 아버지와 어머니는 자신의 씨족과 혈통이 전혀 다르듯이 그 직분과 역할 그리고 각각의 기능이 완전히 다른 것이다.

아버지는 자식의 종자이자 혈통이고 인격을 형성하고 다스리는 집안의 통치자인 가독(家督)이다. 반면에 어머니는 잉태된 자식을 낳아서 잘 기르는 것이 본분이다.

✱ 아버지는 정관(正官)이 정확해

아버지는 정관(正官)으로 보아야 올바른 것이다. 육신 중에서 최고의 지위와 직권을 가진 것은 내 자신(日干)을 지배하는 극아자(剋我者)다. 극아자는 관성(官星)으로 내 가정에서 으뜸가는 존재로써 집안을 살피는 가독(家督)이고 법통의 지배자다.

국가의 최고통치권자인 대통령을 그 누구도 함부로 다스리거나 지배할 수가 없는 것이지만, 대통령을 지배할 수 있는 자가 있다면 그는 바로 혈육상의 가장인 아버지(父命)뿐이다.

아버지는 지구상에서 가장 존귀하고 지엄한 최고권위의 별인 것이다. 그래서 어느 누구도 아버지를 거역할 수가 없음이니 이는 한 나라의 대통령이라고 해도 예외일 수는 없음이다. 국법상으로야 대통령이 최고 권력자이지만 인륜상으로는 아버지의 자식으로써 아버지의 슬하에 그 지위가 있음이니 아버지가 바로 후견인인 셈이다.

즉 부계(父系)의 경우를 예로 들어보면 다음과 같이 질서가 분명하다. 고조부는 증조부를 다스리고, 증조부는 조부를 다스리며, 조부는 부친을 다스리고, 부친은 나를 다스리며, 나는 자식을 다스리는 것이다.

이 같은 설정으로 보았을 경우가 바로 법통과 체통 그리고 질서가 확고하고 일사불란함이다. 그러므로 고조부는 증조부의 정관성(正官星)이고, 증조부는 조부의 정관성(正官星)이며, 조부는 부친의 정관성(正官星)이고, 부친은 나의 정관성(正官星)이며, 나는 자식의 정관성(正官星)에 해당함이다.

그래서 부성(父星)에 해당하는 관성(官星) 중에서도 정관(正官)이 법통의 정당하고 다정한 보호자로써 생부(生父)인 것이다. 반면에 편관(偏官)은 아버지의 이변에 의해서 야기된 것이기에 힘으로는 강제하여 부당하고 비정한 보호자로써 의부(義父)에 해당함인 것이다.

✻ 어머니는 정인(正印)이나 시어머니는 정관(正官)이 정확해

어머니를 정인(正印=印綬)으로 봄은 바른 것이다. 그러나 어머니의 시어머니는 질서와 법통 상으로 정관(正官)으로 설정함이 바른 것이다. 어머니는 잉태된 자식을 낳아서 기르는 것이 본분이므로 정인(正印=印綬)으로 설정함이 바르다.

즉 모계(母系)의 경우를 예로 들어보면 다음과 같이 질서가 분명하다. 모계의 경우에 나를 기르는 것은 어머니인 모친인데, 모친을 다스리는 것은 조모이고, 조모를 다스리는 것은 증조모이며, 증조모를 다스리는 것은 고조모다.

모친의 시어머니인 조모가 모친을 다스리는 백호와 같은 정관(正官)이듯이, 조모의 시어머니인 증조모가 조모를 다스리는 정관으로 군림할 것임은 너무나도 당연한 법통이고 위계질서인 셈이다. 즉 법통과 체통 그리고 질서가 확고하고 일사불란함이다.

그러므로 나의 정인성(正印星)이 모친이고, 모친의 정관성(正官星)이 조모이며, 조모의 정관성(正官星)이 증조모이고, 증조모의 정관성(正官星)이 고조모에 해당함이다.

✱ 부모와 자식 간의 삼각관계

남성인 아버지(父星)를 주체로 한 아버지의 입장에서 보면 나(日干)의 어머니(母)는 식신(食神)이 되고 나(日干)의 자식(子)은 정재(正財)가 됨이니 부모와 자식 간의 관계는 식신생재(食神生財)의 상관관계가 형성된다.

육신관계로 보았을 경우에 식신은 재성(財星)을 생산하는 꽃(花)에 해당되고 재성은 열매(實)에 해당한다. 즉 부성(父星)의 입장에서는 아내(妻)를 통해서 씨앗을 뿌리고 싹을 틔워 꽃을 피우니 열매(財)가 맺히는 이치다. 진실로 자연스럽고 현실적인 생산과정의 프로세스인 셈이다.

예컨대 식신생재(食神生財)이니 식신이 있어야만 재성이 생산되듯이, 재생관(財生官)됨인 아내(財)가 있어야만 아내를 통해서 자식을 잉태하고 낳을 수가 있음이고, 관생인(官生印)함이니 씨앗의 주체인 남편(官星)이 있어야만 아내(財星)는 씨앗을 받아서 잉태, 출산, 양육을 하는 어머니(正印)의 역할을 할 수가 있음인 것이다. 즉 질서가 정연하고 현실적인 상관관계를 형성하고 있음이 분명한 것이다.

✱ 관성(官星)의 본질적인 문제는 뭔가?

여기서는 자식 중에서 아들의 별이 갖는 문제점에 대해서 살펴볼 필요가 있다. 육친 상으로 아들은 아버지의 지배를 받는 재성(財星)이어야 하지만 그 반대로 아들은 관성(官星)에 해당한다.

즉 아들이 아버지의 지배를 받는 재성이 아니고 왜 거꾸로 아버지를 다스리는 관살(官殺)로 군림하는 것일까에 대한 의문이 생긴다. 이에 대한 이유와 근본원리는 자식의 생산과정과 체통 그리고 관살이 지니는 본질적인 직분과 역할에 있음이다. 그 이유를 살펴보면 다음과 같다.

① 자식의 생산과정과 체통

오행에서 남성(父性)을 대표하는 것은 갑목(甲木)이고 여성(母性)을 대표하는 것은 기토(己土)다. 그래서 갑목(甲木)과 기토(己土)는 천지의 배합이자 음양의 배필로서 지구상의 한 쌍의 부부를 상징한다. 갑목(甲木)은 생물의 대명사로서 목(木)의 양성(陽性)에 속하는 동시에 양기와 정력의 근원인 생기에 해당한다.

생물을 대표함이 인간인데 남성은 생식기능을 상징하는데 여기서 생기는 정력과 생식능력을 의미한다. 반면에 기토(己土)는 대지의 대명사로서 토(土)의 음성(陰性)에 속해 만물을 잉태하고 생산하는 자궁에 해당한다. 대지는 만물을 생산하고 키움인데 여성은 생식작용을 하는 자궁으로서 만물의 모성(母性)을 상징한다.

이러한 갑목(甲木)과 기토(己土)는 천지배합이자 음양배필로서 지구상의 부부를 상징함이다. 갑기(甲己)가 합하면 변화해서 토(土)가 되듯 화토(化土)함이니 그 토(土)에서 태어난 토(土)의 자식들이 바로 금(金)이다. 즉 토생금(土生金)의 이치인 셈이다.

그러나 기토(己土=여성)의 입장에서는 자식인 금(金)이 식신(食神)과 상관(傷官)이 되지만, 갑목(甲木=남성)의 입장에서는 자식인 금(金)이 관성(官星)에 해당됨이다.

② 관살의 본질적인 직분

관살(官殺)은 군왕을 지배하는 극아자(剋我者)가 아니라 군왕의 생명과 재산을 보호하는 호아자(護我者)로서 근위사단장에 해당한다고 할 것이다. 유약한 어린 군왕은 아버지에 의해서 생명과 재산을 보호받는다.

그러나 늙고 병든 군왕을 공경하고 보살피는 것은 돌아가신 아버지를 대신한 자식들이다. 즉 늙은 군왕에게 관살은 자신을 강제하는 극아자가 아니고 자신을 보살피고 호위해주는 호아자임이다. 그래서 어린 시절에는 아버지가 관살이 되지만 노인 시절에는 자식이 관살이 됨인 것이다.

그래서 자식궁인 시주(時柱)는 관살을 위주로 해서 안배하는 것이니 그 내용을 정리해 보면 다음과 같다.

예컨대 갑일(甲日)생과 기일(己日)생은 갑기합화토(甲己合化土)해서 화토(化土)로 변함이니 토체(土體)가 되고, 을일(乙日)생과 경일(庚日)생은 을경합화금(乙庚合化金)해서 화금(化金)으로 변함이니 금체(金體)가 된다.

병일(丙日)생과 신일(辛日)생은 병신합화수(丙辛合化水)해서 화수(化水)로 변함이니 수체(水體)가 되고, 정일(丁日)생과 임일(壬日)생은 정임합화목(丁壬合化木)해서 화목(化木)으로 변함이니 목체(木體)가 된다.

무일(戊日)생과 계일(癸日)생은 무계합화화(戊癸合化火)해서 화화(化火)로 변함이니 화체(火體)가 되는 것이다. 그래서 시각을 나타내는 시진(時辰)을 표시함에도 일진(日辰)의 변화오행에 따라서 자식을 관살인 정관(正官)으로 삼아 정해짐이니 이는 자연의 섭리이고 체통인 것인데 이를 정리해 보면 다음과 같다.

시진기수천간부여방법(時辰旗手天干附與方法), 일진화오행(日辰化五行)의 정관성(正官星)

時間		甲己(日)甲己合土己土正官甲木(首)	乙庚(日)乙庚合金辛金正官丙火(首)	丙辛(日)丙辛合水癸水正官戊土(首)	丁壬(日)丁壬合木乙木正官庚金(首)	戊癸(日)戊癸合火丁火正官壬水(首)
23-01	乙	甲子	丙子	戊子	庚子	壬子
01-03	丑	乙丑	丁丑	己丑	辛丑	癸丑
03-05	寅	丙寅	戊寅	庚寅	壬寅	甲寅
05-07	卯	丁卯	己卯	辛卯	癸卯	乙卯
07-09	辰	戊辰	庚辰	壬辰	甲辰	丙辰
09-11	巳	己巳	辛巳	癸巳	乙巳	丁巳
11-13	午	庚午	壬午	甲午	丙午	戊午
13-15	未	辛未	癸未	乙未	丁未	己未
15-17	申	壬申	甲申	丙申	戊申	庚申
17-19	酉	癸酉	乙酉	丁酉	己酉	辛酉
19-21	戌	甲戌	丙戌	戊戌	庚戌	壬戌
21-23	亥	乙亥	丁亥	己亥	辛亥	癸亥

○ 갑기합토(甲己合土)에서 토(土)의 관살은 목(木)이므로 갑기(甲己)일은 기토(己土)의 정관(正官)인 갑목(甲木)을 자시(子時)-시주(時柱)의 첫머리에 기수(旗手)로 앞세워서 갑자(甲子)시에서 시작을 한다.

○ 을경합금(乙庚合金)에서 금(金)의 관살은 화(火)이므로 을경(乙庚)일은 신금(辛金)의 정관(正官)인 병화(丙火)를 자시(子時)-시주

(時柱)의 첫머리에 기수(旗手)로 앞세워서 병자(丙子)시에서 시작을 한다.

○ 병신합수(丙辛合水)에서 수(水)의 관살은 토(土)이므로 병신(丙辛)일은 계수(癸水)의 정관(正官)인 무토(戊土)를 자시(子時)-시주(時柱)의 첫머리에 기수(旗手)로 앞세워서 무자(戊子)시에서 시작을 한다.

○ 정임합목(丁壬合木)에서 목(木)의 관살은 금(金)이므로 정임(丁壬)일은 을목(乙木)의 정관(正官)인 경금(庚金)을 자시(子時)-시주(時柱)의 첫머리에 기수(旗手)로 앞세워서 경자(庚子)시에서 시작을 한다.

○ 무계합화(戊癸合火)에서 화(火)의 관살은 수(水)이므로 무계(戊癸)일은 정화(丁火)의 정관(正官)인 임수(壬水)를 자시(子時)-시주(時柱)의 첫머리에 기수(旗手)로 앞세워서 임자(壬子)시에서 시작을 한다. 위의 내용을 정리 요약해보면 다음 표와 같다.

그러나 시진(時辰)을 세움에 있어서 유의할 점은 자시(子時)의 경우이다. 자시 중에서 야자시(夜子時 23:00-24:00)의 경우에는 생일이 새로운 날인 신일(新日)을 세우지 못함이니 반드시 당일(當日)의 일진(日辰)을 사용하고 다음 날인 익일(翌日)의 시진(時辰)인 자시(子時)를 사용해야 한다는 점이다.

반면에 명자시(明子時 24:00-01:00)의 경우에는 생일이 자정(子正)을 넘었기 때문에 반드시 다음 날인 익일(翌日)의 일진(日辰)과 익일(翌日)의 시진(時辰)인 자시(子時)를 사용해야 바르다는 점을 명심해야만 할 것이다.

야자시(夜子時)와 명자시(明子時)의 일진(日辰)과 시진(時辰)을 세우는 방법

時柱	時刻	日辰	時辰	備考
夜子時	23:00~24:00	當日	翌日(子時)	생일이 新日을 못세움
明子時	24:00~01:00	翌日	翌日(子時)	생일이 子正을 넘었음

7. 운명관찰방법과 운세예측방법의 진실은 과연 뭔가?

✱ 하늘의 일은 천문(天文)역경, 땅의 일은 풍수(風水)지리, 사람의 일은 인사(人事)명리

하늘의 일은 천문(天文)이고, 땅의 일은 풍수(風水)지리이며, 사람의 일을 인사(人事)라 한다. 인사(人事)에 대한 관찰법으로써 천명사주학은 포태(胞胎)나 출생(出生)의 연월일시(年月日時)를 그 판단기준으로 하여 사람의 과거사, 현재사, 미래사를 살피는 인간운명과 관련된 예측방법이다.

이렇게 인사(人事)와 관련된 제반사항들을 분석하고 예측하려는 동방의 사유체계에는 사주명리학·산명술(算命術), 자미두수법(紫薇斗數法), 토정비결(土亭秘訣), 황극책수(皇極策數), 황제내경오운육기(皇帝內經五運六氣), 육임학(六壬學), 기문둔갑학(奇門遁甲學) 등을 대표적인 유형으로 들 수 있다.

✽ 사주명리학적 운명관찰법

사주명리학(四柱命理學 : Ming-Li Theory)은 일명 사주팔자학이라고도 하는데 이는 인간의 출생년월일시를 주요 판단근거로 한다. 사주명리학의 분석방법은 지지(地支)를 천간(天干)으로 치환(置換)하여 분석하는 방식으로 지장간(地藏干)을 정확히 살피는 방법이라고 할 수 있다. 오늘날과 같은 명리학이 자리를 잡게 된 것은 송대의 이허중(李虛中)으로부터 시작되었다고 할 수 있다.

예컨대 당(唐)나라 때부터 인간의 운명에 대한 길흉화복을 측정해 볼 수 있는 분석방법으로 당사주(唐四柱)라는 것이 전해 내려오기는 하였지만 이러한 분석법은 일주(日柱)를 위주로 하는 송대 이후의 명리학이 아닌 당사자의 띠(出生年)를 기점(起點)으로 하여 년과 월과 일과 시를 차례로 짚어 나가면서 내용을 살피는 것이기 때문에 오늘날의 명리학과는 많은 차이를 보이는 학문이다.

따라서 역학(易學)에 포함되어 있는 여러 가지의 운명학 장르 중에서 대종을 이루는 것이 복서학과 명리학이다. 그런데 복서학은 괘(卦)에 나타나는 상(象)과 효(爻)에 의해 사안(事案)에 대한 길흉과 성패를 판단하는 것으로 당면사에 대한 내용을 살피는 단시적(短時賊的)인 학문이라고 한다면, 사주명리학은 당사자가 지니고 태어나는 생년월일시에 의해서 길흉화복을 판별하여 해당되는 사람의 전 생애를 가늠해볼 수 있는 거시적(巨視的)인 학문이라고 할 수 있다.

그렇기 때문에 사주명리학을 연구하는 사람이라면 누구나 복서학을 겸하는 것이 좋은 장점이 될 수 있는 것이다. 한편 산명술(算命術)이 있는데 이는 사주명리학을 각색한 것으로 공망(空亡)을 주요 판단근거로 하고 있는데 생시(生時)를 사용하지 않기 때문에 적중률 면에서는 다소 많이 떨어진다고 할 수 있다.

✽ 자미두수의 운명관찰법

자미두수법(紫微斗數法)은 당말기(唐末期)에 진희이(陳希夷 : 867-984)가 창안한 분석방법으로 서양의 점성술(占星術)과 유사한 것이다. 이러한 자미두수법은 중국과 대만에서 성행하고 주류를 이루는데 72개의 성(星)을 나열하여 판단하는 분석법이다.

즉 은하계에 있는 자미성(紫薇星)을 근간으로 하여 인간운명의 길흉화복을 측정하는 학문인 것이다. 이 분석방법은 모두 2개의 궁위(宮位)에 의해서 길흉을 측정하도록 되어 있는데 짚어나가는 공식이 복잡하고 난해해서 접근하기가 매우 어려운 분야라고 할 수 있다.

자미성이란 속칭 견우성(牽牛星)이라 일컫는 삼태성(三台星)중의 주성(主星)을 지칭하는 말로써 지구와는 백억 광년이나 될 만큼 멀리 떨어진 별에 해당한다. 그렇기 때문에 그 자미성을 근거로 하여 지구상에서 생존하는 인간운명의 길흉을 측정하는 것인데 필자의 경험에 의하면 일년신수(一年身數)의 월별운수(月別運數)의 분석과 판별에서는 매우 탁월한 예측력을 지니고 있다고 할 수 있다.

✽ 토정비결의 운명관찰법

토정비결은 토정(土停) 이지함(李之函)선생에 의해서 창안된 분석방법인데 주역에 등장하는 대성괘(大成卦)를 바탕으로 하여 사람들의 운세를 가늠하는 학문이다. 즉 대성괘에 나타나는 6개의 효(爻)의 상황에 따라서 당사자의 길흉을 측정하도록 되어 있다.

이렇게 대성괘에 등장하는 6개의 효(爻)중에서 내괘(內卦)에 있는 3개의 효(爻)가 민초(民草)들인 서민의 길흉과 애환을 나타내는 것이다. 반면에 육효(六爻) 중에서 외괘(外卦)에 해당하는 3개의 효(爻)는 국가나 사회상을 나타내는 외부의 사안을 나타내도록 되어 있다.

한편 황극책수(黃極策數)는 인간운명의 틀인 사주팔자를 천반(天盤)과 지반(地盤)으로 나누어서 선천수(先天數)로 합산한 후에 그 수치(數値)가 지니고 있는 내용에 따라 인간운명의 호불호(好不好)를 가늠하도록 되어 있는 학문이다.

그리고 황제내경오운육기(黃帝內經五運六氣)는 역경과 의학은 불가분의 관계에 있기 때문에 천지인삼합(天地人三合)의 원리를 자연의 기후변화(氣候變化)와 인체의 건강에 적용하여 분석하는 방법인데 이는 황제내경소문운기칠편(黃帝內經素問運氣七編)에 잘 나타나고 있다.

✱ 육임사과의 운명관찰법

육임학(六壬學)은 천간(天干)을 지지(地支)로 치환(置換)하여 분석하는 방식인데 이는 육임사과삼전표출(六壬四課三專表出)이라는 공식에 의해서 특정한 사안에 대한 길흉과 성패를 가늠하도록 되어 있는 예측학문이다. 여기에서 삼전(三專)이란 당사자의 과거와 현재와 미래를 측정하는 분야이다.

그리고 사과(四課)란 둘로 나누어서 앞에 부분이 외부의 상황을 측정하는 내용으로 되어 있고 뒤의 부분이 내부 곧 본인을 중심으로 한 당사자의 주위상황을 측정하는 내용으로 되어 있다. 즉 육임(六壬) 역시 문복자(問卜者)가 찾아온 당시를 근거로 하여 길흉간의 답을 내리도록 되어 있기 때문에 괘(卦)를 쳐서 답을 내리도록 되어 있는 복서학과 유사한 학문이라고 할 수 있다.

✱ 기문둔갑술의 운명관찰법

기문둔갑학(奇門遁甲學)은 두 번째로 오래된 학문이다. 기문둔갑술이 세상에 등장하게 된 것이 팔괘(八卦)의 내용에 의해서 특정한 사안을 측정하여 예측하던 아득한 옛날부터이다.

그러나 이러한 분석방법이 하나의 학문으로 자리 잡게 된 것은 문왕을 도와서 주나라를 통일제국으로 올려놓은 태공망여상(太空望呂尙)에 의해서부터 라고 할 수 있다. 기문(奇門)에 둔갑(遁甲)이라는 용어가 붙게 된 것은 육십갑자(六十甲子)의 내용이 원형대로가 아닌 변형된 내용으로 현상 속에 나타나게 되기 때문이다.

이러한 기문둔갑학은 삼기(三奇)와 육의(六儀)라는 내용으로 특정한 사안을 살피도록 되어있으나 기문(奇門)으로 살피는 대상이 개인의 길흉을 살피기보다는 대의적(大義的)인 국가의 흥망을 비롯하여 전쟁이 벌어졌을 때의 병법(兵法) 등으로 많이 활용되었다. 즉 손자병법에 등장하는 육도삼략(六韜三略)이 여기에 해당하는 학문이다.

기문둔갑법에는 연가기문(年家奇門), 월가기문(月家奇門), 일가기문(日家奇門), 시가기문(時家奇門) 등이 있는데 제갈공명(諸葛孔明)과

장자방이 사용하던 대표적인 방법이기도 하다. 즉 천간(天干)을 중심으로 분석하는 방식인데 24절기(節氣)를 사용하는 것이 특징이다.

역사적으로 기문둔갑학에 정통하였던 인물로는 유방(劉邦)을 도와서 한(漢)나라를 통일제국으로 올려놓은 장량(張良)을 비롯하여 유비(劉備)를 도와서 촉(蜀)나라를 세운 제갈량(諸葛亮) 등을 들 수 있는데 우리나라에서는 고려시대의 서화담(徐華潭)과 조선시대의 이지함(李之函)과 박설천(朴雪泉) 등의 인물을 생각할 수 있다.

✱ 인상학적 운명관찰법

사람의 일에 관련된 인사(人事)에 대한 상학(相學 : Ti-Xiang Theory)적인 관찰법으로써 인체의 모양새인 상(象)과 상(相)을 가지고서 그 사람의 현상(現狀)과 미래(未來)의 길흉을 판단하는 분석방법이 인상학(人相學)이다.

이러한 인상학에는 골상(骨相), 관상(觀相), 체상(體相), 수상(手相), 족상(足相) 등을 들 수가 있다. 이러한 인상학과 관련한 주요 원전으로는 麻衣相訣(마의상결)을 들 수 있다.

첫째 관상학은 얼굴에 나타나는 상모(相貌)와 찰색(察色)을 보아서 당사자의 길흉을 판독하는 학문이다. 둘째 수상학은 손에 나 있는 금과 모양새 등을 근거로 하여 당사자의 길흉을 측정하는 학문이다.

이렇게 관상이나 수상을 보고서 당사자의 길흉을 판단한다는 것이 지극히 어려운 일인데 상학에 관한 한 대표적인 책이라 할 수 있는 마의상법에 수록되어 있는 설명이나 도상(圖相)조차도 판독하기가 애매하게 되어 있어서 앞으로 더욱 더 연구가 이루어져야할 과

제라고 할 것이다.

✱ 성명학적 운명관찰법

인사(人事)에 대한 관찰법으로써 성명학은 이름 속에 들어 있는 획수오행(劃數五行), 자원오행(字源五行), 소리오행인 음향오행(音響五行) 등과 숫자음령(數字音靈)을 가늠하여 당사자의 길흉을 측정하는 학문이다. 즉 존재하는 모든 것의 본질을 수리(數理)로 보고 있는데 그 수리의 바탕이 되는 것이 다름 아닌 지구의 공전과 자전으로 말미암아 발생하게 되는 수(數)인 것이다.

우리들이 자주 사용하는 운수(運數), 재수(財數), 신수(身數)라고 하는 말들 속에 들어 있는 숫자(數字)는 인간들의 주관에 의해서 붙여지게 된 것이 아니라 지구가 회전을 하는데서 생겨나게 된 과학의 의미를 내포하고 있는 진리라고 보는 것이 성명학에서 당사자의 이름에 들어 있는 획수(劃數)와 오행의 내용을 중요시하는 근거가 되고 있는 것이다.

비견운세기간의 육신별
운세판단과 성공처세술

비견운세기간의 육신별
운세판단과 성공처세술

1. 비견이 용(用)이면 만사를 성사시키는 천하충신

비견이 용(用)인 경우, 즉 체지보필용(體之輔弼用)일 경우에는 재상을 보살피고 도우며 만사를 이롭게 성사시키는 천하의 충신이고 동지로서 더없이 좋은 희신(喜神)이 된다. 그래서 비견이 용(用)이 되는 경우에는 만사가 사람으로 인해서 이뤄지고 평생 부귀를 누릴 수 있는 인인성사(因人成事)하고 인인성부(因人成富)하는 천명(天命)이라고 할 것이다.

✽ 비견은 자신과 똑같이 생긴 쌍둥이별

사주팔자는 군신관계로 형성되어 있는데, 1명의 국무총리(日干)와 7명의 신하로 구성된다. 태어난 출생의 일간(日干)과 똑같은 천간(天干)을 비견(比肩)이라고 부른다. 태어난 날의 일간과 오행도 같고 음양도 같은 경우가 비견인 셈이다. 그래서 비견을 쌍둥이 별이라고 한다.

비견은 글자도 똑같듯이 얼굴, 음성, 능력, 재간 등도 아주 똑같기 때문에 구분하기가 매우 어렵다. 일간(日干)은 군왕의 명령을 받아서 나라를 다스리는 정부의 최고1인자인 재상(宰相), 수상(首相), 국무총리로서 사주팔자의 얼굴이고 대표인 셈이다.

예컨대 갑(甲)일 생의 경우에 갑(甲)이 연월일시 중에 있게 되면 동일격의 재상, 국무총리가 연월일시에 나란히 나타나 있는 경우가 된다. 재상은 정부의 두목으로서 오직 하나여야만 하고 그 밑에는 부하격인 수하들만 있어야 한다.

그런데 비견이 나타나게 되면 두목이 둘(복수)이 되고 부하가 줄어드는 경우에 해당함이다. 그래서 비견은 쌍둥이 형제인 쌍아(雙兒)와 같다. 예컨대 일간(日干)이 갑(甲)일 때에 갑(甲)을 만나는 경우, 일간(日干)이 을(乙)일 때에 을(乙)을 만나는 경우, …(중략), 일간(日干)이 계(癸)일 때에 계(癸)를 만나는 경우 등이 여기에 속한다.

✱ 비견쌍아의 일반적인 성정과 운질

① 비견은 분산, 이별, 쟁투, 비방, 독행, 고독 등을 나타내는 흉성(凶星)이다.

② 비견은 활동력은 강하나 먹을거리는 적고 분주하듯 식소사번(食小事繁)하다.

③ 비견은 자립, 독립의 발전적 힘은 있으나 군비쟁재(君比爭財)하기에 손재(損財)를 당할 수 있으므로 인간관계를 원만히 해야 한다.

④ 비견은 타인과 불화·논쟁을 초래하여 고독하고 이기적이다.

⑤ 비견이 많으면 독립적인 사업, 즉 변호사, 의사, 기사, 자유업 등에 적당하며 형제나 친구 간에 우애가 없고 사이가 나쁘며 대운이 흉하면 평생노고가 많다.

⑥ 비견이 많으면 형제와 배우자의 덕이 없고 이별수가 있으며 평생 고로하다.

⑦ 여성이 비견이 많으면 열정과 색정이 강하나 뒤끝은 없다.

⑧ 비견이 12운성 중에서 묘(墓), 절(絕), 사(死), 목욕(沐浴)과 동주(同柱)하여 같이 있으면 형제와 일찍 이별하거나 사별한다.

⑨ 비견이 체(體)일 경우에는 한 나라에 주인이 여러 명이 있는 격이니 나라를 빼앗는 나라의 도적, 약탈자이며 나를 내쫓거나 죽이려는 배신자, 반역자로서 평생 나를 괴롭히는 기피해야 할 흉악한 기신(忌神)이다. 즉 비견이 체(體)가 되면 만사가 사람으로 인해서 실패하고 깨어지는 인인패사(因人敗事)로 일관하게 된다.

✱ 비견쌍아 운세에서는 독불장군식의 행동이 나타나

사주팔자에서 일간(日干)의 재상은 정부의 두목으로서 오직 하나여야만 한다. 일간(日干)의 재상 밑에는 부하나 수하들만 있어야 하는데 쌍둥이별인 비견이 나타나게 되면 두목이 여러 명이고 부하가 작음이니 서로가 자리다툼, 시기질투를 하며 모든 일에 대립, 갈등, 시비가 발생하여 끊이지를 않게 된다.

누구나 대운(大運)이나 연운(年運)에서 비견운세에 해당될 때에 이러한 현상이 일어나게 된다. 즉 이렇게 가짜인 가재상(假宰相)인 비견이 나타나서 똑같은 재상(宰相)행세를 하면서 매사를 간섭하고 말썽을 일으키는 것이다.

그래서 진짜인 진재상(眞宰相)인 일간(日干)이 쌍둥이별인 비견을 따돌리며 미워하고 적대시하면서, 진재상이 매사에 독단적, 독선적, 독자적, 독립적으로 결정을 하고 독불장군 식으로 행동을 하게 되는 것이다.

그렇다고 비견이 가만히 앉아 있으면서 수수방관, 묵인만 할 수는 없는 노릇이다. 그래서 일간(日干)의 재상과 비견, 그들은 사사건건 시비하고 싸우며 물고 늘어지게 된다. 그래서 진(眞)재상은 비견의 얼굴만 보아도 화가 머리끝까지 치밀고 비위가 상하여 비견을 증오하다 견디다 못해서 자리를 박차고 딴 곳으로 떠나기를 식은 죽 먹듯 하게 된다.

그렇지만 팔자에 타고난 비견은 어디를 가나 따라다니고 함께 등장하고 나타나는 것이다. 비견은 비화자형제(比和者兄弟)임이니 동행자(同行者)는 형제자매라 할 것이다. 그래서 일반적으로 비견을 형제, 동기간, 친구라고 한다.

그러나 비견은 글자가 똑같듯이 나와 똑같은 것을 의미하는 것이므로 같은 동기간, 동창생, 동향인, 동족, 동포, 동업자, 동성 등과 같은 사람들이면 하나같이 비견인 것이다. 즉 비견은 어느 특정한 누구를 가리키는 것이 아니고 모든 사람인 만인을 의미한다.

이 세상의 모든 사람들이 내 자리, 내 권리, 내 남편, 내 아내, 내 재산을 나누고 빼앗기 위해서 노리고 싸우며 말썽을 일으키고 있다. 그래서 사주팔자에 비견이 있거나 세운(歲運)에서 비견의 운이 들어오면 무엇이든 혼자서 독점할 수가 없음을 알아야 한다.

이렇게 비견은 양보, 타협, 관용을 거부하고 악착같이 싸우고 이겨서 독점하고 독립하려고 여념이 없다. 그래서 사주에 비견이 있으면 인간관계가 대립적, 독선적이 되어서 독불장군처럼 모가 나므로 대인관계가 원만치 못하여 외톨이처럼 고립되기가 쉽다. 그러나 이는 타고난 천성, 개성이기 때문에 후천적으로 어찌할 수가 없는 일이다.

이처럼 사주팔자는 1명의 재상(日干)과 7명의 신하로 구성된다. 비견은 재상과 동일격인 쌍둥이로 제2의 재상인 셈이다. 한 국가에 주인이 2명이 있을 수 없지만 그러나 주인이 쌍둥이로 존재한다면 진짜와 가짜를 어떻게 가릴 수가 있겠는가? 쌍둥이는 성씨, 얼굴, 음성, 행동 등이 같기 때문에 그 진위를 구별하기가 매우 어렵다.

쌍둥이는 생긴 것 웃고 우는 것 노는 것 노래하는 것 잠자는 것 등이 늘 똑같다. 그래서 재상(日干)이 거동하면 비견은 늘 쌍둥이처럼 붙어 다니는데 메아리처럼 호령도 하고 대답도 같이 함이니 신하들의 입장에서는 혼동되고 주저되지 않을 수가 없음이다.

재상의 입장에서는 사사건건 쌍둥이가 붙어 다니면서 따라하고 간섭하며 맞장구를 치고 쌍지팡이를 들고 나서니 눈의 가시처럼 밉고 거추장스러우며 난처하지 않을 수가 없음이다. 그래서 재상은 만사에 신경을 곤두세우고 쌍둥이를 경계하면서 대답도 먼저하고 길도 먼저 뛰어가 앞장을 서야 하며 끊임없이 경쟁을 해야만 한다.

이렇게 재상의 입장에서는 무슨 짓을 하든지 쌍둥이를 이겨야하므로 한눈을 팔거나 한시라도 게을리 할 수가 없음이기에 늘 짜증이 나고 시시비비가 일어나게 되어 있음이다. 이렇게 번거롭고 혼란스럽고 고달픈 쌍둥이 신세를 모면하는 길은 오로지 독립, 독점하는 방법뿐이다.

그래서 재상은 독단적, 독선적인 독립행위를 하기에 이르지만 쌍둥이가 그저 순순히 물러날 위인이 아님은 분명하다. 이렇게 쌍둥이가 군왕을 늘 그림자처럼 따라다니면서 같이 행동을 하기 때문에 제아무리 몸부림을 치면서 뿌리친다고 하드라도 선천적으로 타고난 쌍둥이의 신세를 면할 길은 없다.

✱ 군왕과 비견이 갖는 지지(地支)의 12운성(運星)의 왕성함이 주도권을 결정해

비견의 운세기간에 관건은 군왕(日干)과 비견, 둘 중에서 과연 누가 신하들을 다스릴 수가 있느냐가 제일 중요한 열쇠인 셈이다. 영악한 신하들은 같은 쌍둥이지만 승리를 거머 쥘 수 있다고 판단되는 강자에게 가담해서 함께 작당하기를 서슴지를 않음이 세상의 인심이고 이치다.

사주나 운세판별에서도 누가 강자인지를 판가름할 수 있는 힘의 중량은 지지(地支)의 12운성(運星)의 왕쇠강약에 의해서 결정되는 법이다. 예컨대 주인공을 나타내는 일지(日支)의 12운성이 건록(建祿)이나 제왕(帝旺)에 해당하면 군왕이 반드시 주도권을 잡게 된다.

그러나 반대로 비견궁(比肩宮)이 있는 지지(地支)의 12운성이 건록(建祿)이나 제왕(帝旺)에 해당하면 쌍둥이인 비견이 주도권을 잡아서 승리를 거머 쥐게 된다는 점도 반드시 명심해야 한다. 이런 경우가 대통령의 감량이 못되는 자가 간혹 군왕의 자리에서 대통령의 행세를 하는 경우가 있음이니 이러한 경우라 할 것이다.

예컨대 갑자(甲子)일주인 주인공(군왕)이 갑인(甲寅)의 비견을 보게 되는 경우를 생각해 보자. 갑자(甲子) 일지(日支 : 子)의 12운성은 목욕(沐浴)에 해당하고, 갑인(甲寅) 일지(日支 : 寅)의 12운성은 건록(建祿)에 해당되어 비견이 주인공(군왕)보다도 강하므로 군왕(甲子)이 비견(甲寅)에게 왕관을 빼앗기고 뒷전으로 밀려나게 되는 형국인 셈이다.

한편 병인(丙寅)일주인 군왕이 병자(丙子)의 비견을 보게 되는 경우를 생각해보자. 병인(丙寅)의 일지(日支 : 寅)의 12운성은 장생(長生)에 해당하고, 병자(丙子)의 일지(日支 : 子)의 12운성은 태(胎)에 해당되어 비견(丙子)이 군왕(丙寅)보다도 더 약하므로 군왕(丙寅)이 왕관을 지켜내고 유지함으로써 비견(丙子)은 초라하게 밀려나 뒷전에 조용히 머무르게 됨이다.

조선시대에 형이었던 양녕대군과 아우였던 세종의 경우가 비교될 수가 있다. 한국의 현대정치사에서는 최규하 대통령과 전두환 보안사령관의 경우도 비교해볼 수 있는 한 예라 할 것이다.

2. 비견의 운세기간에는 송사 재판 분쟁 풍파가 잦은 시기

분명히 내 것임에도 임자가 둘이고 시비가 걸리고 송사와 재판이 일어나니 눈뜨면 싸우게 되고 평생 분쟁과 풍파가 잦아들 날이 없음이다. 하물며 비견인 쌍둥이가 신하들을 꾀여서 선동과 작당을 하여 군왕(日干)을 축출해 추방하려는 모략과 음모를 일삼고 있음이니 신하들의 마음이 갈팡질팡 흔들리고 변심하게 이르니 배신과 거역함이 당연지사로 일어남인 것이다.

　그런데 문제는 군왕(日干)과 비견의 싸움박질에서 과연 누가 승리를 할 것인가의 승패의 여부다. 법통과 체통만으로 보아서는 분명히 군왕이 절대적인 존재이지만 동질의 군왕의 기질과 체통을 이어받은 쌍둥이로써 비견도 막상막하인 셈이다.

✸ 비견 운세기간의 운질은 배신 거세 증오 배척

　쌍둥이별로써 비견은 군왕(日干)과는 외형적인 겉으로야 한 핏줄의 형제이고 쌍둥이지만 실제 마음속으로는 불구대천의 원수지간으로 기름(油)과 물(水)의 사이라 할 수 있음이다. 그래서 쌍둥이별(比肩)은 변심하고 앙심을 품으며 사사건건 대립하고 시비하며 방해를 함이 그 성정이다.

　결론적으로 군왕(日干)은 독점, 독립함이 소원이기에 독선, 독단을 자행함이고, 비견인 쌍둥이는 군왕을 타도, 제거함이 소원이기에 배신, 증오, 배척, 거세를 자행함이라 할 것이다.

　이 둘은 살아도 같이 살고 죽어도 같이 죽어야 할 숙명적인 관계다. 이 둘에게는 한 가지 동(同)자가 철천지원수인 셈이다. 즉 동족, 동향, 동성동본종씨, 동기간, 동지, 동창생, 동업자, 동성자, 동급생 등에 이르기까지 같이 동일한 것은 모두가 내 자신(日干)인 군왕을 괴롭히고 호시탐탐 노리며 뜯어가는 찰거머리와 같은 존재이다.

✽ 비견 운세기간에는 삼각관계 형성으로 부부불화가 있는 시기

비견의 운세기간에는 혼자서 독식할 수 있었던 부모유산, 재산, 관직, 일거리, 기회 등을 둘로 나누어 반타작을 할 수밖에 없음이다. 특히 여성의 경우에 비견의 운세가 나타나면 미혼자는 남자 애인을 두고서 삼각관계가 형성되고 기혼자는 자신의 남편까지도 반분을 해야 하며 부부불화가 일어나 가정이 조용하지 않게 됨이니 어찌 슬픔과 상심(傷心)이 크지 않을 수가 있겠는가?

누구든 이 지경이 되면 무언가 트집과 발목을 잡아서 쌍둥이 격인 비견을 내쫓아 버리고 독점하려는 욕망과 분노가 일어나 이글거리게 됨은 기본상식일 것이다.

그래서 살아가면서 만나게 되는 유년(流年)의 운인 10년의 대운(大運), 1년간의 연운(年運), 1개월의 월운(月運) 등에서 비견의 운세기간을 만나게 되었을 때에는 여기서 지적하는 점 등을 감안하여 활동하고 처세를 하여야만 시행착오를 최소화할 수가 있다.

그러나 주인공과 쌍둥이 격인 비견의 입장에서도 상황은 마찬가지인데 똑같은 쌍둥이의 주인으로 출생을 하고서도 군왕의 자리에 한 번도 오를 기회가 없고 늘 신하의 위치에서 가짜주인과 대리주인의 행세나 해야만 함이니 분해서 속이 타고 분통이 터지지 않을 수가 없을 것이다.

비견의 입장에서는 똑바른 주인이 되려면 쌍둥이 주인인 군왕을 축출해서 내쫓거나 한 발 더 나아가 암살을 할 수밖에 다른 방법이 없다고 판단을 하기에 이르는 것이다.

그래서 쌍둥이 격인 비견은 군왕을 제거하기위한 음모를 획책하기에 이르니 불철주야로 군왕의 동태를 살피고 틈만 있으면 기습공격하려고 호시탐탐 기회를 노리면서, 군왕과 신하 간을 이간시키고 군왕의 불신임을 조성하기 위해서 갖은 중상모략을 조작하기에 혈안이 되는 것이다.

✱ 비견 운세기간에는 매사의 시작과 종말이 시비만발

무슨 일이든 자웅을 가리는 일은 일전이 불가피해서 승자는 남고 패자는 물러감이 기본상식이다. 그러나 군왕(日干)과 비견은 쌍둥이로써 몸이 하나이기에 승패가 갈려도 서로 물러갈 사람이 없음이 특징이다. 그리고 한쪽에서 순순히 복종할 리가 없음이니 둘은 죽을 때까지 엎치락뒤치락 싸울 수밖에 없음이다.

이렇게 승자도 패자도 없는 정쟁이 연중무휴로 계속됨이니 집안 꼴이 참으로 말이 아니게 된다. 이처럼 주인이 둘이 되면 서로가 진짜와 가짜 타령만 일삼기 때문에 가정사와 재산이 임자가 없는 미결의 분쟁물이 되어서 허공에 떠버리게 됨인 것이다. 주인과 임자가 없는 물건에는 도둑과 협작꾼들이 뛰어들기 마련이다.

이렇게 재산의 물권이 미결상태이니 서로 권리를 주장할 수도 없게 되고 도둑이 들어도 따질 수가 없게 되는 어정쩡한 형국이 바로 비견의 운세인 것이다. 그러므로 비견이 나타나게 되면 엉거주춤해지고 우유부단해지며 주저하게 되는 운질이 등장함이므로 매사가 이것도 저것도 아니고 이럴 수도 저럴 수도 없는 애매모호한 상황이 발생된다.

즉 비견이 나타나면 지휘관이 둘이고 나팔수가 둘인 셈이니 혼란과 혼동이 불가피해져서 흥정도 이루어지지 않고 결정도 결판도 내릴 수가 없게 된다. 그래서 좋은 찬스나 기회가 와도 찬스임을 모르고 일에 독촉을 해도 갈피를 잡을 수가 없게 된다.

군왕(日干)과 비견은 서로 추구하는 바가 다르고 가고자하는 길이 다르기 때문에 제자리에서 옥신각신 다투기만 할 뿐 앞으로 한 발짝도 전진하지를 못하고 서로 물고 늘어지며 버티고 있을 뿐인 것이다. 그래서 비견이 나타나면 모든 것은 시비로 시작되어 시비로 종말을 맞게 되는 것이다.

서로 합심해서 일을 도모해도 생존하기가 어려운 세상에 서로 잘났다고 옥신각신 다투기만을 일삼으니 수입이 있을 리가 만무하고 곤궁하고 빈곤하지 않을 수가 없음이다. 또한 돈을 번다고 하드래도 돈의 임자가 둘인 격이니 통째로 자기 것도 아닌 셈이다.

그러므로 누가 돈을 벌든 수입의 소유권은 반분을 함이기에 애써서 생산할 필요성을 못 느끼게 됨이니 경제활동에 의욕이 강하게 일어나지도 않게 된다.

그래서 비견이 나타나게 되면 눈치껏 약삭빠르게 점유하려는 데에만 고집을 부리고 어리석게 신경을 곤두세우게 되니 서로가 패망의 길로 접어들게 됨이다.

그래서 쌍둥이 격인 비견의 운세기간이 나타나면 융통성, 이해성, 관용성이 없어지고 아집, 배척으로 일관하려함이기에 상호 간에 대화가 단절됨으로써 결과는 서로가 망하는 길뿐이다. 전후가 꽉 막힌 진퇴양난의 장벽에 싸인 형국이며 우물 안의 개구리처럼 해결의 실마리를 찾을 수가 없게 됨이 바로 비견의 운명이다.

3. 비견의 운세가 구세주인 경우는 신약하고 재왕관왕한 사주

쌍둥이 격인 비견의 운세기간이 반드시 나쁜 것만은 아니다. 주인공인 군왕(日干)이 허약(身弱)해서 국정을 다스릴 수가 없는 경우에, 군왕을 대신해 신하가 득세를 하게 되면 대리군왕인 비견이 구세주처럼 반가울 수가 있음이다.

평생 동안 군왕노릇 한번 해봄이 꿈이던 비견에게 섭정의 기회가 주어지니 넘치는 감격과 기쁨으로 국정에 온갖 정성과 심혈을 기울여 받치게 된다. 이렇게 되면 허약한 주인공인 군왕(日干)과 비견 간에 왕관을 놓고서 불철주야 옥신각신하던 불화와 시비는 봄날에 눈 녹듯 자연해소가 되고 상부상조하는 애정, 화목, 평화, 안정, 번영이 성숙해진다.

허약한 군왕이 자신의 권리를 양보하니 비견도 군왕을 축출하려 들지 않고 사양하지 않을 수가 없게 된다. 서로가 권한을 독점하려고 아우성치지 않고 서로가 양보하고 협조하려함이니 욕심, 질투, 시기가 사라지게 된다.

그래서 타고난 천명인 사주가 신약(身弱)하고 재약(財弱)하면 인색해 소금보다 더 짜고 소견머리가 바늘구멍보다도 좁게 된다고 판별함이 정석이다. 그러나 선천적으로 타고난 사주가 신약(身弱)한데 재왕(財旺)해서 재물이 태산과 같다면 사람들이 찾아옴을 싫어할 이유가 없게 됨이다.

즉 선천적으로 타고난 팔자에 재물이 태산 같고 전답이 한 고을을 이루는데 인력이 없어서 경작을 못할 처지에 일가친척들이 모여들어 일손을 거들어준다면 더 이상 고마운 일이 아닐 수가 없음과도 같은 이치이다.

　이렇게 민심과 인심이 후덕해서 자신을 찾는 사람들에게 의식주를 후하게 베풀고 함께 살기를 청하면 누군들 감지덕지하지 않을 수가 없게 되고 그 은공을 보답하기 위해서 정성과 심혈을 기울이게 됨인 것이다.

　이처럼 주인공인 군왕(日干)이 신약(身弱)하나 재왕(財旺)하고 관왕(官旺)해서 타고난 재성(財星)이 풍부하거나 관성(官星)이 왕성한 경우에는, 비견이 보물단지처럼 쓸모와 가치가 있고 대우를 받게 된다는 점도 분명히 알아야 할 것이다.

✱ 비견은 첩으로, 다른 비견은 또 다른 첩으로 비유되는 거울과 창

　여기에서는 사주에 비견이 2개 이상 복수로 존재할 경우에 육신을 분석하는 기준을 세우려고 함에 있다. 사주분석에서 비견(첩)과 또 다른 비견(첩)의 상호관계를 살피는 거울(鏡)이자 창(窓)이 되는 것은 계집종을 나타내는 첩(妾)과 또 다른 첩(妾)의 관계로 살피는 것이 바르다고 할 것이다.

　사주에 비견(첩)과 또 다른 비견(첩)이 동시에 등장해 나타나면 어떠한 현상이 나타날 것인가를 생각해 보자. 비견과 비견의 동시등장은 첩이 하나 있는데 또 다른 첩이 등장한 경우에 해당한다. 예컨대 첩이 쌍 나팔을 불고 있는 경우에 해당한다.

　일반적으로 본처는 첩의 꼴은 보아도, 첩이 또 다른 첩의 꼴은 도저히 못 본다함이 세상살이의 기본상식이다. 첩이 또 다른 첩의 꼴을 못 보듯이, 비견과 또 다른 비견의 동시등장은 편견으로 미워하

고 시기, 질투, 배척을 하는 상대적인 관계가 형성됨을 파악할 수가 있을 것이다.

✱ 비견이 3~4개가 겹치면 난폭한 겁탈자와 같은 겁재로 둔갑해

복수의 비견들에게 나눌 만큼 사주에 재력(財星)이 풍부하다면 서로 이간을 부리지도 않고 한 몸 한 뜻으로 여유롭게 서로 의지하고 아끼며 단합과 협동으로 즐거운 공생의 길을 갈 수도 있을 것이다. 예컨대 비견이 2개일 경우라면 ½로 반분(半分)하면 되지만 비견이 3~4개일 경우에는 나누기가 곤란해 특히 심각한 문제가 될 수가 있다.

천명과 사주에 재력(財星)의 보따리가 작음에도 불구하고 임자(主人)를 자처하는 비견이 3~4개일 경우라면 서로 사이좋게 나눠서 가질 분량이 없기 때문에 어느 쪽이 양보하려하기보다는 누군가가 혼자서 독점하려 할뿐인 것이다. 즉 비견이 3~4개로 겹치면 비견이 겁재로 둔갑해 변질됨이니 겁재의 난폭한 성정을 거침없이 부리게 된다.

그래서 비견이 3~4개로 많은 사주이거나, 비견이 2개인데 유년(流年)의 대운(大運)이나 연운(年運) 등에서 비견운세를 만나게 되면 문제가 발생하기에 이르는 것이다. 즉 피투성이 난장판이 벌어져 보따리는 찢기고 짓밟히어 곤죽이 됨이니, 결과는 기진맥진 만신창이와 상처뿐이고 곤궁함과 굶주림을 면하지 못하는 인생이 될 수밖에 없음인 것이다.

가난하면 염치를 모르고 배고프면 체면을 차릴 수가 없음이니 사주에 먹을거리인 재력(財星)은 적은데 임자(主人)를 자처하는 비견

이 많게 되면 염치와 체면불구하고 우선 닥치는 대로 겁탈해서 먹으려 들 수밖에 없음이다. 그래서 비견이 3~4개로 많아지면 비견의 성정이 난폭한 폭군의 겁탈자로 변해버린다는 점을 명심해야 할 것이다.

그러니 사람, 지인, 형제, 동기간, 친구, 만인이 모두 다 원수와 같음이니, 사람을 보면 믿지를 못하여 백안시, 배척, 의심, 냉대하면서 미워하고 싫어하면서 말썽을 부리게 되는 현상이 나타나게 된다.

그래서 비견이 나타나면 대인관계가 무례해져서 서툴고 딱딱하며 거칠고 난폭해져서 엉망이 됨이니 사회에서 조화롭게 융화되지를 못하는 이기주의와 비사회적이고 비정상적인 편견과 편굴함이 조성되고 나타날 수밖에 없음이다.

4. 신약사주에 비견과 식신이 동시에 등장하면 매사불성

✻ 비견은 나뭇가지, 식신은 열매로 비유되는 거울과 창

나뭇가지와 열매의 관계란 사주분석에서 비견과 식신(食神)의 상호관계를 살피는 거울이자 창이다. 비견은 나뭇가지(枝葉)이고 식신은 꽃(花)과 열매(實)에 비유된다. 그런데 비견과 식신이 동시에 등장해서 나타나면 어떠한 현상이 나타날 것인가를 생각해 보자.

가지가 많으면 꽃과 열매도 풍성해짐이고 아름다운 꽃과 열매는 많을수록 좋음이 상식이다. 그래서 비견과 식신은 서로가 기뻐하는 관계다. 즉 비견과 식신이 함께 등장함은 형제가 합심해서 의식주

를 공동으로 생산하는 관계이니 서로가 다정, 화목, 번창하는 상호
관계라고 규정할 수가 있다.

✻ 비견과 식신의 동시등장은 2배의 생산증대와 소득증대를 상징해

이렇게 비견과 식신은 상속도 함께 나누고 소득도 공평하게 분배
하며 의식주도 같이 의탁함이니 천생연분의 협동자, 동업자, 공동
체의 관계다. 그들은 똑같은 자본, 지분, 능력, 노력으로 합동생산
하기 때문에 불평, 불만, 시기, 질투, 의심이 없고 서로가 신뢰, 의
지, 화목할 뿐이다.

그래서 비견과 식신은 1개의 공장(企業)으로 2배의 자본과 생산
을 감당함이니 지출은 반으로 줄고 대신에 소득이 2배로 증대됨이
니 부의 생산, 속도, 축적이 빠르고 안정적이고 영구적이다.

✻ 신약사주인데 비견과 식신이 동시에 등장하면 매사불성

그러나 타고난 천명사주가 신약(身弱)자인 경우에 비견과 식신이
동시에 나타나면 상황이 다르다. 여기서 신약자라 함은 사주에서
군왕(日干)을 도와주는 오행으로 일천간(日天干)을 생조(生助)해주
는 인성비겁(印星比劫)이 식상재관(食傷財官)보다 작은 경우를 지칭
하여 이르는 표현이다.

예컨대 건강하면서 기운이 왕성한 나무는 가지도 많고 꽃도 많이
필수록 좋을 것이다. 그러나 건강하지 못해서 뿌리도 약하고 땅속
에서 빨아들이는 수분도 부족해서 기운이 쇠약한 나무는 잎이 무성

해지고 꽃이 만발해지는 것을 두려워하지 않을 수가 없음이다.

그래서 신약사주에 비견과 식신이 함께 나타나면 매사가 불성함이니 산모가 유산을 하듯 만사가 중도에 하차되고 실패를 맞이하게됨인 것이다.

군왕(日干)의 입장에서 보면 비견에 대한 감정이 좋을 수가 없다. 그 이유는 비견의 성정이 조급하게 서둘고 고집이 강하며 실패를 주동하고 촉진하기 때문일 것이다. 비견의 등장은 동업관계의 파산으로 서로 미워하게 되어 형제간의 사이가 멀어지고 불화함이니 하는 일마다 실패해 빈곤, 불안함이니 건강도 온전치가 못하다.

즉 허약한 신약사주가 몸을 추스를 보약을 마다하고 향락과 기운을 빼는 설기(泄氣)에만 경쟁한 결과 몸이 쇠약한 환자가 난봉을 피우고 재산을 탕진함과 다를 바가 없음인 것이다.

✱ 비견 운세시기에는 주인과 군왕께 사사건건 맞서고 국정전반에 걸쳐 간섭하려 해

비견은 법통을 내세워 재산과 권리의 분배를 요구하면서 사사건건 군왕(日干)인 대통령에게 맞서고 국정전반에 걸쳐서 간섭하고 개입하려 함이 당연지사다. 그러나 욕심이 많은 군왕(日干)은 늘 모든 것들을 혼자서 독점하려고 비밀리에 숨기고 은닉하기 때문에 비견으로서는 손을 쓸 재간이 없음이 현실이다.

그런데 때마침 재물(正財)이 겉으로 들어나 나타났다면 비견도 이 때를 놓칠세라 가만히 보고만 있을 리가 없다. 그래서 이런 찬스에 비견도 보따리(財物)를 번개처럼 움켜쥐고서 군왕(日干)에게 분배를

요구하기에 이르는 것이다.

**✱ 비견 운세시기엔 1명의 여인에게 2명의 남자가 동시에 나타나 쌍
  나팔을 부는 꼴**

　남성의 경우에 정재(正財)는 정식 배우자인 아내(妻)에 해당한다.
그린데 비견과 정재의 동시 등장은 똑같은 2명의 왕자들 앞에 1명
의 여인이 나타난 격이다. 2명의 왕자들은 서로가 자신이 남편임을
주장하면서 이 여인(正財)의 손목을 잡아당기게 된다.

　그래서 이 1명의 여인(正財)이 2명의 왕자들을 물끄러미 쳐다보
지만 이름, 얼굴, 음성 등이 똑같으니 어느 쪽도 택하지를 못한 채
어리둥절해 하면서 머뭇거릴 수밖에 없음이 현실이다. 역시 2명의
왕자들도 서로가 자신의 여인(正財)이라고 주장을 내세울 뿐 누구도
혼자서 그 여인을 점유를 할 수가 없음도 현실이다.

　신부(正財)인 여인의 입장에서는 이런 큰 모욕과 망신살이 아닐
수가 없음이다. 정식 남편(日干)감이 지혜롭고 총명했다면 이러한
사태가 발생하지 않았을 텐데 가부의 결론을 못 내리고서 2명의 왕
자들이 서로 맞서서 싸우고만 있음이니 이를 어쩌란 말인가?

　처지를 바꾸어서 여인(正財)의 입장에서 들여다보자. 이 여인은 2
명의 왕자(比肩)들 사이의 틈바구니에 끼어있는 1명의 여인이 아니
고, 2명의 건장한 사내를 양쪽에 거느리고 있는 격이다. 그러므로 2
명의 사내들 입장에서는 호사다마라고나 할까? 염복에 마(魔)가 붙
은 격이라면, 1명의 여인(正財)의 입장에서는 동시에 2명의 사내를
거느리고 얻음이니 염복과 호박이 넝쿨째 굴러서 들어온 격이라 할

것이다.

그런데 1명의 여인이 2명의 남자를 거느렸다면 1명의 남자에게만 충실할 수가 없게 된다. 이는 손짓하며 유혹하는 또 다른 남자에게 정이 쏠려 이 여인의 마음이 변하게 됨이니 남편으로서는 고민거리가 생기지 않을 수가 없음이다.

이 여인의 입장에서 보면 남편이 만족스럽지 못해서 발생되는 불만이기도 하지만 여인 그 자체가 정숙하지 못해서 일어나는 일이기도 하다. 이렇게 천명과 운세의 분석에서는 정확한 관찰과 분석이 필요하다고 할 것이다.

5. 비견과 상관의 동시등장은 향락과 사치로 인인패사의 연속

✳ 비견은 참꽃, 상관은 헛꽃으로 비유되는 거울과 창

참꽃과 헛꽃의 관계란 사주분석에서 비견(참꽃)과 상관(傷官=헛꽃)의 상호관계를 살피는 창이다. 비견은 상관을 생산하는 어머니로써 산모(産母)격이다. 비견은 열매의 결실을 맺는 참꽃이다. 그러나 상관은 열매를 맺지 못하는 헛꽃에 불과하다.

즉 만발한 잎사귀(枝葉)와 헛꽃(傷官)들은 열매를 맺지 못하는 불필요한 존재이기에 거꾸로 기운만 빼앗기는 헛수고인 셈이다. 그래서 상관은 헛꽃이기에 꽃만 아름답게 피웠을 뿐 열매가 없는 격이니 실속이 없음이고 재능, 정력, 시간의 낭비인 셈이다.

✱ 비견과 상관의 동시등장은 향락과 사치로 인인패사의 연속

그런데 비견과 상관이 동시에 나타나면 어떠한 현상이 나타날 것인가를 생각해 보자. 군왕(日干)의 입장에서는 상관에 대해 늘 불평, 불만이 크고 눈살을 찌푸리며 싫어하고 비판적이다. 이렇게 군왕(日干)이 증오하고 미워하는 헛꽃(傷官)을 생산해 만들어 내는 것은 상관의 산모격인 비견(雙兒)이니 비견 또한 군왕이 반기고 즐거워할 리가 없음이 세상의 상식이라 할 것이다.

비견은 동업자고 상관은 과속차량에 비유될 수 있는데 동업자의 제안으로 함께 과속을 즐기다가 사고발생으로 손재가 발생함이니 상관은 아무쓸모가 없는 백해무익함이다. 대상이 누구든 만났다하면 비생산적인 유흥의 길목으로 유인해 탕진하게 하면서 시시비비와 낭비벽으로 쓴맛을 보게 한다.

이렇게 과속이 조장되고 정력의 과다소모가 강요되니 건강이 온전치 못하게 된다. 그래서 하는 일마다 헛꽃만 피우듯이 헛수고만하여 결과적으로 불평, 불만, 향락, 사치만 곱으로 늘어나니 만사가 사람에 의해서 실패하듯 인인패사(因人敗事)함의 연속이고 천성이다.

✱ 신왕사주에서 암적인 존재인 비견의 해결사는 길신의 상관

한편 신왕자(身旺者)의 사주에서 비견은 혹이고 암(癌)이다. 신왕자의 사주에서 비견은 사사건건 따지고 간섭하며 덤비면서 분배와 분할을 요구함이니 눈의 가시 같은 골치 덩어리다. 이처럼 눈의 가시 같은 비견의 기운을 빼주어야만 할 상황에 상관이 나타나서 감쪽같이 비견을 설기(泄氣)시켜 처리해줌이 바로 공로자인 상관이다.

이렇게 무용지물인 상관이 멋지게 움직여서 무용함을 유용하게 활용하니 전화위복이 되어 적군이 동지가 되고 병이 거꾸로 약이 됨이다. 그래서 사주가 신왕(身旺)자면서 상관이 길신(吉神)인 경우에서 비견과 상관의 관계는 소화와 신진대사를 촉진시키는 관계이므로 숨통이 트이고 속이 풀리며 기분이 전환되고 능률이 향상된다.

이러한 모두는 비견의 지원덕분으로 인덕이 많아지니 만사가 사람에 의해서 성공하듯 인인성사(因人成事)함을 얻게 된다. 즉 누구와 손잡아도 매사가 속성으로 진행되고 술술 풀리며 빠른 속도의 소득증대를 가져오게 된다. 언제나 유익한 정보와 기회를 제공해주는 친구덕분에 투자, 전진, 발전, 출세를 하게 된다.

추진하는 일이 장애물로 막히거나 어렵게 되면 주변에서 도와주고 길을 뚫어주는 지원자와 후견인이 나타나 남이 앞장서서 시원하게 처리를 해준다. 그는 총명, 비범, 능수능란해서 만사를 기분과 감정으로 처리하지 않고 실리적 기술적으로 선수치고 기선을 제압함이니 누구나 탄복하고 그를 따른다. 즉 머리를 써서 만인이 자신을 위해서 힘쓰도록 유도하는 능력인 것이다.

그러나 사주가 신약자이거나 상관이 흉신인 경우에는 상황이 전혀 다르게 나타난다. 이럴 경우에는 비견과 상관 둘이서 상관을 쌍으로 생(生)해 줌이니 처음은 꿀단지처럼 달달하고 즐겁지만 그 결과는 쓰디쓴 독배를 마시게 되어 누구든 만나서 접촉하면 출혈을 입게 되고 적자투성이의 만신창이가 됨이다.

비견이 상관을 만들어내는 산모이므로 비견이 상관을 조성하듯이 언제나 주변에서 나 자신을 불리한 함정으로 유도를 하지만 한편으로는 나 자신 또한 그러한 방향으로 두뇌를 쓰게 된다. 즉 비견이 상관을 생산하기도 하지만 거꾸로 상관도 비견을 설기하고 유도하듯이 나 스스로도 상대를 유인하여 함께 물에 풍덩 빠지는 자살행위를 종종 한다는 의미다.

매사에 예민, 속단, 성급해서 서두르다가 일을 자주 망치는 처지에 자신과 똑같은 동지를 만나서 장단을 맞추니 더 더욱 속도를 위반할 수밖에 없게 됨이다. 예컨대 긁어 부스럼을 만들고 스스로 무덤을 파는 격이니 모두가 신경과민, 오버센스, 편견, 아집 등 오판의 소산인 셈이다.

6. 비견이 겁재를 만나면 주인도 도둑으로 변질돼

✱ 비견은 합법상속자, 겁재는 불법쟁탈자로 비유되는 거울과 창

합법적인 상속자와 불법적인 쟁탈자의 관계란 사주분석에서 합법상속자인 비견과 불법쟁탈자인 겁재로 비유되는 거울(鏡)이자 상호관계를 살피는 창(窓)이다. 비견은 분배받을 권리가 있는 합법적인 상속자지만 겁재는 겁탈을 본업으로 하는 불법적인 침범자이고 쟁탈자다.

재물을 나눌 때에 도둑이 뛰어들면 불법이 난무하기 때문에 움켜쥐는 쪽은 주인이다. 겁재는 규칙을 외면하고 실력투쟁을 중시하기에 주먹과 힘이 강한 자가 이겨서 점유하게 된다. 그런데 천명사주나 유년의 세운(歲運)에서 비견과 겁재가 동시에 나타나면 어떠한

현상이 나타날 것인가를 생각해 보자.

✱ 비견이 겁재를 만나면 주인(比肩)도 도둑(劫財)으로 변질돼

이렇게 비견과 겁재가 동시등장해서 만났을 경우에는, 도둑(劫財)이 주먹을 휘두르니 주인(比肩)도 주먹을 사용할 수밖에 없게 되는 상황에 이르니, 결국은 합법적인 분배과정이 둔갑을 하여 불법적인 쟁탈과정으로 변해버리게 되는 것이다.

즉 비견이 겁재를 만나면 하루아침에 주인(比肩)도 도둑(劫財)으로 변질되어 전락함이니 도둑(劫財)이 하나 더 등장한 꼴이다. 이러한 겁탈과 쟁탈의 상황이 전개되면 주인(比肩)은 의연하게 법에 호소하면서 분배를 기다리지만, 도둑(劫財)은 법망에 쫓기고 있는 신세로 주인(比肩)처럼 평화적으로 성실하게 살면서 기다릴 수가 없기 때문에 즉시 일확천금을 해서 어디론가 줄행랑을 쳐야만 할 처지이다.

주인(日干)과 형제(比肩)가 도둑(劫財)을 만나 함께 천하의 겁탈자 무리를 이루어 작당을 하니 그 위세가 정말로 당당함이다. 이들은 집단적인 대규모의 겁탈과 쟁탈작전에 능수능란하기 때문에 밀수나 들치기나 사기도박 등까지도 즐기게 된다.

그렇지만 도둑들에게는 도덕심, 동정심, 협동심과 같은 것이 있을 수가 없기에 서로가 의심, 배척, 배신하면서 재물만을 노리는 겁탈자들이다. 이들은 이해타산이 맞으면 형제이고 동지이나 이해가 상반되면 즉시 적이고 원수로 돌변함이 특징이고 본성이다.

✽ 재성이 빈약한 사주에 겁재가 나타나면 무용지물로 변심과 배신이 들끓는 운세

타고난 사주에 재성(財星)이 왕성한 경우에 대운이나 연운에서 도둑에 해당하는 겁재가 나타나 준다면 자신이 가지고 있는 재성이라는 재원(財源)을 멋지게 활용하고 급속도로 개발함으로써 일확천금하여 치부를 가능하게 한다.

그래서 재성이 왕성한 사주에 겁재라는 도둑이 등장하면 급속한 재원개발로 일확천금과 치부가 가능한 운세다. 도둑에 해당하는 겁재, 이러한 겁탈자들도 상기의 과정을 통해서 재물이 더욱더 많아져 분배에 만족을 하게 되면 의리, 체면, 염치를 자연히 알게 되고 그래서 다정, 우애, 협동 등의 깊이도 있게 된다.

그러나 타고난 사주에 재성이 빈약한 경우인데 도둑에 해당하는 겁재가 대운이나 연운에서 나타난다면, 재물은 1개뿐인데 도둑에 해당하는 겁재가 여러 명이 한꺼번에 나타난 경우이므로 집단형성은 무용지물이라 할 것이다.

즉 이런 상황은 1명만이 살고 여러 명이 물러나야함이니 그 어떤 누구도 물러서려하지 않는 형국이 생겨난다고 해야 할 것이다. 본래부터 겁탈자에게 양보와 양심이란 애시 당초부터 없음인 것이니 오직 힘과 주먹으로 대결하고 겁탈을 할뿐이며 변심과 배신을 식은 죽 먹듯 함이 특징이라 해야 할 것이다.

예를 들어 비견의 성정은 우물쭈물하거나 주저하지만, 겁재는 상대의 기선을 제압하는데 번개처럼 빠르고 대담하며 거칠고 난폭하며 냉혹함이 특징이다. 그렇지만 자기 앞에 놓인 재성이라는 재원이 없음이니 사람 하나 없는 심심산골에서 겁탈을 하려고 허공을 내달리는 산적과도 같음이라 할 것이다.

이렇게 겁탈의 대상이 없으니 겁탈의 기회도 얻지를 못하고 결과는 허구한 날 헛수고이니 가슴에 쌓이고 쌓여서 늘어나는 것은 가난, 불안, 초조, 짜증, 허무, 허탈뿐이다.

그래서 사주에 비견과 겁재가 함께 같이 있으면 손재수나 부부간의 이별 등의 흉조가 늘 상존해 있게 됨이기에 이에 대한 사전준비와 대비책의 강구가 필요하다 할 것이다. 그래야 운세의 전환이 가능하고 고통스러운 악운에서 헤어날 수가 있다.

7. 비견과 정재의 동시등장은 남편이 정신적 물질적 타격 입는 시기

비견(雙兒)과 정재가 동시에 나타나면 아내(正財)로 인해서 남편이 정신적 물질적인 타격을 입게 됨이다. 근본적인 원인이야 아내(正財)의 변심이다. 그러나 아내를 유혹하는 제3의 사나이인 비견의 등장 때문에 아내가 변심을 했다고 생각하고서 비견을 미워하고 배척하게 된다.

사주의 신왕자가 비견을 싫어하는 이유가 바로 이 점 때문이다. 사주에 재성(財星=女人)이 없고 비견(雙兒)의 침범이 없다면 굳이 비견을 미워할 리가 없을 것이다. 그러나 사주가 신약한데 재성이 때를 만나듯 득령(得令)하여 왕성한 경우에는 사정이 완전히 달라지게 된다.

즉 사주가 신약한 경우에는 비견이 대신해서 집안의 가산과 아내(正財)를 보호하고 병들어 쇠약해진 군왕(日干)의 생명과 재산을 보살펴주니 비견이 오히려 은인이 되고 후견인이 되는 셈이다. 이렇게 재성이 왕성하면 누구든 독점을 할 수가 없게 된다.

예컨대 혼자 낚는 잉어낚시에 고래가 걸렸다고 하면 끌어 올리지도 못하고 질질 끌려 다니며 물에 빠지든지 만신창이가 될 것은 뻔하다. 이런 상황에서는 여러 사람이 협동하고 합심을 해야만 원만히 일을 처리 할 수가 있다.

이렇게 혼자의 힘으로는 큰 고래를 끌어 올릴 수도 처리할 수도 없는 처지에 비견을 만나서 힘을 합쳐서 일을 원만히 처리하니 비견보다 더 이상 반가운 친구가 없을 것이다. 이에 군왕(日干)은 비견에게 감사해 하며 은혜의 보답과 후한 답례로 재물을 내어주니 비견도 또한 이에 감복해 군왕(日干)을 좋아하고 지속적으로 지원군 역할을 하게 되는 것이다.

이렇게 비견과 군왕(日干)은 서로 협력하고 의지하며 상부상조를 함이니 지혜롭고 능수능란하며 현실적 실용적이다. 재물이 없어서 찢어지게 가난한 집에 먹을 탐이 많은 식객들이 모여들면 날이면 날마다 싸움질이 끊이질 않는다. 그러나 재물이 풍부하고 평온한 부자 집에 식객들이 모여들면 웃음꽃이 만발해 화기애애한다. 즉 세상만사를 좌우하는 것은 인심이 아니라 재물에 달려있음 이다.

✻ 비견은 합법적인 상속자, 정재는 합법적인 자기재산으로 비유되는
　거울과 창

　사주팔자의 분석에서 합법적인 상속자와 합법적인 자기재산의
관계는 어떤 관계일까? 사주분석에서 비견을 합법적인 상속자로,
정재를 합법적인 자기재산으로 해서 상호관계를 살피게 함이 옳다.
비견은 합법적인 상속자이고 정재는 합법적인 자기재산이며 합법
적인 자기의 아내로써 정식 처(妻)이다.

　그런데 비견과 정재가 동시에 등장해서 나타나게 되면 어떠한 현
상이 나타날 것인가를 생각해 보자. 비견은 똑같은 왕의 혈육인 왕
자로서 상속권과 계승권은 갖고 있지만 권자에 등극하여 오르지 못
할 후보생으로 모든 것은 군왕(日干)이 독점적으로 지배함이기에 이
름만 왕자일 뿐 아무런 실권이 없기 때문에 호시탐탐 권좌와 왕권
을 노리면서 발톱을 숨기고 있는 처지다.

✻ 사주의 전부가 비견이고 재성(財星)이 1개만 있을 경우에는 거지팔자

　사주가 신왕재약(身旺財弱)한데 비견이 나타나 있으면 마음씨가
좁은 것이 아니라 돈주머니(財物)가 좁고 작은 것이다. 그래서 사주
의 전부가 비견이고 재성이 하나만 있을 경우에는 거지팔자라 할
것이다. 반면에 사주가 신약재왕(身弱財旺)한데 비견이 나타나 있으
면 마음씨가 너그러운 것이 아니라 돈주머니(재물)의 인심이 넓고
너그러운 것이다.

　그러함이기에 2명의 사내를 거느린 여인이 신왕재약(身旺財弱)할

경우에는 2명의 남자를 시기질투의 막다른 골목길로 몰아서 싸움질만 하게하고 변심을 시킨다. 이런 경우에는 부부가 똑같이 어리석고 인색하며 융통성이 없는 고집불통이다.

그러나 반대로 2명의 사내를 거느린 여인이 신약재왕(身弱財旺)할 경우에는 2명의 남자를 서로 정답고 의좋게 만들면서 힘써 일을 하게 하여 부를 축적하게 하는 조화가 있게 된다. 이런 경우에는 부부가 한결 갖게 현명하고 너그러우며 인정도 후하고 융통성이 많기 때문에 부부가 화합하고 화목하다.

8. 신강천명에 편재빈약한데 대운연운에서 비견을 보면 라이벌 득실득실

✱ 비견은 합법적인 상속자, 편재는 임자가 없는 공돈으로 비유되는 창

합법적인 상속자와 임자가 없는 공돈의 관계를 분석함에 있어서는 비견과 편재의 관계를 보면 알 수가 있다. 예컨대 사주분석에서 비견은 합법적인 상속자이고, 편재(偏財)는 공돈이므로 이 둘의 상호관계를 살피는 거울과 창이 바로 비견과 편재인 것이다. 정재(正財)가 합법적인 돈과 아내라면 편재는 임자가 없는 공돈과 여인에 해당한다.

그런데 비견과 편재가 동시에 등장해서 나타나면 어떠한 현상이 나타날 것인가를 생각해 보자. 임자가 없는 돈과 여인을 상징하는 편재란 문자 그대로 허공에 뜬 공짜의 돈이고 여인이기에 많은 사람들의 시선을 끌기에 충분하며 군침을 돌게 한다.

그리고 편재란 서로가 자유 분망한 입장에서 자신의 기분과 감정 그리고 이해타산에 따라서 교제하고 거래하며 만사를 처리하려는 성정을 갖는다. 그래서 편재가 나타나면 기분이 동하고 감정이 설레기 때문에 자연히 마음이 허공에 뜨게 된다.

✽ 신강천명이 편재가 빈약한데 비견(경쟁자)이 등장하면, 늘 배신을 당하고 미움을 받기에 항상 우울하고 고독한 운세

신강자의 천명이 편재가 빈약하다면 이는 비견은 많은데 공돈이 작은 경우다. 즉 길가에 떨어진 공돈은 적은데 힘이 강한 천하장사 (比肩)들 여러 명이 몇 푼 안 되는 공돈을 동시에 노리고 있는 격이니 애시 당초부터 혼자서 독점하거나 치부하기는 틀린 인생이다.

즉 공돈을 혼자서 보고 주었다면 그 공돈이 자기 것이 되겠지만 제3자와 함께 마주치면서 보았다면 공돈을 줍고서도 오히려 자기 돈이 지출되어 나가는 손재를 입게 되는 상황이 벌어지는 것이다.

이처럼 신강천명(身强天命)이 편재가 빈약할 경우인데, 비견이라는 경쟁자의 등장은 돈을 벌 수입의 기회는 가로막으면서 반대로 돈을 쓸 지출의 유혹을 키워서 기어코 손재를 당하게 만드는 결과가 초래된다. 이러한 경우의 예로는 군왕(日干)의 주머니를 호시탐탐 노리는 노름꾼, 투기꾼, 술친구, 오입꾼 등이 대표적이라 할 것이다.

한마디로 편재는 아름답고 요염한 임자가 없는 여인이라고 할 수 있다. 그런데 비견이라는 경쟁자가 나타남으로 인해서 1명이라는

임자가 없는 여인을 두고서 2명의 남자가 탐함이니 이는 서로가 시기질투하면서 멋을 부리고 과시할 것임은 필연적이고 당연한 이치라 할 것이다.

그래서 신강천명(身强天命)이 편재가 빈약한데 비견이라는 경쟁자가 등장하면 사사건건 경쟁자가 나타나서 자신보다 멋지게 재간을 부리는 격이니 만사가 성취되기는커녕 매사가 수포로 돌아가는 것이 상식이고 이치다.

그래서 뭘 하든 찬스가 올 때마다 마가 끼고 월등한 실력자가 나타나서 가로채 가버리니 매사에 쓰디쓴 독배만 마시고 결과적으로는 손해만 입게 되어있음이라 할 것이다. 이는 근본적으로 요령과 수단이 부족함이 원인이나 실제로는 상대방의 유인책에 쉽게 걸려들고 경거망동하며 굳이 돈을 쓰면서도 멋지게 못쓰고 인색하게 보임이 손재와 실패의 주된 원인이다.

결과적으로 이럴 경우에는 사업, 장사, 투기, 게임, 도박, 외도 등 무엇을 한다고 해도 적자투성이 인생이다. 원인은 항상 속이고 배반하며 유혹을 해오는 적자친구(比肩) 때문이다. 늘 적자투성이인 이런 군왕(日干)이 친구를 믿고 좋아할 리가 만무하다.

그래서 이러한 인생은 의심, 시기, 질투가 많으면서 소견이 좁고 처세가 서툴며 자기욕심만 부리는 유아독존이기 때문에 늘 배신을 당하고 미움을 받기에 항상 우울하고 고독한 운명이라 할 것이다.

✻ 왕성한 편재운의 현명한 처리방식으로는 베풀고 자선을 행해야 생명 부지 가능해

그러나 남이 가져다주는 공돈은 공돈으로 나가기 마련이다. 본래 편재는 합법적인 나의 정식재산이 아니고 천하의 돈이기에 한때 잠시 만져보고 써볼 따름이지 누구도 독점적으로 점유할 수가 없다. 새(鳥)떼가 한때 우르르 모여들었다가 잠시 후에 때가되면 한꺼번에 우르르 날아가듯이 편재는 날아다니는 새떼처럼 늘 이동하므로 왔다가 반드시 다시 나감이 철칙이다.

이는 자신이 점유한 자기의 정식 돈이 아니고 편재는 잠시 맡겨진 남의 돈이기 때문이다. 그러함에도 편재에서 들어온 돈을 자기 돈인 양 꽉 움켜쥐려하면 이상한 쪽으로 문제가 커지면서 잘못하면 자리(職位)가 위험해지고 생명까지 위협을 받게 된다.

그러기 때문에 편재는 정재처럼 자기소유를 만들거나 저축할 수가 없는 운기다. 때문에 편재의 운에서는 욕심을 부리지 말고 부지런히 지출해야함이 바른 운기이므로 널리 인심을 후하게 베풀고 자선을 행하며 관광여행을 하면서 인생을 즐기는 것도 재치가 있고 현명한 편재의 처세술이고 처리방식이라 할 수 있다.

어차피 떠나야할 나그네를 억지로 막을 수가 없듯이 우르르 쏟아져 나가는 소떼를 가로막으려들면 소뿔에 받치거나 치어죽기 마련이다. 속담에 '오는 임은 다정하나 가는 임은 냉정하고 매정하다'고 하듯이 공돈도 들어올 때는 흥겹고 온통 봄바람이지만 들어온 공돈이 나갈 때는 찬 서리에 무너져 내리는 추풍낙엽처럼 칼바람인 것이다.

이렇게 편재의 인생이란 공수래공수거(空手來空手去)함이니 언제나 홀가분하게 떠날 준비를 한다면 봉변, 망신, 비극을 피할 수가 있음이다.

✽ 편재가 왕성한 신약천명에 비견의 운세가 오면 재벌총수가 되는 격

신약자의 천명이 편재가 왕성하다면 힘이 허약하기 때문에 노다지광산을 갖고서도 그림의 떡을 쳐다보고만 있는 격이고, 큰 고래를 발견하고서도 건져 내지를 못하고 있는 격이다. 그런데 이때에 신약자에게 협조자인 비견이 나타나서 합세해서 힘을 실어주면 아무리 큰 고래라도 거뜬히 건져내어 일확천금을 할 수가 있음이다.

이렇게 비견의 도움으로 공돈을 벌게 된 군왕(日干)도 그냥 돌아설 수가 없어 협조자인 비견에게 감사의 표시로 푸짐한 답례를 하기에 이르니 사방에서 비견들이 구름떼처럼 모여들어 노다지광산을 멋지게 개발하기에 이른다.

그래서 신약자천명이 편재가 왕성할 때에 비견이 함께 나타나주면 수하에 꿀벌과도 같은 수만 명의 부하를 거느린 격이니, 모두가 공돈을 가져다주고 노다지광산이 인산인해를 이룸이니 어디를 가나 돈뭉치와 여인이 쏟아져 거부를 이루게 함이다.

이러한 천명의 소유자는 시장을 석권해서 돈을 거둬들이는 재벌총수나 국정을 운영하면서 노다지상납을 거둬들이는 고관대작이 아니면 금융, 주식, 부동산을 가지고서 투기를 하는 투기꾼의 왕초일 것이다.

날마다 눈만 뜨면 비견이 노다지광산과 같은 공짜 돈뭉치들을 긁

어다가 줌이니, 요령, 수단, 아량, 배짱이 일품인 군왕(日干)의 입장
에서는 비견에게 푸짐한 상인 보너스(財物)와 벼슬(職位)을 내리기에
인색하지 않으니 수만 명의 꿀벌들을 능히 거느릴 수가 있음이다.

9. 신왕하고 관허(官虛)한데 비견을 보면 일에 장애와 막힘이 많아

✽ 사주에서 비견은 식객이고 정관은 정부수반에 비유되는 창

　주인인 군왕(日干)입장에선 정관(正官)이 최고의 안전보장기관이
다. 천명사주 분석에서 비견과 정관의 상호관계를 살피고자 할 경
우에, 비견을 식객으로 정관을 정부수반으로 비유하여 관찰을 하면
바르다. 이와 같은 기준으로 식객과 정부수반(正官)의 상호관계를
살피면 오차가 발생하지 않을 것이다.
　비견은 군왕(日干)인 나의 생명, 재산, 여인, 권좌 등을 호시탐탐
노리는 식객이다. 그런 반면에 정관은 군왕(日干)인 주인의 생명, 재
산, 여인, 권좌 등을 보호하고 보좌하는 정부수반이다.
　그래서 비견과 정관이 동시에 나타나면 어떠한 현상이 나타날 것
인가를 한번 생각해 볼 필요가 있다. 국가를 운영하는 정부(正官)는
법률, 무기, 경찰, 교도소 등을 가지고 군왕(日干)인 주인의 생명과
재산을 침해하거나 정부명령에 거역하는 자들을 경계하고 단속하여
처벌함이 정관의 본분이자 역할이기에 그렇게 처단하려 할 것이다.
　주인인 군왕(日干)의 입장에서는 정관이 최고의 안전보장기관이

겠지만, 식객인 비견의 입장에서는 감히 넘볼 수가 없는 정관의 철조망이고 철옹성인 셈이다.

그래서 정관의 앞에 선 비견은 고양이 앞의 생쥐처럼 굴복을 안할 수가 없음이 이치다. 정관은 법률에 따라서 움직이는 호법자이기 때문에 불법과 협잡이 절대로 통하지 않는다. 또한 정관은 비견을 국민으로 다스리기 때문에 비견은 주인인 군왕(日干)을 위해서 철저한 봉사를 다해야만 한다.

정관이란 벼슬길과 같은 직업(일)의 직위로서 고위관직에 올라가는 험하고도 높은 길이다. 그런데 정관이라는 험한 고갯길을 올라가는데 있어서, 만약에 비견이 수레를 밀듯이 뒤에서 밀어주고 도와준다면 군왕(日干)은 다른 사람에 비해서 그 속도를 2배로 낼 수가 있게 된다.

이렇게 1개(正官)가 아닌 2개(比肩+正官)의 기관차가 열차를 끌고 감이기에 가파른 고갯길도 훨씬 쉽게 오를 수가 있음과도 같은 이치다.

속도와 능률이 좋은 기관차라야 고속철도라는 KTX의 기관차로 발탁이 되듯이, 비견을 지니고 가진 정관일 경우라야만 최고위층의 총애를 받아 측근이나 보좌관으로 발탁의 가능성이 높아지게 됨인 것이다.

즉 혼자서 2명의 능률을 올릴 뿐만 아니라 윗사람을 재치가 있고 만족스럽게 공경하고 보좌를 함이니 많은 사람들이 탐을 내어 서로가 그를 앞 다투어 발탁하려함이 아닐까?

✱ 정관의 입장에서 비견은 바로 유능한 비서이고 심복

　한편 정관이 주인이 된 입장에서 보면, 비견은 정재에 해당된다. 재성의 성정은 주인의 입장에서 보면 자기 지배하에 있는 부하인 셈이다. 그래서 정관의 입장에서 비견이 많으면 재성이 여러 명이 있는 격이고 부하가 많이 있는 격이기에 고위관직에 있음을 의미한다.

　고위관직의 최측근은 비서다. 그러므로 정관의 입장에서는 비견이 바로 유능한 비서에 해당함이다. 이런 관계가 될 경우에 정관의 심복으로써 비견은 열과 성을 다하여 주인공을 보좌하는 비서로써 최선을 다하게 된다. 여기에서 비견은 제3자이고 일반국민의 대중에 해당한다.

　고위관직의 비서로서 발탁되는 주인공(比肩)은 대중의 추천과 신임으로 출세함이기에 대중을 이해하고 포섭하며 애지중지하는 천하의 호인이다. 그래서 이런 주인공(比肩)은 타인을 위해서 자신을 희생하고 봉사하기를 아끼지 않는 국민의 친구이고 신임자인 것이다.

　그러기에 남의 일이라면 무엇이든 만사 제쳐두고 발을 벗고 나서는 봉사정신이 강하기 때문에 국민들은 그를 신임하고 존경하며 벗으로써 다정하게 접근을 한다.

　그래서 이러한 인물이 정치인, 고위공직자, 사회사업가 등에게 제일가는 심복의 지팡이로써 환영을 받는다. 그는 처음 출발은 비서로서 상전을 섬기는 생활을 하지만 대중을 요리하는 솜씨가 비범하기 때문에 국민의 심부름꾼으로서 각광을 받을 기회가 주어진다.

　즉 선거에 의한 공직진출기회가 주어지고 요직에 등용되면 천부적인 자질을 능수능란하게 발휘할 능력을 지닌 소유자다. 이런 천명의 소유자는 자신이 타인의 심복으로 정성을 다하듯 자신을 위해서 정성을 다하는 심복들도 더욱 많이 거느리게 된다.

자신이 상대를 배신하지 않듯이 자신의 심복들도 배신함이 없이 늘 다정다감하며 화목하고 평화롭기에 평생 동안 동남풍의 훈훈한 춘풍만이 분다.

✽ 신왕사주에 관허(官虛)한데 비견이 나타나면 일에 장애와 막힘이 많아

이러한 점에 있어서는 남자의 경우에서도 마찬가지라 할 것이다. 즉 남자가 매사에 근면성실함이 부족하고 예의와 경우가 바르지를 못하며 다른 사람을 시기질투만 하니 뒤떨어지고 진행하는 일에 장애와 막힘이 많음이니 출세가 더디고 어려운 것이다.

비유컨대 아버지가 허약무력한데 자식들이 많으면 아버지의 덕도 작고 형제간시비도 많아지게 되어 결국은 윗사람을 섬기거나 공경할 줄도 모르게 되는 경우라 할 것이다.

저마다 어린 시절에는 부친의 말씀이 법이듯이 정관이 곧 법률이고 재판관인 셈이다. 정관인 재판관 앞에 비견인 경쟁자가 나란히 서있음은 법으로 시시비비를 가리자함이나 정관인 재판관이 무력하기 때문에 법보다는 주먹과 실력행사에 의한 결판이 먼저 앞서게 되는 것이다.

이렇게 천명이 신왕하고 관성(官星)이 허약한데 비견이 나타난 경우에는 제3자가 자신을 얕보고 생명과 재산을 호시탐탐 노리면서 침해를 함이니 모든 일에 장애와 막힘이 많게 되고 시시비비가 끊이지를 않고 손재수가 많게 됨인 것이다.

그리고 참고적으로 여성의 사주에 비견이 강하고 관살(官殺)이 약하면 부부애정이 없음을 알아야 한다. 여성의 사주에 비견은 있으나 관성이 없거나 약한 경우에는 색정으로 가정불화하며 독신이나 첩이 많음을 엿볼 수가 있음이니 그럴 경우에는 수양과 기도가 필요하다고 할 것이다.

✱ 관성이 없는 신왕한 사주에 비견이 나타나면 관직과 남편감이 붕하고 떠버리는 꼴

관성이 허(虛)하고 없는 신왕한 사주에 비견이 나타나면 정관의 입장에선 신약, 재왕(財旺), 재다(財多)함이기에 병든 환자(正官)가 2명의 아내를 거느린 형국이니 아내를 감당할 능력이 없는 형국이다.

천명이 신왕하고 관성이 허약한데 비견이 나타난 경우에는 어떤 현상이 나타날까? 예컨대 1개의 관직, 1개의 일자리를 놓고서 2명이 옥신각신 다투는 격이다. 여성의 경우라고 한다면 1명의 남편을 놓고서 2명의 여인이 서로 자기가 차지하겠다고 다투는 형국이다.

그러므로 사주에 관성이 있으나 허약한 경우에는 부질이 없는 관직이고 일자리이며, 여성의 입장에서는 보잘 것 없는 남자이고 남편감인 셈이다. 그럼에도 불구하고 서로 독차지하겠다고 아우성이니 일자리(官職)와 남편감이 공중에 붕하고 뜰 수밖에 없음인 이치다.

예컨대 1개를 놓고서 임자가 2명이 되었으니 어느 누구도 혼자서 독점해 점유할 수가 없는 즉 주인이 없는 일자리이고 남편감인 셈이라 할 것이다.

세상인심이 다 그렇듯이, 이러한 틈을 놓칠 새라 앞에 있는 관직

(일자리)과 남편감에게 날치기와 도둑이 끼어들고 덤빌 것은 불 보듯 당연지사인 것이다.

그래서 천명이 신왕하고 관성이 허약한데 비견이 나타난 남성의 운세일 경우에는, 관직에 등용될 기회가 와도 경쟁자(比肩)가 약방의 감초처럼 나타나서 음해(陰害)하고 또 운행할 운전대인 핸들까지 가로채감이니, 언제 관직에 오르고 출세를 할 수 있겠는가? 참 허탈하고 한심스럽기만 할 뿐이다.

한편 천명이 신왕하고 관성이 허약한데 비견이 나타난 여성의 운세일 경우에는, 남편감이 내 앞에 나타났어도 다른 여인이 기다렸다는 듯이 등장하여 쌍심지를 켜고서 전광석화같이 남편감을 가로채감이니 시집갈 기회가 영영 함흥차사가 되고 마는 꼴이다.

이렇게 천명이 신왕하고 관성이 허약한데 비견이 나타난 때의 운세일 경우에는, 뭔가 기회가 주어지기만 하면 마(魔)가 끼어서 허사가 되고 말아 버린다. 물론 일자리나 관직인 정관은 본래 경쟁자이자 라이벌에 해당하는 비견의 것이 아니고 당초부터 군왕이자 주인(日干)의 것이었는데도 말이다.

이러함에는 다 이유가 있는데 군왕인 자신이 지혜, 재치, 요령, 수단이 없고 자기 것을 가지고도 소심해서 우유부단하게 우물쭈물하기 때문에 제3자인 비견이 달려들어서 장난을 치며 가로채려함인 것이니 이를 대처할 처세가 관건이라 할 것이다.

여성의 경우를 예로 들어보자! 주인 격인 정식부인은 아내의 애교나 자격 등이 부족하여 제 남편을 가지고서도 경쟁자이자 세컨드인 비견과 피나게 싸움질만할 뿐 그러한 상황을 선뜻 받아들이지를 못함이니 남편이 자기 자신을 외면하고 세컨드인 비견에게 올(All) 인

(In)을 해버리는 경우가 일어나는 것이다.

반면에 비견인 세컨드는 온갖 수단과 재치를 동원해서 남자를 유혹하고 공경하며 살살거림이 선수이니 남편이 변심을 해서 세컨드에게 마음이 기울어질 수밖에 없음이 세상이치이고 인지상정이 아닐까?

그러므로 천명이 신왕하고 관성이 허약한데 비견이 나타난 때의 운세일 경우에, 즉 정관의 입장에서 보면 신약(身弱), 재왕(財旺), 재다(財多)함이기 때문에 병들어 누워있는 환자(正官)가 2명의 아내를 거느린 형국이니 허약하고 무력해서 감당할 능력이 없음이다.

예컨대 왕성한 재성인 여성이 나약한 정관인 남편의 지배를 받으면서 순순히 순응할 리가 없음이다. 그러기에 2명의 여인들은 남편을 능가하고 가정질서를 무너뜨림이니 제멋대로 행동하고 자유방종을 하는 안하무인이고 무법천지가 됨이라 할 것이다.

동시에 허약하고 무력한 남편에 대한 욕구불만이 크기 때문에 자신의 욕망을 충족시키기 위해서 수단방법과 체면을 전혀 고려하지를 않게 된다.

그래서 여인네의 탈선과 일탈이 심하고 몰염치하며 버릇이 없고 남편공경에 성의가 없지만 나약한 남편으로서는 통제할 능력이 없음이기에 유구무언일 수밖에 없다.

그러기 때문에 남편이 이러한 아내를 싫어함이고 변심하기에 이르는 것이다. 아내는 자기 남편이 허약하고 무력하다고 불평불만이지만 실제로는 아내 자신이 부족함이고 허점투성이인 것이다.

10. 선거후보자의 당락을 좌우하는 기운은 편관운세

✱ 비견은 합법적인 상속자, 편관은 무관장수로 비유되는 창

사주분석에서 비견과 편관(偏官)의 상호관계를 살피는 창을 비유해 보자. 비견은 합법적인 상속자이고 편관은 무관장수로 비유될 수가 있다. 합법적인 상속자와 무관상수 간의 상호관계를 살핌으로써 그 관계분석을 시도해봄이 보다 더 유리할 것이다.

이렇게 비견은 합법적인 상속자다. 그러나 편관은 무력과 강압에 의해 이루려는 재산보호와 겁탈이라는 양면성을 가지고 있다. 그런데 비견과 편관이 동시에 등장해서 나타나면 어떠한 현상이 나타날 것인가를 생각해 보자.

편관은 주인인 군왕(日干)이 튼실하고 재물이 풍족하여 자신에게 대접이 좋으면 충성을 다해 군왕의 생명과 재산을 보호하고 지켜주려함이 본래의 성정이다.

그러나 편관은 주인인 군왕(日干)이 나약하고 재물이 빈약하여 자신에게 대접이 부실하면 외부로 향해야할 칼(銃劍)을 군왕에게 겨누면서 주인의 생명을 위협하는 동시에, 주인의 재물을 겁탈하려는 강도로 변해버리게 된다.

그래서 비견이 두려워하는 대상 중에서, 법치와 법대로 다스리려는 정관은 주인을 다치게 할 염려는 없음이므로 크게 두려워해야할 이유는 없다. 그러나 비견이 가장 두려워하는 대상은 바로 편관(七殺)이다. 그 이유는 편관의 성정은 총칼과 같은 무기로 다스리려 하기 때문에 고양이 앞의 쥐처럼 주인이 꼼짝을 할 수가 없다.

즉 편관이라는 칠살이 무서운 총칼을 겨누면서 주인에게 강압과 강요를 함이기에 비견도 두 손을 번쩍 들고서 항복할 수밖에 없음이다. 그래서 비견도 자신이 갖는 절반의 상속권을 포기함은 물론 주인의 종복으로서 충성을 다해야만 함인 것이다.

이렇듯 비견의 입장에서는 청천벽력과 같은 일이지만 주인인 군왕의 입장에서는 매우 다행스러운 일이다. 매사에 사사건건 개입하면서 반타작을 요구하는 말썽꾸러기 비견이 편관이라는 총칼의 앞에서 풀죽은 순한 양처럼 고분고분 순종을 함이니 주인의 입장에서야 오른팔의 하나를 얻은 격이다.

한편 주인을 위해서 비견이라는 형제가 이렇게 협력을 하게 되면 제아무리 사납고 무서운 편관이라고 하더라도 주인인 군왕을 두려워하게 되고 공경하기에 이르게 됨이 또한 세상의 이치다. 즉 군왕에게 천하무사가 호위하고 만인이 순종하며 동지로서 지원을 계속하게 되면 권위가 국경을 넘어 호령을 할 수가 있게 됨은 물론 그 어떤 누구도 감히 대항하지 못하게 된다.

✽ 선거후보자의 당락을 좌우하는 기운은 편관운세

타고난 사주에서 편관의 기운은 선거에서 승리할 기운과 매우 상관성이 높은 운기다. 그는 자기 혼자서 편관이라는 칠살을 요리하고 다룰 수 없음을 잘 알고 있기 때문에 다른 사람과 손을 잡고서 남의 힘을 빌리는데 뛰어난 소질과 재능을 가지고 있다.

이러한 천명의 소유자가 바로 정당의 공천이나 국민투표로 선출되는 선거에 능수능란하고 만인의 신망과 추대로 대권을 쟁취하는 만인지상의 인물에 해당한다고 할 것이다. 그는 관용과 아량이 넓고 인정과 인심이 후하면서 사태를 파악하고 처리하는 지략과 용기가 출중하기 때문에 어려운 난관도 지혜롭게 극복하고 국가대사와 대업도 민첩하고 자신 있게 성취할 수가 있게 된다.

이러한 그에게는 늘 수족과도 같은 보필자인 비견이 있어서 상하좌우를 보살피니 기습사건이나 뜻밖의 일이 발생해도 당황할 염려가 없이 침착하고 박력있게 일들을 추진해 나갈 수가 있다.

동지인 비견이 군왕인 나 자신(日干)을 따르고 존경하며 순종하는 것은 천하를 호령하는 칼과 권세가 현재 있거나 아니면 앞으로 미래에 쟁취할 거라는 기대심리가 있기 때문이다.

예컨대 국가를 다스리는 병권과 권력을 행사하는 추상과도 같은 대권을 장악하고 만인을 호령하는 맹호와 같은 권력자이기에 문전성시를 이루는 것이다. 그래서 그를 찾는 동지인 비견들은 칼과 권세를 즐기는 사람일 것이 분명하다.

동지인 비견을 위주로 해서 보면 그래서 동지인 비견과 함께 더불어 편관에 해당하는 대권을 장악하는 것이다. 그러나 반면에 편관(大權)을 위주로 해서 보면 총칼로 만인을 지배하고 호령하는 것임을 또 알 수가 있을 것이다.

✵ 편관무장을 움직이고 컨트롤해 활용할 수 있는 것은 비견의 도움

이같이 맹호처럼 사나운 편관무장(偏官武將)을 자유자재로 움직이고 컨트롤하면서 활용할 수 있는 것이 바로 비견의 도움인 것이다. 비견은 형제와 친구이기에 군왕은 형제와 친구들의 힘으로 권력과 권세를 잡고서 세상을 희롱할 수가 있음이다.

편관(七殺)은 맹호처럼 서슬이 퍼런 권좌인 만큼 그 자리에 오르기가 천길 낭떠러지의 절벽처럼 험난하고 어려운 자리다.

이렇게 가파른 고개나 절벽을 혼자의 힘으로 오르지 못하고 낑낑대며 허덕이고 있는 처지에 여러 명의 동지(比肩)가 나타나서 뒤에서 힘껏 밀어주면 단숨에 고개와 절벽을 올라 권좌에 오를 수 있게 되는 데 이때의 일등공신이 바로 비견인 것이다.

이러함이 바로 사람들의 도움으로 일을 성취하는 인인성사(因人成事)함이니 즉 인덕에 의해서 영웅이 되고 권좌에 올라 이름을 떨치는 경우다.

이렇게 주위 사람들의 덕에 의해서 기회를 잡거나 권좌에 오른 인물은 절대적으로 사람을 증오하거나 교만해지지 않기에 늘 태평성대를 누린다. 그는 천하를 호령하는 권세와 칼을 갖고 있으면서도 남의 힘과 도움으로 권좌에 올랐기 때문에 교만하지 않고 성실하며 주위에 후대를 하게 된다.

✱ 편관이 허약하고 무기력하면 비견의 횡포에 골머리를 앓아

편관은 선천적으로 국민과 대중을 위압하고 거느리며 다스릴 수 있는 권위, 지략, 능변, 대담성, 패기를 타고난 비범한 인물이기에 대인관계, 인화조절 등이 능수능란함을 특징으로 한다.

그런데 만약에 맹호와 같은 권세로 천하를 호령해야 할 편관이 허약하고 무기력해서 종이호랑이라면 동지(比肩)가 순순히 복종하지 않고 편관을 도외시하며 멋대로 행동할 것은 세상의 이치다.

이렇게 되면 예전의 동지(比肩)는 무기력하고 보잘 것 없는 편관에게 반기를 들고 지배를 거부하면서 독자적인 행동을 통해서 비견은 스스로 자기 자신의 고유권리인 상속분의 반분을 요구하며 사사건건 주인인 군왕의 역할에 간섭을 하고 시비를 걸면서 애를 먹일 것임은 자명한 이치다.

그러나 녹슬고 부러진 총칼을 가진 편관은 비견(同志)이 무슨 짓을 하든지 손을 쓸 방법이 없게 되고 비견의 횡포에 골머리를 앓지만 특단의 조치를 할 수단이 없음이다.

이렇게 되면 편관의 주인공은 비견을 상대하는 대인관계가 원만하고 능숙해질 수가 없게 된다. 그는 비견을 쳐다보기만 해도 인상이 일그러짐이니 주위의 사람들만 보아도 저절로 눈살이 일그러지게 되고 신경질적인 성정이 발동되게 되는 것이다.

그래서 주인공이 이렇게 신경질적이며 인색해짐이니 사람들을 대하는 솜씨가 서툴러지고 거칠어지며 막말을 퍼붓게 되고 모가 나게 됨이다.

예컨대 참여정부를 자처한 고(故) 노무현 전 대통령 통치자처럼 '못해 먹겠다!' '맞장을 뜨자는 거냐?' '대못을 박겠다!'는 등의 신경질적인 막말이 난무함에 이르니 무슨 말을 하든지 간에 국민이 그를 존경하며 따를 이유가 없게 되어, 그의 그늘인 조직에 새로운 기회의 햇볕이 스며들 겨를이 없게 됨은 자명한 세상의 이치다.

그러나 이러한 주인공의 결점을 누구보다도 잘 알고 있는 비견(同志)의 판단과 행동은 매사에 친절하고 원만하며 능숙하고 민첩하다. 그러므로 새로운 기회와 좋은 인물들이 비견에게 밀물처럼 몰려들어 새로운 권력을 만들어 낸다.

그러나 주인공은 거들떠보지도 않으면서 눈길 한 번 주지 않게 됨은 물론 더욱이 주인공이 새로 무엇을 하려하면 반드시 실력이 월등하고 유능한 경쟁자가 나타나서 기회를 가로채감이니 기회를 놓치게 되어 매사에 허탕을 치게 된다.

여성의 경우를 견주어 보면 남편이나 애인을 다른 제3자에게 빼앗기게 되는 경우가 많음을 종종 볼 수가 있다. 그런데 제3자에게 빼앗기는 이유는 바로 자기 자신보다도 유능한 친구가 능숙한 솜씨로 유혹해서 가로채감인 것이다. 그러므로 여성의 경우에는 친구에게 자신의 남편이나 애인을 접촉시키거나 소개시키는 일은 절대로 하지 말아야 할 것이다.

11. 비견과 정인이 동시에 등장하면 불평불만과 원망이 커져

✱ 비견은 군왕후보로 정인은 후견인으로 비유되는 창

사주분석에서 비견과 정인(正印)의 상호관계를 살피기 위해서는, 군왕후보와 후견인의 관계를 통해서 살필 수가 있다. 예컨대 비견은 대기하는 주인후보(主人候補) 또는 군왕후보(郡王候補)이고 정인은 자비로운 후견인에 해당한다. 그런데 비견과 정인이 동시에 나타나면 어떠한 현상이 나타날 것인가를 생각해 보자는 것이다.

이미 성장해 성숙한 독립된 주인공의 옆에 나타나서 일마다 사사건건 개입하려는 독버섯 같은 비견, 즉 주인후보자가 있게 되면 매사가 역겨워서 어디론가 떠나버리고 싶은 충동이 일어날 것은 자명한 이치일 것이다.

이러한 판국인데 후견인격인 정인이 또 함께 등장을 하여 주인공을 어린애 취급을 하게 되면, 뭐 하나 자기 뜻대로 일을 할 수가 없게 되는 형국을 맞이한 꼴이다.

긴 세월을 기다리고 준비하던 기회가 주어지고 찬스가 왔음에도 꽁꽁 묶여서 움직일 수가 없음이니, 호사다마라고나 할까 만사불성이다.

그래서 주인공이 주인후보자인 비견에게 짜증을 부리고, 자비로운 후견인인 정인에게까지 인상을 찌푸리게 될 것임은 당연지사이다. 그렇다고 비견과 정인이 눈 하나 까닥할 것 같은가? 아니다 더더욱 아랑곳하지 않음이 세상이치다.

그래서 눈치도 없고 어리석어 우매하고 우둔한 주인공이 형제(比肩)와 부모(正印)때문에 얼마나 부담과 고통을 받는가를 짐작해 볼 만함이다. 그래서 큰 권력인 대권이라 이름 하는 대통령의 권좌에 오를 경우에는, 반드시 부모형제를 중심으로 한 가족비리를 가장 두려워해야만 하는 것이다. 대부분의 일을 망치게 만드는 계기가 바로 거기에서 출발되기 때문일 것이다.

그래서 이러한 천명의 소유자는 태어나면서부터 자신의 모든 것을 반분(半分)해야만 하고, 남을 위해서 헌신을 해야만 하는 데도 불구하고 좋은 말을 듣기는커녕 오히려 원망의 소리만 듣게 되니 이도 타고난 자신의 팔자이고 운명인 것이다.

✱ 비견과 정인이 동시등장 시기에는 불평불만과 원망이 커지는 시기

그래서 운세가 비견과 정인이 동시에 등장하는 시기에는 불평불만이 많게 되어 있음이다. 즉 죽어라 보살피고도 선무공덕으로도 좋은 소리를 못 들으니 성의도 생기지를 않고 자연히 의욕도 없게 되며 스스로 불평불만과 원망이 커질 수밖에 없음이다.

이제는 주위를 쳐다보는 것도 싫고 고역이며 신경질이 나기에 고운 말이 나올 리가 없다. 그래서 이러한 운세의 기간에는 원만한 처신을 할 수도 없게 됨이니 일이 더 꼬이기만 하는 것이다.

예컨대 자기 것을 베풀어 내주면서도 짜증을 부리고 심통을 부리니 칭찬보다는 오히려 거꾸로 욕을 먹게 됨이다. 기왕에 자기 것을 베풀어 줄 바에는 웃음으로 대하면서 떳떳하게 처신하면 주변이 고마움을 알고 서로 화목해질 것이나 사정이 그러지를 못함이니 어쩌란 말이냐?

속담에 길고 긴 장병(長病)에 효자 없다고 한쪽의 일방적인 희생과 손실의 강요는 절대로 오랫동안 지탱되지 않는 법이다. 무슨 팔자가 이 모양 이 꼴이냐 하면서 귀찮고 야속한 생각이 버럭 치솟고 불쾌한 감정이 복받쳐 오를 수밖에 없게 됨이다.

주인공이 이렇게 될수록 주인후보자인 비견과 자비로운 후견인인 정인의 반감과 앙심은 더 커져만 가게 되는데, 그래서 부모형제지간에 이럴 수가 있느냐는 아우성만 커져가게 된다.

✱ 비견과 정인의 동시등장 시기는 처세가 모가 나기에 조심해야

그래서 운세가 비견과 정인이 동시에 나타날 경우에는 소견과 아량이 좁아지고 관용과 이해심이 너그러워질 수가 없음이기에 매사가 거추장스러워진다. 그 결과 내 것이 아까울 뿐이어서 인색해지고 퉁명스러워져서 매사에 오해하기 일쑤이고 시기질투와 배타심이 강해진다.

그래서 이러한 시기에는 성질이 성급해지고 편파적, 유아독존적, 독선적이 되며 처세가 모가 나기 때문에 어느 누구와도 인화를 도모할 수가 없게 되는 것이다. 한발 더 나아가 만나는 사람마다 시비가 생기고 의견대립으로 불화가 심해지기 일쑤다.

그러나 상대는 늘 나보다 강하고 유능하다보니 주변이 나보다는 상대를 인정해주고 아끼며 사랑해줄 것은 당연한 세상법칙이다. 그래서 비견과 정인이 동시에 나타나는 이러한 시기에는 주인공에게 열등감이 생기므로 오기가 충만해지는데 반면에 비견은 더욱더 기고만장해지는 것이다.

그러나 정인(正印=母)은 비견(比肩=兄弟)이나 주인공인 나에게 있어서는 똑같이 자비로운 어머니임은 틀림없는 사실이다. 이러한 어머니(正印)는 덕이 태산과 같고 대자대비하신 관음보살과 성모이시기에 자식을 차별하거나 싸움을 붙이질 않고 사랑하고 교화를 하면서 의식주를 제공한다.

이러한 어머니의 사랑을 먹고 자란 형제들은 모두가 다정온화하면서 우애심이 깊을 것은 당연한 이치다. 그래서 형제들은 서로 아끼고 도와주며 나누고 베풀기를 좋아할 뿐이지 인색하거나 질투배격을 하지는 않게 됨이니 서로 양보하고 협동합심하며 함께 큰일을 도모해서 달성하여 같이 누리고자 함이다.

그러하니 비견과 정인이 동시에 나타날 경우의 이러한 시기에는 남과 함께 동업을 하고 공동으로 출세를 하면서 세상에 이름을 떨치게 될 좋은 기회인 셈이다. 이러한 아량과 덕성은 바로 정인에 의한 덕분임에 틀림이 없다.

그러나 어머니(正印)가 허약하거나 상처 받은 무력한 존재라면 주인공(自身)과 형제(比肩)들이 바른 덕성과 교육을 이루지 못함이기에 올바른 아량과 관용성을 구비할 수가 없게 됨이다. 서로가 욕심을 부리고 앞서고자 다투기에 불화, 질투, 시기, 시비, 갈등이 심하다.

이렇게 비견의 개입과 간섭 그리고 가로채려는 버릇 때문에 뭐하나 원만히 성사되지 않아 순탄함이 없다. 결과는 늘 유능하면서도 심술이 많은 비견이 주인공의 앞을 가로막고 선수를 치면서 덜미를 잡는 형국이 된다.

그렇지만 재성과 관성이 왕성하고 정인과 비견의 지원이 시급하다면 허약한 정인도 쓸모가 없지 않음이고, 비견도 함부로 주인공을 해칠 수가 없음이다. 모두가 큰 돈 보따리와 벼슬감투를 감당하고 부귀영화를 누리기 위해서는 서로가 일치단결하고 상부상조하게 됨이 세상의 이치다. 즉 아무리 병들고 늙어서 허약한 정인이라도 다정하고 자비스러운 손길을 뻗쳐서 뜻을 이루게끔 뒷받침을 할 것이다.

여기에서의 관건은 정인의 역량이 아니라 정인과 비견을 귀(貴)하게 기용하고 활용하는 재성과 관성의 역량이 문제다. 재관(財官)이 왕성하다면 부귀가 풍족함이니 인심이 후하고 화기(和氣)가 넘쳐날 것이기에 정인과 비견이 후한 대접을 받고 만족해서 주인에게 충성을 다할 것이다.

그러나 재관(財官)이 허약해 빈곤하다면 인심이 야박할 것이기에 정인과 비견을 푸대접하게 될 것이므로 이에 따른 불화, 시기, 질투, 시비가 끊임없이 일어나게 됨이다.

12. 비견과 편인의 동시등장은 모두를 얻느냐 잃느냐 하는 기로

✽ 비견은 식객으로 편인은 서모로 비유되는 창

사주분석에서 비견과 편인(偏印)의 상호관계를 살피기 위해서는, 식객과 서모(庶母)의 관계를 통해서 살필 수가 있다. 비견은 밥을 축내는 식객이고, 편인은 매섭고 무정한 서모다.

그런데 비견과 편인이 동시에 나타나면 어떠한 현상이 나타날 것인가를 생각해 보자. 비견과 편인이 동시에 나타나면 사람이 덕, 인정, 아량 등이 없어지고, 인색해지며, 시기, 질투, 비방 등이 심해지게 된다.

예컨대 비견과 편인이 동시에 나타나면, 나의 재물과 권리의 분배를 늘 요구하는 비견의 등 뒤에서 편인이 비견을 선동하고 부채질하는 격이니 비견의 극성과 시비가 심하게 된다.

주인공도 어려서부터 서모 밑에서 비견(兄弟)과 함께 찬밥을 먹으면서 냉혹하게 성장한터라 비견 못지않게 냉정, 편협하며 호전성이 극심해져서 한 치의 양보도 없이 독단과 독선을 일삼으며 서로가 독점하려 혈안이 될 것임은 자명한 이치다.

✱ 비견과 편인의 동시등장은 모두를 얻느냐 잃느냐하는 성정

그래서 윷에서 모 아니면 도식으로 모두를 얻느냐 잃느냐하는 성
정이 나타나기에 평화적인 분배나 상부상조는 기대할 수가 없게 된
다. 주인공은 혼자이나 비견은 수십 명인 격이고 만인격인 편인을
등에 업고서, 주인공을 향해 덤비며 수단과 역량이 앞서니, 주인공
이 도저히 감당할 수단이 없음이다.

이러한 판국에 모나고 간사하며 질투가 심한 편인(庶母)이 비견에
게 합세를 해서 둘이 동시에 작당을 함이기에 중과부적으로 이겨낼
방법이 없는 형국이 되고 마는 것이다.

모든 기회를 비견이 통재로 가로채듯이 뭔가 생기거나 생길기미
가 보이기만 하면, 비견이 앞질러서 재빠르게 독점을 해버린다. 사
사건건 비견에게 채이고 넘어지며 빼앗기니 주인공으로서는 의욕
이 있을 리가 없고 안정을 누릴 수도 없음이다.

그래서 주인공은 초조, 불안, 불평, 불만이 날마다 쌓이고 늘어나
며 열등감, 패배감이 커져서 자포자기 상태가 되어 그래 '될 대로
되라' 는 식의 체념을 갖게 만들고 마는 것이다.

누구라도 이렇게 되면 세상만사가 귀찮고 세상만인이 역겹고 거
추장스러우며 귀찮게 느껴지는 법이다. 누구를 만나도 모두가 내
것을 노리고 간사하고 냉혹하게 내가 갈 길을 가로막음이니 인정이
갈 리가 만무하고 서로 화목할 수가 없음이다.

✱ 비견은 동업의 별이고 편인은 재치의 별

새똥(鳥糞)도 임자를 제대로 만나면 약으로도 쓰이고 제값을 받는다고 하는 말처럼, 편인과 비견도 재관(財官)이 풍부해서 왕성하면 더없이 귀중한 일꾼도 되고 귀빈도 된다.

예컨대 허약한 주인공 혼자서 부귀영화의 관리를 하기에 벅찰 경우가 있다. 이런 경우에 허약한 주인공을 대신해서 주인노릇을 해줄 수 있는 비견의 필요성과 더불어 허약한 주인공에게 보약을 공급해줄 수 있는 편인의 필요성은 간절하고 절실하기 때문이다. 식객(比肩)과 서모(偏印)를 진심으로 대하고 극진히 대접하는 주인에게 비견과 편인이 근성을 부릴 수는 없음이 또한 세상이치다.

인간만사 모두가 서로의 힘이 필요함이 있듯이 정성을 다해서 서로가 부귀영화를 관리하고 발전을 시키니 가정에는 화기애애하고 웃음꽃이 피어 인인성사(因人成事)로 모두가 즐거움과 영화를 누리게 된다. 비견은 동업의 별이고 편인은 재치의 별이다. 비견은 무거운 짐을 나눠서 운반을 하는 별이고, 편인은 달리는 자동차에 기름을 보급해서 생기를 공급하는 별이다.

이렇게 동업과 재치로 부귀영화를 누리고 인심이 후함이니 서로가 동업을 하고 협력을 하여 소원성취를 하게 됨이다. 즉 주변의 유능한 인재(比肩)와 지원(偏印)에 힘입어서 자기 자신을 길러 출세의 기회를 잡을 수도 있게 됨이다.

결과적으로 비견과 정인이 동시에 등장하면 처세가 모가 나나, 비견은 동업의 별이고, 정인은 후견인이며, 편인은 재치의 별이다. 그러므로 이에 다른 대응전략과 처세술이 필요한 시기라 할 것이다.

제3장

겁재운세기간의 육신별
운세판단과 성공처세술

겁재운세기간의 육신별
운세판단과 성공처세술

1. 겁재의 운세는 내 재산을 호시탐탐 노리는 불법의 겁탈자

겁재는 호시탐탐 재물(財星)을 노리는 겁탈자인데 특히 재물들 중에서도 정재만을 선택한다. 정재는 정당하고 합법적인 자기소유의 재산이고 재물이기 때문에 겁재로 인한 피해자는 바로 주인공인 자신이다. 그래서 겁재는 주인공이 정식으로 소유하고 있는 재산과 주인공이 지배하고 있는 정식 아내만을 골라서 노리고 겁탈을 자행하는 도적과도 같은 존재이다.

도적은 원래 몰래 숨어서 침입을 하는 특징을 갖기에 남몰래 숨어서 엿듣고 호시탐탐 동향을 살피다가 기회만 있으면 뛰어들어서 훔친다. 이러한 도적을 등에 업고서 늘 살아가는 주인공이 돈을 모으고 부귀영화를 누릴 수는 없음이다.

그래서 이러한 겁재의 운세에서는 돈만 벌면 감쪽같이 도적이 들기에 눈뜨고 코를 베이고, 눈을 뜬 채로 도둑을 맞는 형국이다. 도적인 겁재는 인정, 사정, 눈물, 콧물도 없기에 닥치는 대로 겁탈을 자행하고, 경우에 따라서는 강도로까지 변함이 특징이다.

누구나 도둑과 강도를 당하면 분하고 허탈한 상태에 빠지게 된다. 이렇게 겁재의 운세에서는 허탈함에 빠지기 쉬운 기간이다.

✽ 겁재는 돈이 떨어지면 인정사정 없이 돈과 재물을 탐하는 운질

일반적으로 공짜로 겁탈한 재물들은 아끼거나 절약되지 않기에 닥치는 대로 낭비와 사치를 즐기고 탕진하는 것이 겁재 운세의 기본이다. 그래서 돈이 생기면 인정이 후하고 베풀기를 즐기지만, 돈이 떨어지면 인정사정 없이 돈을 요구하고 재물을 탐하는 것이 겁재의 본성이다.

이렇게 겁재는 낭비가 심해서 저축과 치부가 어렵고 성실하고 알뜰히 돈을 벌고 절약하는 근면한 봉직생활은 견딜 수가 없고 힘이 든다. 한편 공돈을 버는 것은 투기, 도박, 노름이 으뜸이므로 일확천금을 하여 목돈을 만지는 투기, 장사, 노름 등을 택하고 돈 버는 일이라면 밀수, 아편 등 위험스러운 일과 모험들도 서슴지 않고 즐기는 것이 겁재의 운질이다.

✽ 겁재는 물욕이 강해 돈을 벌기 위해서는 수단과 방법을 가리지 않는 성격

비견(比肩)과 겁재(劫財)가 같은 씨앗이자 같은 아버지의 아들임은 분명하다. 그러나 겁재는 법에 없는 상속권을 요구하고 달려들게 된다. 그러니 딱 잘라서 거절당하고 면박을 당하기 일쑤다.

　그러기 때문에 겁재는 상속권을 강압적으로 요구하면서 힘으로 겁탈을 하려함이 인지상정이고 세상살이의 기본이다.

　이렇게 좋은 말로 해서 안 되니, 겁재의 입장에서는 주먹으로 빼앗을 수밖에 없음이고, 재물을 강제로 겁탈할 수밖에 없는 운세를 겁재라고 하는 것이다. 무법(無法)으로 빼앗는 것을 도적이고 강도라고 하듯이, 이렇게 겁재는 대담하고 물욕이 강하며 돈을 벌기 위해서는 수단과 방법을 가리지 않아 성격이 거칠고 대담해서 죽음도 두려워하지 않는 것이 기본이다.

✱ 겁재는 쟁재(爭財)하는 성정을 지닌 운질이므로 주의가 필요해

　사주팔자는 1명의 군왕(日干)과 7명의 신하로 구성된다. 천명사주의 육신분석에서 태어난 출생일의 일간(日干)과 금목수화토(金木水火土)의 오행이 같아 동일하지만, 음양이 서로 다른 경우가 바로 겁재에 해당한다.

　예컨대 비견은 쌍둥이처럼 음양도 동일하고, 오행도 똑같기에 모든 것을 똑같이 나눠가질 조건과 권리가 있음이다. 그러나 겁재는 아버지라는 씨앗은 같지만 어머니의 밭이 다른 이복형제로서 오행은 같지만 음양이 다르기에 나눠가질 조건과 권리가 서로 달라서 반분(半分)을 요구하고 달려드는 데에 늘 문제가 발생함이다.

　다시 말해 쌍둥이인 비견은 친형제로서 법률상의 상속에 관한 동등한 권리가 있어 하등의 문제가 발생하지를 않는다. 그러나 배다른 이복형제(劫財)에게는 법률상 상속권이 동등하지 않음이 현실이다.

그래서 형제는 형제이나 비견과 달리 겁재는 제대로 대접을 받지 못하여 억울하기에 겁탈자로 변신해서 재물을 나눠 가지려 달려드는 형국으로 재산을 나누듯 쟁재(爭財)를 하는 성정을 갖는데 그 상호관계의 예를 들면 다음과 같다.

태어난 생일의 일간(日干)을 기준으로 상대성을 판단하는 기준이다. 즉 주인공(君王) 일간(日干)이 갑(甲)일 때에 을(乙)을 만나는 경우, 주인공 일간(日干)이 을(乙)일 때에 갑(甲)을 만나는 경우,... 주인공 일간(日干)이 임(壬)일 때에 계(癸)를 만나는 경우, 주인공 일간(日干)이 계(癸)일 때에 임(壬)을 만나는 경우가, 모두 겁재에 해당하는 육신관계다.

日干	甲	乙	丙	丁	戊	己	庚	辛	壬	癸
劫財	乙	甲	丁	丙	己	戊	辛	庚	癸	壬

✱ 겁재의 둔갑된 손재수의 대표적인 모습은 질병 사고 관재 재난 도박 주색잡기

이렇게 겁재는 바로 주인공을 둘러싸고 있는 상대방들인데, 겁재들은 여러 가지 모습으로 둔갑해서 번개처럼 돈을 갈취해 간다. 겁재가 둔갑된 대표적인 모습들로는 질병, 사고, 관재, 재난, 도박, 주색잡기 등의 손재수다.

이러한 손재수는 불가항력적인 강권과 유인에 의해서 사로잡히게 되는 것인데 이럴 경우에는 꼼짝없이 돈을 물 쓰듯 펑펑 쓰게 됨이니 나중에 후회를 해도 아무 소용이 없음이다.

이렇게 즐겁지 않게 돈을 쓰면서도 동시에 위협, 불안, 초조, 괴

로움 등을 느껴야만 하니 돈이 곧 해독(害毒)인 셈이다. 그래서 돈이 화근이라는 속담처럼 돈만 생기면 뭔가 탈이 생기고 재난이 꼬리를 물고서 연발을 해대니 삶의 의욕이 상실되는 시기가 바로 겁재운세의 기간이다.

곡간(穀間)인 광에서 인심이 난다는 속담을 상기해 볼 필요가 있다. 그래서 사람이 가난해지면 인색, 옹졸해지기 마련이기에 죽어라고 벌어서 한푼 두푼 아껴도 보지만 도적을 등에 업고 다니는 격이니 1개를 모으면 그 2배를 빼앗기는 꼴이 된다.

그래서 차라리 닥치는 대로 쓰는 것이 현명하다는 판단이 들게 됨이니 절약과 저축이라는 개념은 손톱만큼도 생기지 않는 삶이다. 이렇게 주거가 일정치를 않고 일정한 직업도 없으니 가정과 처자식인들 온전할 리가 없고 생리사별을 면하기 어려운 처지로 변심을 밥 먹듯 하는 파란만장한 인생이다.

✱ 천명에 겁재가 있는 남자는 재산상의 시비-손재-파탄이 많고, 여자는 파란만장해

천명사주에 쟁재(爭財)의 속성을 지닌 겁재의 성정은 뭘까? 사주분석의 첫걸음에서 보듯 비견은 같은 쌍둥이로서 반타작을 능사로 하지만, 겁재는 힘과 알력으로 빼앗고 가로채는 겁탈을 능사로 함이 기본이다. 그래서 겁재는 형제간에 우애가 없고 자기욕심만 차리듯이 동기간이나 친구 간에도 자기본위로만 행동함으로서 인간관계가 원만치 못함이다.

그래서 사주에 겁재가 있을 경우에 남자는 재산상의 시비, 손재, 파

탄이 많고, 여자의 경우는 자기남편을 송두리째 빼앗기거나 남의 남편을 송두리째 빼앗아 가로채는 파란이 만장함이 특징이다. 이러한 쟁재(爭財)의 속성을 지닌 겁재의 성정을 정리해 보면 다음과 같다.

① 겁재의 운세는 비견과 같은데 쟁투, 교만, 자존심이 강한 흉성을 나타내는 것으로 투기와 요행을 좋아하다가 손해를 보는 수가 많다.

② 겁재가 사주에 많으면 부부간에 이별수가 있고, 형제와 친구 간에도 불화하며 대인관계가 원만치 못하다. 그래서 겁재와 비견이 많으면 동업을 하는 공동사업에 불리하고 부부간의 불화가 잦음이 특징이다.

③ 남자사주에 비겁(比劫)이 많으면 연애결혼이나 연상의 여인 또는 과부를 정처로 맞이하는 경우가 더러 있다.

④ 사주 중에 1주(柱)의 간지(干支)가 모두 겁재라면 조실부모함을 면할 수가 없다.

⑤ 태어난 연주(年柱)에 겁재, 상관, 양인이 동주(同柱)하여 같이 있게 되면 형액(刑厄), 횡사(橫死), 재화(財禍) 등이 있고, 병사(病死) 하며 조상님들의 이름을 더럽힐 수 있으며, 조폭이나 깡패가 되기가 쉬우므로 수양이 필요하다.

그리고 출생사주의 태어난 월주(月柱)에 겁재가 있게 되면 이복형제가 있을 수밖에 없다. 그러나 사주에 겁재가 많은데 정관이 있으면 난폭한 성질을 억제할 수가 있음이니 다행이라 할 것이다.

⑥ 태어난 시주(時柱)에 겁재가 양인과 동주(同柱)하여 함께 같이 있게 되면 단명하다. 그리고 시주에 겁재가 상관과 동주하여 같이

있게 되면 극자(剋子)하여 자식을 극할 수밖에 없음이니 주의가 필요함이다.

⑦ 사주가 비겁(比劫)으로 되어 있고, 재성(財星)이 오로지 1개만 있다면 거지가 되고, 만약에 대운이나 소운에서 재운(財運)을 만나게 된다면 그 사람은 운명을 달리하여 사망하게 됨을 알아야 한다.

⑧ 사주에 비겁(比劫)이 많은데 인성(印星)이 있거나 흐르는 세운(歲運)에서 인성운(印星運)이 오게 되면 투기성으로 인하여 크게 손재(損財)를 만나게 되므로 주의가 필요하다.

⑨ 사주에 겁재와 양인(羊刃)이 함께 있다면, 배우자 선택과정에서 혼담이 깨지기 쉽고 재물로 인하여 화(禍)를 당하게 되므로 미리 예방하는 수양이 필요함이다.

⑩ 겁재가 체(體)일 경우에, 겁재가 체(體)가 되면, 평생 동안 도적이 따라다닐 정도로 손재가 많고, 도적과는 인연이 많기 때문에 도적을 잡는 수사관으로 진출한다면 천하제일의 수사관으로서 크게 출세를 할 수도 있음이다.

✱ 겁재가 주인의 재산과 아내를 겁탈하고 유혹함에는 식은 죽 먹기

주인이 가난해서 풍부한 의식주를 제공받지 못하는 천하장사(劫財)는 천성적으로 용맹스럽고 민첩하기 때문에 변심을 하여 주인의 재산과 아내에 흑심을 품고서 겁탈을 꾀하게 된다.

따르는 부하가 주인의 소유물을 탐하고 훔치려는 이유는 주인의 무능함과 처세부족에 그 원인이 있다고 판단할 수가 있다. 만일에 주인이 유능해 부하를 다루는 솜씨가 능수능란하다면 감히 부하가

주인의 소유물을 넘겨볼 수도 엿볼 수도 없기 때문이다.

부하는 주인의 소유물을 덮어놓고 빼앗을 수가 없기 때문에 명분을 내세우고 속임수를 쓰게 된다. 이때에 부하는 주인에게 뭔가 미끼를 던져주고 낚시질을 해야 하는데 그 유일한 방법이 주인에게 일확천금의 허망한 허욕을 조성해서 투기와 도박판으로 유인하는 것이다.

부하에게 재산과 아내를 빼앗긴 주인공이 부지불식간에 건달로 전락하게 되었으니 그가 스스로 겁재로 둔갑될 수밖에 없음이다.

이렇게 겁재로 둔갑된 주인공은 돈을 벌 수 있는 일이라면 투기, 도박, 밀수, 아편 등 뭐든 가리지 않고 덤비지만 겁재라는 도둑을 자기의 등에 업고서 도둑질을 하고 있는 격이니 등에 업혀있는 겁재가 몽땅 가로채서 감이기에 결과는 불을 보듯 훤한 일이다.

2. 겁재는 재산을 강탈당하는 운세지만 역으로 잘 활용하면 보약

겁재가 용(用)이 되는 경우는 비견이 용(用)이 되는 경우와 같이 천부적으로 인정이 많고 성격이 원만하며 남을 도와주고 베풀기를 즐기기 때문에 만인이 기뻐하고 따르는 호인이기 때문에 만사에 모든 사람이 호응하고 협력하며 상부상조를 하는 인물로 성장을 한다.

그러므로 도적이 오히려 생명과 재산을 지켜주는 방패가 되듯이 만인이 도와주어서 치부도하고 크게 이름을 떨치는 인인성사(因人成事)하고 인인성부(因人成富)하며 인인성명(因人成名)하는 행운아의 천명이라고 할 것이다.

겁재가 용(用)일 경우에, 일간(日干)이 신강(身强)하면 비견과 겁재가 체(體)가 되지만, 일간(日干)이 신약(身弱)하고 월지(月支)에 재관성(財官星)이 있게 되면 비견과 겁재가 용(用)이 된다. 비겁이 체(體)가 되면 능력은 왕성한데 일터가 없는 격이나, 비겁이 용(用)이 되면 능력은 부족하나 일터는 광대한 격이다.

예컨대 비겁이 체(體)가 되면 장정같이 왕성한 농사꾼은 즐비하지만 농장이 쥐꼬리처럼 작아서 서로가 농토를 독점하고자 싸우고 빼앗는 것이며, 비겁이 용(用)이 되면 농장이 커서 농토는 수천만석인데 농사꾼이 부족하여 경작을 못하고 있는 형국에 같은 농군들인 비겁이 떼를 지어서 모여드는 것이니 천하의 꿀벌을 맞이하고 백만 대군을 얻은 것과 똑같은 이치인 것이다.

그러므로 같은 인간으로서 비겁(比劫)이 체(體)가 되면 재물을 탐하고 노략질하는 도적의 무리가 되지만, 비겁(比劫)이 용(用)이 되면 재물을 생산하고 천하의 부를 만들어 주는 만금의 일꾼인 꿀벌, 지원자, 동업자, 후견인으로서 육신 중에서 가장 기쁘고 기특하며 보람이 있는 최고의 희신이 됨이니 세상과 우주의 이치가 그 속에 또한 모두 있음이다.

❋ 재왕신약한 사주에 겁재의 등장은 유일한 의지 처이고 충신

재왕신약(財旺身弱)한 사주에서 겁재의 등장은 유일한 의지 처이고 충신이다. 예컨대 재왕신약이란 재산은 태산같이 많은데 주인공이 허약한 경우이니 늘 도적들이 주위에서 넘겨볼 것은 당연지사다. 그러던 차에 용맹스럽고 사나운 천하장사(劫財)가 나타나줌이니 이러한 겁재를 경호원으로 삼아 옆에 두니 도적들이 얼씬도 할 수가 없게 된다.

주인공은 이러한 경호원(劫財)에게 감사의 표시로 충분한 월급과 직위를 주면서 동시에 무기와 관리권을 위임할 것임은 당연한 처사다. 이렇게 후한 대접을 받는 경호원이 주인에게 충성을 다하고 주인익 재산과 생명을 안전하게 보살피기에 만전을 기한다.

✱ 유용한 겁재는 주인의 재산과 생명을 지켜주고, 불한당을 물리쳐 주는 호위병 보안관

사주에 재성(財星)이 왕성해 재물이 풍부하고 관리자와 감시자가 필요한 경우에는 전혀 다른 양상이 전개될 수도 있다. 수많은 도적떼의 무리가 집단적으로 먹고 살 수 있을 만큼 보물단지가 있고 서로 협동, 합심, 협력해야만 일확천금을 할 수가 있다고 한다면 그들은 한마음으로 뭉치고 한뜻으로 화목한 동시에 도적의 탈을 벗을 수 있을 것이다.

예컨대 합법적으로 돈을 벌어서 부자가 될 수가 있다면 도적질을 할 필요가 없어지기 때문이다. 이럴 경우 그들은 주인의 생명과 재산을 안전하게 보호관리만 하면 훌륭한 대접과 지위(官祿)를 보장받을 수가 있기 때문이다.

그래서 이제 이들은 겁탈과 도적질이 아닌 보물단지를 지키고 관리하며 도적떼들이 몰려오면 번개처럼 등장하여 물리치는 것이 주된 임무가 된다. 즉 생명과 재산을 지키면서 그 대가로 지위와 역할

을 받고 월급을 받는 등 예컨대 경비 수사와 같은 법집행을 전담하는 경찰 헌병 수사관 등으로 역할을 수행하게 된다. 그래서 법과 질서를 관장하고 명령하는 중추 내지는 수뇌부로서 대권을 장악하게 되는 것이다.

동일한 겁재라고 해도 아무 쓸모가 없는 겁재는 주인의 재산과 생명을 겁탈, 위협하는 도적, 불한당이다. 그러나 쓸모가 있는 유용한 겁재는 오히려 주인의 재산과 생명을 지켜주면서 도적, 불한당을 물리치고 소탕해주는 호위병, 보안관의 역할을 해준다.

✱ 겁재는 겁탈자지만 본래는 용감무쌍한 군인이고 병사

이처럼 재성(財星)이 왕성하나 신약한 사주로 재왕신약(財旺身弱)한 사람은 겁탈의 별인 겁재를 도적이 아닌 파수병, 경호원의 기능으로 활용된다면 거부가 될 수도 있음이고 천하의 권세도 누릴 수가 있음이다.

그래서 이러한 천명을 소유한 자는 경찰, 검찰, 헌병, 판검사, 법무요직이 적격이고, 국가의 세입을 관장하는 세무요직이나 기업경영자(CEO) 그리고 일확천금을 노리는 각종 투기업 또는 권력을 배경으로 한 대기업사령탑의 CEO로서 역할을 한다면 대성할 수가 있음도 사실이다.

예컨대 총칼을 든 군인(劫財)이 굶주려서 배가 고플 경우에는 총부리를 민간인과 먹을거리(財物)에 돌리면서 겁탈자로 둔갑을 해버리지만, 본래 겁재의 본신은 겁탈자가 아닌 용감무쌍한 군인이며 용맹스러운 병사인 것이다.

그래서 겁재의 별에게 있어서는 재물과 일자리가 진정한 의미에서 필수조건이 됨이다. 만약에 겁재에게 이러한 재물과 일자리가 조건충족이 되지를 않고서 상실되었을 경우에는 용맹스러운 힘을 폭력화해서 빼앗고 약탈을 자행하는 겁탈자로 둔갑을 해버린다는 성정을 바르게 이해해야만 할 것이다.

✱ 겁재는 선천적으로 타고난 체력 재능 용기가 탁월한 비범한 인물

그러나 사주에 겁재가 왕성하여 성격이 포악하고 거친 사람이라고 할지라도 소속되어 종사하는 곳이 어디냐에 따라서 그 성격도 달라진다. 예컨대 규율과 기강이 엄격한 특수부대나 보안수사기관 같은 곳에서는 알력과 만용이 통하지 않고 절대적인 복종만을 강요하기 때문에 거칠고 사나운 겁재의 본성이 나타날 수가 없다.

가령 눈곱만큼이라도 경거망동과 반항을 한다면 추상같은 철퇴가 겁재를 내리칠 것이기 때문이다. 이러한 특수기관의 엄격하고 냉혹한 기강과 질서는 겁재의 직성과 일맥상통한다고 볼 수 있기에 겁재는 서슬이 퍼런 권위를 즐긴다고 판단할 수 있음이다.

이렇게 겁재는 순종하면서도 박력을 가지고 있음이니 상전의 신임과 촉망을 한 몸에 받으면서 마침내 권력자의 오른팔로서 발탁 등용되어 자신의 명성을 드높일 수가 있게 된다. 그래서 겁재는 타고난 체력, 재능, 용기가 탁월하기 때문에 제대로 된 임자를 만나기만 하면 비범한 인물로 인정을 받고 크게 출세할 수도 있음이다.

그래서 겁재는 자기가 존경할만한 상당한 권력과 권위의 소유자라면 기꺼이 섬기고 순종하면서 공경을 한다. 그러나 겁재가 생각했을 때 보잘것없고 형편없는 권위와 인격을 가진 자라면 인간 이하로 취급을 하고 경멸을 하면서 행패를 부린다.

3. 겁재의 운세에는 사고무친 사면초가 질병사고가 빈번해

겁재의 운세가 들어와, 겁탈자가 난리를 치듯 이렇게 되면 집안이 온통 도둑떼로 변함이니 날만 새면 돈쓸 일이 생기고 연이은 지출수가 꼬리를 물게 된다. 하루세끼의 때 거리도 부족한 판에 겁탈자들이 떼를 지어서 덤벼드는 꼴이니 사고무친이요 사면초가의 인생이 아닐 수가 없음이다.

설상가상으로 질병과 사고가 일어나는가 하면 주인공이 도박이나 주식과 같은 허망한 투기로 일확천금을 바라면서 주색잡기에 빠져들게 됨이니 그나마 없던 재산도 남아날 일이 없게 됨이 겁재의 운세기간이다.

이렇게 겁재의 운세기간에는 주인공이 알몸의 거지신세가 되어서 살아갈 수가 없게 되니, 결국은 본인 스스로가 겁탈자로 둔갑을 하기에 이르는 것이다. 그래서 그는 도박장, 투기장, 경마장, 아편, 밀수 등 돈을 겁탈할 수 있는 무대들을 휘젓고 다니면서 도적질을 일삼게 된다.

✱ 겁재는 상속과 재산에 대해서 권리가 없는 무연고자로서 제3자일뿐

겁재(劫財)는 상속이나 재산에 대해서 권리가 없는 무연고자로서

제3자일뿐이다. 그래서 특정한 기간에 겁재와 비견이 동시에 나타나면 어떠한 운세현상이 나타날 것인가를 생각해 볼 필요가 있음이다.

비견은 때가 되면 당연히 자기에게 배당이 돌아오지만, 겁재는 제3자이기 때문에 수십 년을 기다려도 배당소식이 있을 리가 만무함이 현실이다.

옛말에 3일을 굶고도 도둑질 안할 사람이 없다는 말이 있다. 겁재도 맨주먹으로 굶고만 살 수가 없음이기에 살길은 남의 것을 겁탈해서 빼앗아 먹지 않으면 안 됨이 현실이다. 그래서 겁재가 뛰어든 곳이 바로 주인으로부터 분배를 기다리고 가만히 앉아있는 비견의 안방이다.

이렇게 분배할 재산을 도둑인 겁재가 침입해 와서 송두리째 겁탈을 해가니 주인과 비견은 빈손과 알몸이가 될 수밖에 없게 된다. 이렇게 처지가 뒤바뀌게 되니 주인과 비견도 겁재에게 의지하고 의탁(依託)을 할 수밖에 없게 된다. 이런 과정에서 비견도 도적의 일당이 되어서 겁재와 함께 합세를 하고 겁탈자로 둔갑을 하기에 이른다.

✵ 겁재의 운세기간은 부정과 불법을 자행하고 낭비벽이 심한 시기

겁재의 운세기간에는 이렇게 주야장창 밤낮으로 도둑을 당하고 나니, 돈을 벌 용기와 의욕이 없을뿐더러, 돈을 벌어서 가지고 가정으로 들어올 흥미도 없어질 것은 당연한 이치다. 그러기에 저축을 하려한다거나 알뜰살뜰 절약을 하려는 의욕도 상실되기는 마찬가지일 것이다.

주인공의 입장에서 보면 어차피 도둑맞고 빼앗길 바에는 차라리

아낌없이 써버리는 것이 더 낫다고 생각할 수도 있음이다.

그래서 겁재의 운세에서는 아내, 이웃, 친구 등에게 선심을 쓰듯 마구 뿌려대고 낭비벽이 심하기 때문에 제아무리 큰 재물이 있고 큰돈이 들어와도 감당할 수가 없게 되어 재물이 오래가지를 못하게 된다.

돈을 계속해서 쓰려면 공돈이 들어오거나 노다지를 파야만 하는데 세상에 공돈과 노다지 광산은 흔하지가 않고 하늘의 별따기와 같음이다. 합법적이고 정당한 방법으로는 공돈을 벌기가 어렵기에 부정, 불법, 겁탈 등을 통해서 뜻하는 바를 이루려고 함이니 위험천만한 나쁜 운세의 기간이다.

✽ 나의 재산을 강탈해가는 겁탈의 제1유형은 가정의 우환과 질병

겁재라는 도둑과 겁탈의 유형 중에서 첫 번째가 가정의 우환과 질병이다. 가족에게 우환이 생기거나 질병이 찾아들면 약값과 치료비의 지출을 감수해야만 한다. 가벼운 감기 정도야 작은 비용으로 처리되지만 중병이나 대수술에는 막대한 비용이 들어간다.

그래서 집이나 부동산을 팔거나 유가증권 등을 매각하게 되는데 일이 급하면 제값을 제대로 받지도 못하고 팔게 되니 손해가 이만저만이 아니다.

편안히 살면서 즐기며 쓸려고 애지중지 돈을 벌어서 모았건만 제대로 써보지도 못하고 물 쓰듯 돈을 서야하니 참으로 어처구니가 없는 노릇이다. 이러한 가족의 질병과 우환이 바로 집안에서 일어나는 제일 큰 도둑이고 겁탈이다.

✷ 겁재의 운세기간에는 겁탈의 되풀이가 더 무서운 형벌인 셈

겁재는 두려움이 없이 대담, 용감하고 생사에 애착과 구애를 받지 않는 성정을 갖고 있다. 그래서 공돈만 생긴다고 하면 밀수, 마약, 도박 등 어떤 일이든 닥치는 대로 서슴지 않고 해낼 수가 있게 된다. 누구든 자기의 목숨을 내놓고 벌이는 일확천금은 시도될 수가 있다. 이런 시기가 바로 겁재의 운세기간에 나타닐 수가 있음이다.

그러나 돈을 벌면 기다리고 있던 도둑이 빼앗아 감이니 남는 것은 별로 없고 며칠 쓰고 나면 텅 빈 호주머니뿐이다. 그래서 텅 빈 호주머니를 도로 채우기 위해 또다시 겁탈을 자행할 수밖에 없게 된다. 당초에는 남이 내 것을 겁탈을 한다.

그러나 그 다음에는 거꾸로 잃은 것을 채우기 위해서 내가 남의 것을 겁탈하게 된다. 이 같은 상황은 또다시 바뀌어 남들이 내 것을 또 겁탈을 하게 된다. 이러한 모든 현상은 겁탈에서 시작되고 겁탈로 끝이 나는데 이는 무한정 되풀이가 계속됨이다. 즉 겁탈이 겁탈을 부르고 꼬리를 잇기에 겁탈인생과 겁탈생활이 계속됨이다.

그러나 늘 법망에 쫓기는 도둑의 마음이 편안할 수도 없고 태연할 수가 없음이기에 주위를 살피는 생쥐처럼 항상 귀를 쫑긋 치켜 세우고 자신의 등 뒤를 살피기에 여념이 없게 된다.

4. 재왕신약한데 비겁이 즐비하면 동지와 지지자가 나타난 격

일반적으로 자신을 괴롭히며 못살게 구는 놈은 쳐다보기만 해도

흉측하고 구역질이 나기에 이맛살이 찌그러짐이니 이를 기신(忌神) 또는 역신(逆神)이라고 한다. 반면에 자신을 정성스레 공경하고 기쁘게 받드는 놈은 쳐다보기만 해도 예쁘고 감개무량해서 웃음이 나옴이니 이를 희신(喜神) 또는 충신(忠神)이라고 한다.

그래서 희신으로 작용되는 겁재는 주인의 재산과 생명을 보호해 줄 뿐만이 아니라 생산성을 촉진시키고 증대시키기 때문에 소득향상에 기여하여 부귀공명을 극대화시켜준다.

예컨대 재성이 왕성하고 신약하듯 재왕신약(財旺身弱)한 경우에 비견과 겁재가 즐비하게 많아 나타나면 온 사방에서 자신을 보호하고 큰돈을 벌게 하는 동지와 지지자가 나타남은 물론 뜻밖의 횡재수가 따름이고 권력층의 특별 도움과 지원으로 거부로도 발전할 수가 있게 되는 것이다.

한편 재성이 허약한데 겁재가 왕성하면 자기 것을 훔치는 겁탈을 일삼는 흉신이기에 질병과 빈곤함이 밀고 들어오게 된다. 그러나 재성이 허약하고 신왕하듯 재약신왕(財弱身旺)한 경우에도 재성이 왕성한 운이 도래되면, 흉신의 겁재가 거꾸로 자기 것을 보호하고 증식시키는 충신으로 개과천선을 해서 주인을 살찌워서 기쁘게 하게 된다.

이처럼 육신의 작용과 역할은 애시 당초부터 좋고 나쁜 선악의 구별이 있는 것이 아니라 상황에 따라서 그 가치와 용도가 결정되고 변화를 하는 상대적인 존재인 것이다.

✱ 겁재와 비견의 동시 등장하는 운세에서는 도적떼를 이룸이니 어딜 가나 빼앗기고 손재수뿐

겁재와 비견은 겁탈할 재물이 풍부할 경우에는 서로 사이좋게 동업을 계속 유지한다. 그러나 겁탈할 재산이 바닥나 아무리 훔쳐봐야 먹을 것이 없을 경우에는 서로에게 부담이 되는 형국이 된다. 그래서 겁재와 비견은 혹시 누가 더 많이 갖지는 않을까 신경을 곤두세우고 의심을 하면서 경계를 하기 시작한다.

그래서 겁재와 비견은 화목할 수가 없음이고 합심이 되지를 않음이다. 연중무휴로 도적이 끓고 지출할 일이 생기며 시비, 질병, 손재가 꼬리에 꼬리를 문다. 또 사람만 만났다하면 재물을 뜯겨야하니 처세와 대인관계가 원만할 리가 없다. 그래서 살아남는 길은 오직 집단적으로 겁탈의 작전을 펼치는 것뿐이다.

이러한 행동은 대체적으로 밀수 마약 조폭 도박과 사기 소매치기 날치기 등으로 나타난다. 차라리 나누어 작게 가지거나 빼앗길 바에는 크게 무리를 지어서 한탕 크게 털자는 주의다.

그러나 제아무리 털고 겁탈해서 빼앗아 벌어봤자 수많은 도적떼들을 거느리는 주인공이 재물을 쌓아놓고서 평화롭게 살 수는 없는 법이다. 어디서 탈이 나도 탈이 나게 되어있음이 세상의 이치다.

왕초 뒤에서 아내 혼자 그 수많은 도적떼를 먹이고 입히고 뒷바라지를 하고 있음이니 아내가 온전할 리가 만무하다. 가난 질병 시비 재난 등이 끊이지를 않고 아내도 병들거나 불구자가 되거나 심하면 사별하기에 까지 이른다.

5. 겁재가 굶주린 병사라면 식신은 소원성취의 보물단지

사주분석에서 겁재가 굶주린 병사에 비유된다면, 식신은 보물단 지에 비유될 수가 있다. 그래서 겁재와 식신의 상호관계를 살피려 함에는 굶주린 병사(劫財)와 보물단지(食神)의 관계로 상호관계를 살피게 되면 보다 더 효과적인 사주판단과 운세분석이 가능해진다.

먼저 관찰을 해봐야할 경우가 겁재다. 겁재는 운질로 봐서 용감 무쌍한 용사이기는 하지만 재물의 복(福)이 없음이 특징이다. 이렇 게 겁재는 가난해 굶주린 병사이기에, 배가 고플 경우에는 겁탈을 할 수밖에 없음이 현실이다. 그는 용감한 병사이기에 어떤 누구도 두려울 게 없고 총과 칼과 같은 무기 또한 스스로 소지하고 있음이 니 망설임도 주저함도 없이 상대를 겁탈하기는 그냥 식은 죽 먹기 에 불과하다.

✱ 도적들에게는 법 상식 사리 경우가 통할 리가 없어

사주분석에서 겁재는 무연고 제3자를 가리킨다. 그러므로 겁재와 또 다른 겁재와의 관계를 사주 속에서 살펴서 분석한다고 함은, 무 연고 제3자와 또 다른 무연고 제3자와의 상호관계를 살피는 창으로 보면 무리가 없을 것이다.

겁재가 대운이나 연운이나 월운에서 또 다른 겁재를 만나 보고 있다고 하는 경우는, 1명의 겁탈자가 도적질을 하고 있는 중인데, 또 다른 엉뚱한 도적이 1명 더 운세 판에 뛰어든 격이라 할 수 있다. 이렇게 서로 다른 2명의 도적들이 같은 장소에서 부딪칠 경우에 과연 그 도적들은 어떠한 행동을 할 것인지에 대해서 생각해볼 필요가 있음이다.

도적들에게는 흥정과 시비를 할 시간적인 여유가 없음이 현실이다. 왜냐하면 재빨리 행동을 해서 멀리 튀지 않으면 주인에게 발각이 되어 당초의 목표가 물거품이 되고 말기 때문이다. 그러나 도적의 생리는 싸우는 것이 아니라 훔치는 것이므로 2명의 겁탈자들은 우선 훔쳐서 도망가는 일에 서로 합심을 할 것은 기본상식이고 인지상정이다.

✱ 겁재가 왕성한 식신을 가졌으나 사주자체가 신약하면 허망한 투기로 탕진해

겁재가 왕성한 식신을 가졌으나 사주 자체가 신약하다면, 병(病)든 산모가 임신을 한 격이므로, 자녀생산이 어려울 뿐만이 아니라 오히려 산모가 생명을 잃을 수도 있음이다. 이런 경우가 바로 식신의 꽃을 가졌으나 사주가 신약하면, 열매를 맺지 못하는 헛꽃을 가진 경우에 해당하는 것이다.

이렇게 식신의 헛꽃을 겁재가 부채질을 하듯이 만발하게 하여 주인공인 나무의 정기를 완전히 낭비시키고 소모시켜버림으로써 만용을 부리게 하고 실패를 서두르게 하는 결과를 초래할 뿐인 것이다.

그래서 겁재가 왕성한 식신을 가졌으나 사주자체가 신약할 경우에는 용기가 있는 행동은 그럴싸하나 매사에 무모한 고집(投機)과 욕망(貪慾), 그리고 과격한 처신 때문에 불발탄만을 양산하고 손재수인 적자투성이로 부도와 파산을 함이니 극성지패(極盛之敗)로 모

든 것들이 온전할 리가 없음이다.

이렇게 겁재는 자신의 재물을 노리는 약탈자이고 겁탈자이니 수많은 유혹과 꼬임에 빠져서 허망한 투기와 모험 등으로 재산을 날려버려 탕진을 하는 것이기에 이러한 운이 올 때에는 주위환경부터 정리와 정돈하는 근신함과 노력이 필요하다고 할 것이다.

✱ 겁재는 불필요하게 무성한 나뭇가지이고 상관(傷官)은 열매를 맺지 못하는 헛꽃

사주분석에서 겁재는 나뭇가지에 비유될 수가 있고, 상관(傷官)은 열매를 맺지 못하는 헛꽃에 비유할 수가 있다. 그래서 겁재와 상관은 사주에서 불필요하게 무성한 나뭇가지(劫財)와 헛꽃(傷官)의 상호관계를 살피는데 중요한 창이다.

식물에 비유하면 비겁(比劫)은 나무의 가지에 해당하고, 식신은 열매를 맺는 참꽃에 해당한다. 그러나 상관은 화려하게 만발한 꽃이지만 열매를 맺지 못하는 외화내곤(外華內困)의 숙명을 지닌 육신이다.

그런데 겁재와 상관이 동시에 등장했다면 헛꽃(傷官)이 피어서 골치가 아픈데 설상가상으로 나뭇가지(劫財)가 무성하게 늘어나는 형국이니 소득이 없는 생산, 출혈, 낭비가 극심한 상태라 할 것이다.

✽ 겁재와 상관의 동시등장은 허영과 탐욕의 화신이기에 낭패와 재난을
   초래해

　총칼을 휴대한 겁재는 용맹을 과시하고 면도날 같은 상관은 과속
을 자랑함이 특징이다. 겁재와 상관이 동시에 등장함은 결실을 못
맺는 체력의 소모와 낭비 등 백해무익한 자살 작전에만 광분해서
날뛰는 격이니 주인공이 골탕을 먹을 수밖에 없음이다.

　이렇게 병들고 허약한 주인공의 애타는 심정과 사정을 상관은 아
랑곳하지 않는다. 용호처럼 용맹스럽게 날뛰는 겁재와 천둥번개처
럼 서두르는 상관의 극성스러움 때문에 주인공은 마냥 어리둥절하
고 혼비백산해서 갈피를 못 잡고 끌려 다닐 뿐이다.

　이러한 천명소유자는 두뇌가 비상하고 매사의 일처리에 스피드
가 있음은 그만의 장점이라고 할 수 있다. 그러나 자신의 분수를 못
지키고 지나치게 재주와 잔꾀를 부리고 일삼다가 자기의 꾀에 자신
이 빠져 함몰되는 어리석음과 망신을 되풀이하는 인생이라 할 수가
있다. 그래서 이런 사람은 수양, 덕성, 능력, 체력 등을 미리 갖추고
윗사람과 귀인의 뜻에 귀를 기울이면서 따르는 것이 삶의 안전과
출세의 지름길일 것이다.

　그러나 사주가 신왕한 사람의 경우에 있어서는 겁재와 상관이 동
시에 등장해도 위에서 언급한 내용과는 정반대의 현상이 나타난다.
예컨대 신왕하다는 말을 비유해보자. 우선 자동차의 차체가 튼튼하
고 성능이 뛰어난 경우에는 질주해서 달릴 수 있는 기회가 다다익
선일 뿐만이 아니라 속도를 낼수록 자동차 차체의 성능을 과시할
수가 있다.

그리고 나무의 뿌리가 튼튼하고 수분공급이 충분한 토질의 여건을 갖춰서 왕성한 나무는 가지가 무성해지고 꽃이 만발해질수록 자신의 관록을 멋지게 뽐낼 수 있을 뿐만이 아니라 풍부한 혈기(水分)를 통해서 많은 열매의 결실을 맺어 풍년과 유종의 미를 거둘 수가 있음이다.

✱ 복수이상의 겁탈자들이 모인 집단이 도적떼 사기집단 조직폭력단

이렇게 도적이 2명 이상으로 복수이상이면 서로 합심해서 세력을 형성해서, 전혀 다른 모습으로 둔갑한 도적떼는 무장을 한 군대처럼 대담해지기에 두려움이 없어지므로 그들은 뭐든 닥치는 대로 겁탈, 점령을 자행하기에 이른다.

이렇게 죽음도 불사하는 도적들의 겁재집단은 강도도 서슴지를 않기에 안하무인의 무법자, 무뢰한, 천하불한당, 갱단이 되어 백전백승을 과시하면서 자신들이 지나가는 곳을 모조리 쑥대밭과 폐허로 만들어 버리는 것이다. 그래서 도적집단, 사기집단, 조직폭력집단 등이 결성되어 그 위세를 부리는 것이다.

제아무리 용감무쌍한 무법자요 겁탈자라고 하드래도 도적질할 대상(財物)이 없다고 한다면 활동무대(財物)가 없음이기에 아무 쓸모가 없는 무용지물의 빈둥대는 건달이나 실업자의 신세가 될 수밖에 없음이다.

이렇게 활동무대가 없어져 굶어서 죽게 된 겁탈자로서는 하는 수 없이 집안도적으로 변해서 주인공이 가진 재물들을 닥치는 대로 빼앗고 훔칠 수밖에 없게 되는 것이다.

✱ 신왕(身旺)사주로 겁재와 상관이 함께 등장하는 사람은 예능 기술 관광업이 천성이고 적성

본래에 상관(傷官)은 열매를 못 맺는 헛꽃이지만 탐스럽고 화려하며 향기가 좋아 꽃동산을 이루면 천하의 관광객들을 한 자리에 유인할 수가 있음이니, 나무열매 이상으로 헛꽃도 큰 소득을 거두어 돈방석으로 바뀔 수가 있음이다.

헛꽃의 이러한 기능은 예술적, 지능적, 기술적인 생산수단이라고 할 수가 있을 것이다. 그러므로 신왕(身旺)한 사주로 겁재와 상관이 동시에 등장하는 주인공은 예능, 기술, 관광업이 천성이고 적성이므로 이러한 분야에 매진을 한다면 풍부하고 화려한 두뇌로써 돈을 재치 있게 벌어들이게 된다.

이러한 주인공은 혈기(水分)가 충분해 풍부한 가지와 꽃들을 스스로 감당해낼 수 있는 소년기와 중년기에는 승승장구를 한다. 그러나 수분(血氣)이 고갈되고 기운이 쇠퇴해져 풍부한 가지와 꽃들을 스스로 감당해낼 수 없는 장년기와 노년기에는 허약한 주인공이 겁재와 상관을 거느리고 있는 격이니 축축 늘어지고 기진맥진한 삶이 된다.

예컨대 신약(身弱)한 사주인데 겁재와 상관이 동시에 등장하는 주인공이라면 불필요한 나뭇가지(劫財)를 쳐내는 정전가위(官星)라는 관살(官殺)이 필수적이고, 불필요한 헛꽃(傷官)을 쳐내면서 동시에 뿌리(日干)인 주인공을 튼튼하게 길러주는 정인(正印)이 절실하게 요구되는 것이다.

여기에서 정인(正印)은 욕심을 버리고 수양에 힘을 쓰면서 주위의 모든 유혹을 물리치면서 마음을 가다듬는 은둔과 수행의 시기를 일컫는다고 할 것이다.

6. 겁재는 도적이고 편재는 임자 없는 공돈에 비유돼

사주분석에서 겁재를 도적으로 비유하고, 편재를 임자가 없는 공돈으로 비유하면, 겁재와 편재를 비교분석함에 훨씬 용이해질 것이다. 그래서 겁재가 재물을 탐하고 겁탈하는 무서운 도적이라면, 편재는 임자가 없는 재물이고 허공에 뜬, 주인이 없는 공돈이라고 정의할 수가 있다.

그래서 겁재 앞에 편재가 등장함은 가뜩이나 공돈을 즐기는 겁재가 공돈을 본 격이니 겁재의 입이 함박꽃처럼 벌어질 것임은 당연지사다. 임자가 없는 공돈인 편재를 도적(劫財)떼들이 서로가 앞을 다투어 재물을 유인하고 경쟁을 하지만, 승리자는 늘 최강자이기 때문에 편재는 용기 있는 최강자(劫財)를 기뻐한다. 그래서 편재의 주인이 될 수 있는 유일한 적격자는 힘이 센 겁재인 것이다.

✻ 겁재는 천하장사로 정재는 소유물인 재물로 비유해

사주분석에서 겁재는 천하장사로 비유되고, 정재는 주인소유물의 재물로 비유함이 바르다. 그래서 겁재와 정재는 천하장사와 주인소유물의 재물로 그 상호관계를 살피는 창으로 활용함이 바르다 할 것이다.

겁재는 나뭇가지이고 부하로써 천하장사(劫財)인데 정재는 주인공의 재산이고 아내(妻)인 셈이다. 주인으로부터 풍부한 의식주를 제공받는 천하장사는 주인을 보호하는 파수꾼으로써 충성을 다할 것이기에 주인공의 재산과 아내는 안전하게 보호될 수가 있다.

✽ 겁재 앞에 편재운이 등장하면 매사에 강자가 나타나 앞길을 가로막고 가로채는 형국

겁재 앞에 편재(愛妾)운이 등장할 때에는 무엇을 하기만 해도 강자가 반드시 나타나서 선수를 치고 앞길을 가로막으며 애를 먹이고 가로채 가버리는 형국이 된다. 가령 이성교제를 통해서 애인을 갖는데도 반드시 마가 끼어서 훼방을 놓고 파탄이 일어나게 된다.

이렇게 겁재 앞에 편재(愛妾)가 등장할 때에는 주위의 모두가 주인 것을 노리고 가로채려는 허울만 좋은 개살구들뿐이기에 도적놈들의 소굴에서 재산이 온전하고 매사가 원만히 성사될 리가 없음이다. 제아무리 부모로부터 받은 상속이 태산과 같다고 하드래도 호리고 있는 여우와 빼앗아 가려는 겁탈자들의 등쌀 때문에 버틸 수가 없게 되는 것이다.

눈을 훤히 뜨고서도 도둑을 맞는 경우이니 알몸의 건달신세가 되어 거꾸로 자신이 스스로 건달노릇을 할 수밖에 없게 되는 것이다.

✽ 도적놈인 겁재 앞에 애첩격인 편재의 운이 등장하면 눈뜨고 도둑을 맞는 시기

겁재는 공돈을 얼마든지 자유자재로 벌수도 있고 도둑들을 철저히 지킬 수도 있는 힘과 용맹성을 갖춘 육신이다. 공돈을 버는 데에 번개처럼 잽싸고 비범한 기질이 바로 겁재다. 그런데 이런 겁재를 가지고서도 가난하게 사는 까닭은 주인공이 스스로 겁재를 다스릴 만한 능력이 없기 때문이다.

예컨대 겁재는 주인의 대형재물과 대형자금인 편재를 지키고 보호하며 관리하는 경호대장이고 또 관리경영인이라 할 것이다.

그러므로 이러한 성정을 지닌 겁재를 앞세우면 투기사업들을 능수능란하게 잘 처리하여 일확천금을 벌어들일 수도 있고, 또 한편으로는 명성과 권위를 천하에 떨칠 수도 있음이다.

편재는 국가의 재정이자 시장에서 큰 덩치의 뭉텅이로 굴러다니는 임자 없는 공돈이라 비유할 수 있다. 그래서 이러한 천명을 소유한 자는 사법관 수사관 판검사 헌병수사관 보안관 대기업경영인으로서 출세도 하고 크게 명성도 날리면서 치부도 할 수가 있는 천명이다.

이러함의 능력과 능률에는 주인공이 가지고 있는 재성과 겁재의 역량이 어느 정도의 역량을 갖추느냐에 따라서 서로 다르게 측정될 수 있다. 예컨대 타고난 사주에 재성이 왕성하고 강하면서, 동시에 겁재도 왕성하다고 한다면 대부대귀도 동시에 누릴 수가 있는 천명이라 할 것이다.

그러나 타고난 사주에 재성과 겁재, 이 2가지 중에서 1가지가 빈

약하거나 무력해서 기운이 약할 경우에는 그 역량들도 동시에 허약함이기 때문에 목표하는 소기의 성과를 기대할 수가 없다는 것도 알아야 한다.

✱ 성직자 성심을 유혹해 명성에 똥칠을 함은 사주의 재성(財星) 질량이 원인

일반인은 물론이거니와 특히 지도자나 성직자의 성심을 유혹하는 재성의 질량이 통제되지 않을 경우에 나타나는 커다란 사회적인 문제점과 그 영향 등을 깊이 성찰을 해야만 할 것이다.

재성은 속세의 부귀이므로 이 재성의 질량이 가만히 있는 성현의 마음을 유혹하고 혼란시켜 탐욕을 갖도록 부채질함이니 성현의 얼굴에 먹칠을 하는 장본인인 셈이다. 누구든 속세의 부귀공명을 탐하고 즐기려함은 인지상정이기 때문에 재성의 기운을 만나게 되면 망신수를 동반한 재난이 불가피하게 뒤따르게 된다.

그래서 정인(正印)이 없는 겁재는 재성운(財星運)의 시기에서 크게 대발을 하지만, 정인을 쓰는 겁재는 재성을 가장 두려워하는 것이고 경계해야할 대상임을 명심해야 할 것이다.

그러나 재성과 함께 관성(官星)이 있다면 재생관(財生官)을 하는 방식으로 재성의 기운을 통관시켜 약화시키고 감소시켜줄 수가 있기 때문에, 오히려 정인(正印)이 관생인(官生印)의 방식으로 생조(生助)를 받아 왕성해질 수가 있게 된다.

이렇게 관성의 도움으로 정인(德性)이 왕성해지면 주인공은 군자의 기질을 유지하고 자제함으로써 속세의 유혹을 물리치고 이름을

날릴 수가 있게 된다. 이처럼 정인은 물질보다는 덕망, 명예, 신념을 소중히 여기는 정신적인 지주인 것이다.

✱ 재왕신약에 겁재를 가진 사람은 대기업의 CEO로서 큰돈을 요리하는 비범한 솜씨와 관록을 과시할 인물

　경호원(劫財)은 주인의 허약함 점을 미끼로 주인을 속이고 배신하려는 무리들에게 철퇴를 가하는 동시에 생산성을 향상시켜주니 주인은 더욱 더 많은 부를 축적하고 누리게 되는 것이다. 이렇게 용호와 같은 천하장사를 무장시켜서 충성을 다하는 부하로 거느리니 위풍당당함은 하늘에 닿고 천지재물을 관장함이니 어떤 누구도 부럽지가 않음이다.

　이렇게 겁재는 대담하게 투기를 즐기기 때문에 재왕신약(財旺身弱)한 사주로서 겁재를 지닌 주인공은 베짱이 두둑한 투기로 일확천금을 할 수가 있다. 그래서 이러한 주인공은 대담성과 과단성으로 권력(銃劍)을 통해서 치부를 하는 대기업의 관리자로서 큰돈을 굴리고 요리하는 비범한 솜씨와 관록을 과시할 수가 있음이다.

7. 겁재의 영웅호걸을 다스리는 유일한 능력자는 관성이 왕성한 자

　천명에 관성이 빈약, 허약한 자는 돈과 재물을 저축할 기회가 없다. 사주분석과 운세분석에서 겁재는 총칼에 비유된다. 그런데 총칼

(劫財)과 같은 무력으로 잡은 대권은 불법적인 탈취이기 때문에 합법적인 권력이라 할 수 없다.

불법, 무법 그리고 탈법을 일삼는 호걸(劫財)들을 다스릴 수 있는 유일한 법과 질서는 오직 관성으로써 칠살뿐이다.

관성이 왕성한 자만이 호걸을 자유자재로 호령하고 지배를 할 수가 있어 명실상부한 집권자이자 통치자로써 군림을 할 수가 있음이다.

한 나라의 통치자이자 주인공이 가지고 태어난 사주에 관성이 왕성하다고 함은 바로 벼슬보따리가 푸짐하다는 증거라 할 것이다.

이렇게 타고난 사주에 벼슬보따리가 풍성하기 때문에 호걸(劫財)들의 욕망을 흔쾌히 충족시켜줄 수 있는 힘과 권위를 갖고 있다는 증거일 것이다.

그러나 반대로 타고난 사주에 관성이 빈약하고 허약한 자는 이러한 호걸(劫財)들을 처음부터 다스릴 수가 없음이 가장 큰 문제라 할 것이다. 즉 주인공이 통치의 주체가 아니라 거꾸로 무법자인 호걸(劫財)들에게 질질 끌려 다니는 신세가 됨이니 말이다.

이렇게 타고난 사주에 관성이 허약하기 때문에 겁탈자(劫財)에게 의지를 해야만 하는 처지이기에 주인공의 생명과 재산도 온전할 리가 없다고 보는 것이 타당할 것이다. 간혹 투기, 도박, 겁탈 그리고 밀수 등을 통해서 큰돈을 쥐기도 한다.

하지만 이럴 때마다 겁탈자인 겁재가 발동되기 때문에 뭔가 절박한 상황이 발생됨으로 인해서 꼼짝없이 겁탈자에게 돈을 전부 털리고 빼앗겨버리는 인생이 되고 마니 말이다.

그래서 타고난 사주에 관성이 빈약하고 허약한 자는 돈과 재물을 저축할 수가 없을 뿐만이 아니라 늘 무법을 일삼다보니 준엄한 법의 심판을 받게 되고 심하면 생명의 안전도 기약할 수 없는 처지가 되어버리는 신세다.

그렇다고 겁탈자인 겁재가 두려워서 지레 겁을 먹거나 또 뒤로 물러서 후퇴할 천성은 아니다. 본래 겁재는 선천적으로 타고난 대담성, 용맹성, 민첩성 그리고 비범함이 유일한 특기이고 자본이기 때문에 뭘 하든 우유부단하거나 비겁한 행동은 하지 않는다는 특징도 갖고 있다.

✻ 관성이 허약한 겁탈자는 지위가 보잘 것 없는 일반병사

관성이 허약한 겁탈자(劫財)는 지위가 보잘 것 없는 일반병사라 할 수 있다. 지위고하를 막론하고 법은 법이고 자리는 자리이니 범법을 하거나 벼슬자리가 없어지는 것은 아니다. 관성이 허약한 겁탈자(劫財)는 단지 말단기관의 자리에서 안주할 따름이다.

비록 지위(官星)는 낮지만 총칼(劫財)을 들고 있는 형국이기에 상대로부터 겁탈을 당할 염려는 없음이고 명색이 준법을 강조하는 호법자이기에 불법을 저지를 수는 없는 입장이다.

이러한 처지임에도 불구하고 상전(官星)은 허약하고 자신(劫財)은 태과(太過)함이니 상전을 얕보고 간혹 월권과 탈선을 함으로 인해서 불신과 미움을 받아 직장에서 퇴출되어 빈곤에 시달리는 경우도 있다.

결국 관성이 허약한 겁재는 무례하고 자기분수를 못 지키는 것이 큰 결점이다. 이러한 결점 때문에 출세의 길이 가로막히고 인생이 침체되는 것이니 자기분수를 지키는 것이 운명을 개선하는 지름길일 것이다.

그리고 총칼을 휴대한 겁재가 법의 테두리를 벗어날 때에는 힘을 남용하여 불법을 스스로 저지를 수도 있음이니 공돈과 같은 재물과 이성관계의 주색잡기로 사고를 칠 수도 있음이니 평지풍파의 삶이라 할 것이다.

✽ 겁재와 정관이 동시에 등장하는 운세는 겁재가 무장이 해제된 형국

사주분석에서 겁재는 무법자로 비유하고, 정관은 법을 집행하는 행정관이자 사법관으로 비유해서 운질과 운세의 상호관계를 살피면 그 분석의 유효성이 더 빛이 날 것이다.

무법자인 겁재의 입장에서는 법률과 사법관을 제일 싫어하고 두려워하기 때문에 겁재를 중심으로 보면 정관이 자신을 파괴하는 기운인 칠살이 되는 셈이다.

그래서 겁재와 정관이 동시에 등장할 경우의 운세를 파악할 경우에는 다음의 내용을 비유해서 생각을 해보면 그 분석이 쉬워진다.

칠살(七殺)은 사납고 포악한 호랑이와 같기 때문에 천하의 무법자인 겁재라고 해도 정관을 보게 되면 양처럼 온순해지면서 정해진 규칙과 법률을 지키게 된다.

그래서 무법자(劫財)가 사법관(正官)을 만나게 되면 반항과 불복이라는 것은 꿈도 꾸지를 못하고 꼼짝을 할 수가 없게 된다. 이렇게 정관이 대담무쌍하고 불법을 자행하는 겁탈자(劫財)를 다스리니 정관의 권위는 하늘을 뚫고 그의 명성이 천둥소리와 같이 전국방방곡곡에 울려 퍼진다.

사법관인 정관으로부터 준법정신과 질서를 배워서 호법자로 전향하고 변신한 겁탈자(劫財)는 자신이 가지고 있는 담력, 용기, 대담성으로 두각을 보이면서 비범한 재간, 수완, 역량을 발휘할 수가 있기에 등용이 되어 출세를 할 수가 있게 된다.

이렇게 정관의 덕분에 준법자로 변신한 겁재는 평화와 질서를 세우고 확립한 개선장군이 되어 그 이름과 명성을 날리게 된다. 호법관으로 변신한 겁재는 어떤 누구의 범법과 불복도 용납하지 않는데 이는 국내의 무법자뿐만이 아니라 국가를 침범하는 타국의 외적들에 대해서도 추상과도 같은 철퇴를 내린다.

❋ 정관을 만난 겁재는 용맹성과 위풍당당함으로 천하대권도 거머잡아 쟁취할 능력자

정관을 만난 겁재는 위풍이 당당하고 용맹스러워서 대권도 거머잡을 수가 있게 된다. 겁재는 본래 두려움이 없는 맹호이고 적수가 없는 무적의 용사이자 총칼이다. 정관의 입장에서는 똑같은 벼슬을 하는데도 겁재와 같은 용감무쌍한 호위 군사들이 지키고 총검으로 무장을 했음이니 대권을 손아귀에 넣는 것은 식은 죽 먹기다.

그러나 총칼로 대권을 거머잡은 자는 만사를 총칼에 의지할 수밖에 없게 된다. 그는 결국 충실하고 용맹스러운 무관들을 수족으로 관직에 등용함으로써 대권을 보존해 가게 된다.

이러한 과정에서 대담무쌍한 겁재에게 후한 대접을 해주고 벼슬을 내려주니 겁재는 천하의 부귀를 한손에 거머쥐게 됨이니 겁재가 더욱 대담하고 용감해져서 목숨을 걸고 주인에게 충성을 다하게 됨이다.

겁재는 용기는 있으나 재물이 없는 호걸이므로 주인을 위해서 목숨을 바치는 것도 영광으로 생각한다. 빈털터리 호걸인 겁재를 환영하고 후대하면서 벼슬까지 주는 주인에게 천하호걸들이 앞을 다투어 모여들고 충성을 약속하면서 충성과시경쟁이 일어날 것은 당연지사다.

이렇게 용감무쌍하고 충성스러운 호걸(劫財)을 후대하면서 거느리는 한 대권은 안전하고 유아독존의 권위와 명성은 유지될 수가 있음이다.

✷ 칼로 흥한 자는 칼로 망한다는 속담이 영원한 진리

만약에 호걸(劫財)이 배반하거나 몰락을 당하였을 경우를 생각해 볼 필요가 있다. 호걸이 몰락을 했다면 칼로 집권한 자가 총칼을 잃어버린 꼴이고, 호걸이 배반한다면 총칼이 배신을 함이니 총칼의 재물이 될 수밖에 없음이다.

총칼로 빼앗은 대권은 총칼로서만이 다시 빼앗을 수 있음이 진리이고 이치인 것이다. 그래서 칼로 흥한 자는 칼로 망한다는 속담이 영원한 진리인 셈이다.

총칼로 일으키는 거사에 참여해 공로가 큰 장수(劫財)들은 모두 다 큼직한 자리와 대가를 요구해오기 마련이다. 그리고 가난했던 호걸들이 돈맛과 권력의 맛을 한번들이면 기고만장해짐은 물론, 더더욱 탐욕스러워진다.

반면에 거칠고 사나운 이런 호걸들을 다스리려면 관성이 왕성해서 법을 엄격하게 강조하고 강력한 사회질서와 사회정화를 앞세우게 되면 권위가 늠름해져서 능히 이들을 다스릴 수가 있음이다. 그러나 주인공의 사법권(官星)이 무력할 경우에는 법과 질서 그리고 권위가 땅에 떨어질 뿐만이 아니라 동참했던 호걸들에게 나누어줄 자리와 보따리도 빈약해지기 때문에 호걸(劫財)들을 다스릴 능력이 부족함은 물론 불평불만이 팽배해지게 된다.

이러한 처지에 놓이게 되면 호걸들이 마침내 총칼을 주인에게로 돌리고 무법과 불법을 자행하기에 이르니 결국 주인공은 충실했던 심복들의 총칼에 목숨을 잃지 않을 수가 없게 됨이다.

8. 천하영웅도 겁재와 왕성한 편관을 가져야 천하대권 잡아

✱ 겁재와 편관을 겸비한 자만이 천하대권을 잡을 자질을 가진 큰 인물

사주분석에서 겁재는 무기로 비유하고, 편관은 칠살이니 무사로 비유하여 분석하자는 것이다.

다시 말해 겁재는 총칼의 무기인 셈이고, 편관은 용감한 군인이자 무사에 해당함이다. 그런데 총칼(劫財)은 무사(偏官)를 만나야 비로소 빛을 낼 수가 있고, 무사도 역시 총칼을 자기 손에 쥐어야만 자신의 권위를 온 세상의 만방에 떨칠 수가 있음이다.

그런데 장수가 무장을 하고, 동시에 군대인 무사들까지도 함께 거느리고 있다함은 권력자만이 가능한 일이고 일반인에게는 가당치도 않는 일이다. 그래서 사주에서 겁재와 편관을 동시에 겸비한 사람을 천하대권과 최고군수통제권을 장악할 수 있는 능력, 그릇,

자질을 갖춘 큰 인물이라고 판단을 하는 것이다.

사주에서 무장한 용장과 덕장을 좌우에 거느리고 있는 주인공이 천하영웅이기에, 이러한 천명사주를 가진 자만이 애시 당초부터 대망을 가슴에 깊숙이 품고서 대들보에 해당하는 장수들을 찾는 것이다.

✱ 겁재를 갖고도 왕성한 편관이 어리고 나약하다면?

사주에 총칼의 무기인 겁재를 가지고 있으면서, 동시에 무사인 편관이 왕성하여 건재한 천하장사라고 한다면 그 주인공은 반드시 천하대권을 잡을 수도 있다. 그러나 사주에서 무사인 편관이 어리고 나약하며 병(病)이 들었다고 한다면 그 주인공은 겨우 말단에서 시키는 일이나 하는 시종(侍從)의 역할에 만족할 수밖에 없음이다.

그래서 총칼인 겁재가 크고 강하며 힘이 장사임에도 불구하고 지위(官星)에 따른 역할이 보잘 것 없이 낮게 되면 자연히 불평불만이 많아지게 되고 과격한 언행과 행동을 서슴지 않고 하게 될 것은 당연한 이치다.

이렇게 과격한 행동이 더욱 커져서 칼부림이라는 난동을 일으키는 자가 있다면 상부조직에서 그대로 놔둘 리가 없다. 그러한 자에게는 준엄한 형벌이 내려지게 될 것은 불 보듯 훤한 일이므로 온갖 풍파와 재난이 이러한 주인공을 기다리는 꼴이다.

그래서 천명사주에 겁재를 가지고 있으나 무사인 편관이 어리고 나약하며 병(病)이 들었을 경우에는 성격이 포악하고 자제력이 없음이기에 적도 많음이고 칼을 맘대로 휘두르다가 보니 삶 자체가 빈곤하고 상처투성이일 뿐만이 아니라 목숨도 온전할 리가 없음이다.

✱ 천하영웅에게는 지략 권모술수 용기 담력 기백 달변을 겸비한 인재 들이 필요해

국가의 권력을 지키거나 보좌하는 권세(官星)를 선천적으로 타고 난 사람이 권력을 떠나게 되면 물(水)을 잃은 물고기의 신세처럼 무 용지물이다. 그러므로 천하의 권력과 권좌를 차지하기 위해서는 비 상한 지략 권모술수 용기 담력 기백 달변을 겸비한 인재들을 필요 로 하는 것이다.

천하영웅도 이러한 인재들을 주변에 두어야만 상대를 무찌를 수 가 있고 무너뜨릴 수가 있음이다. 이러한 인재를 겸비한다면 그 어 떤 고초와 시련도 무난히 극복할 수가 있음이고 제아무리 큰 상대라 고 하드래도 날렵하고 민첩한 맹호의 기세로 제압할 수가 있음이다.

거대한 정당과 같은 천군만마를 거느리고 호령하면서 상대와 싸 우려면 태산도 움직일 수 있는 기백이 있어야 하고, 타고난 지략 지 모 도량은 물론 설득력도 있어야 한다. 무작정 덮어놓고 큰소리 치 고 호령만 하는 만용으로는 거대한 조직과 군사를 효과적으로 움직 이며, 동시에 전국의 국민들을 설득할 수가 없음이다.

죽음을 두려워하지 않고 체통과 의리를 생명처럼 중요하게 생각 해야만 천하대권을 장악하고 또한 지킬 수가 있다. 이러한 권위와 세도는 주인공이 천명 상에서 가지고 있는 편관의 강도와 비중에 의해서 좌우되고 결정된다고 보면 정확하다.

✱ 사주가 총검을 휴대하지 못한 무사격이라면 뒷골목의 왕초에 불해

겁재의 성정은 한마디로 강자 앞에서는 순종하면서 유순해지나 약자 앞에서는 강해지면서 한없이 성깔을 부리고 까칠함을 나타내는 상대적인 이중성을 가진다. 이렇게 겁재는 물론 모든 것들이 상대적인 이중성을 가진다는 사실이 음양의 진리이고 이치다.

그러므로 사주가 총검(劫財)을 휴대한 무사(偏官)의 격이라면 직업적으로 보았을 때 총검을 사용하는 군인, 경찰, 무관, 경호관이나 보안수사관 또는 서슬이 퍼런 권력무대로 진출하는 것이 천부적인 재능을 발휘할 수 있어 출세의 지름길이라 할 것이다.

그러나 사주가 총검(劫財)을 휴대하지 못한 무사(偏官)의 격이라면 사냥터에서 총검을 잃은 포수처럼 무용지물이기에 맨손과 주먹을 쓸 수밖에 없게 된다.

이렇게 총칼이 없이 맨손과 주먹을 휘두르는 뒷골목의 왕초가 됨으로써 주인공은 온갖 행패와 폭력을 일삼게 되니 무수한 적과 원한들이 만들어져서 목숨이 위태로워지고 결국에는 법의 심판과 형벌을 면하기 어렵게 되는 것이다.

9. 안하무인의 겁탈자에게 은혜와 자비를 베풂은 우이독경

안하무인의 겁탈자이자 무법자에게 은혜와 자비를 베풀어본들 우이독경이기는 마찬가지이다. 무법자에게 푸짐한 먹을거리로 대우를 해주고 칭찬과 관용까지 베풀어준다면 무법자가 기고만장해

지고 안하무인으로 거들먹거릴 것은 당연지사다.

겁탈자인 겁재와 의식주를 베풀어주는 정인이 동시에 등장해 있다함은, 자나 깨나 어머니로써 정인(正印)이 의식주를 베풀어주는 진정한 대상은 주인공(日干)이지만 겁탈자인 겁재가 나타나 있음으로 인해서 주인공에게 베풀어지는 의식주를 겁재가 강제로 겁탈을 해 빼앗아 가버리는 꼴이고 형국이다.

이렇게 주인공의 것을 도적인 겁재가 가로채감이니 도적은 통통하게 살이 찌는 반면에 주인공은 배를 굶주릴 수밖에 없음이다. 그러기 때문에 도적(劫財)을 기르게 되는 정인(衣食住)의 역할이 부질없는 헛수고이고 괴로움과 고통을 만들고 키워내는 기피대상인 기신(忌神)이라 할 것이다.

✱ 정인은 자비와 덕성을 함께 길러주는 인성의 별

음양이치의 진리는 상대적인 이중성을 가진다는 사실을 우리는 알아야 한다. 예컨대 어머니로써 정인(正印)이 베풀어주는 의식주는 단순한 의식주만이 아니라 자비와 덕성도 함께 길러주는 가르침(敎)과 깨우침(覺)이라는 인성(印星)의 별이다.

그래서 정인이 베푸는 의식주가 겁재에게 포악한 주먹과 용기만을 길러주는 것이 아니라 또한 동시에 자비와 덕성은 물론 슬기로움과 지혜도 함께 길러준다는 점이다.

이렇게 어머니로써 정인의 역할과 감화작업이 매일매일 계속 되풀이되는 동안 겁재는 약간씩이나마 부드러워지고 너그러워져 인자해지고 원만한 성품으로 교화가 되어가게 되는 것이다.

허물을 벗듯 새롭게 탈각된 겁재는 법과 질서를 존중하고 무법자를 단속하고 교화시키는 도덕의 기수로써 비범한 역량과 재능을 발휘할 수가 있게 되는 것이다.

그러기에 교양인으로 다시 태어난 겁재는 법질서를 다루는 호법청의 요직과 최고상부직에 올라 명성을 날리게 된다. 그래서 겁재와 정인이라는 이러한 천명을 함께 소유한 자는 사회정의와 도덕교화를 선양하는 언론, 교육, 종교계의 중추적인 역할을 하는데 비범한 재간과 수완을 발휘할 수가 있게 되는 것이다.

✱ 정인은 의식주를 베풀어 주는 자비로운 은덕 갖춘 어머니의 별

사주를 분석해서 운세를 점검할 때에 겁재는 무법자로 비유하고, 정인(正印)을 의식주로 비유해서 분석하면 분석예측에 대한 결과의 유효성을 높일 수가 있다.

그런데 겁탈자인 겁재와 의식주를 베풀어주는 정인이, 사주나 연운에서 동시에 나타난다면 어떠한 현상이 나타날 것인가를 생각해 볼 필요가 있다. 예컨대 주인공의 재물과 생명을 겁탈하는 도적(劫財)에게 의식주를 베풀어주는 정인이 등장했음은 그 도적을 더욱 살찌게 하고 포악해지게 하며 거대해지게 만들 것임은 필연적인 사실이기 때문이다.

✱ 덕화(德化)에 대한 성취척도는 정인의 질량에 정비례해

교양인으로 탈각하는 겁재의 교양과 개화의 정도인 덕화(德化)에 대한 성취척도는 정인의 질량에 정비례함이니 이에 대한 정확한 관찰이 필요하다. 예컨대 사주에 정인(衣食住)이 왕성하면 겁재를 감화시키는 속도와 발전도 그만큼 크고 비범해지기 마련이다.

그러나 사주에 정인이 빈약하고 허약하다면 겁재를 감화시키는 속도가 그만큼 느리고 작다는 점을 알아야 한다. 그러므로 겁탈자인 겁재를 긍정적인 방향으로 변화시키는 관건은 정인(의식주)의 풍부한 질량과 깊은 상관성이 있음이다.

그런데 정인을 생조(生助)해주어 도와주는 기운은 관성인 칠살이다. 그래서 10년 대운과 1년 연운이나 1달 월운에서 관성운(官星運)이 들어오거나 정인의 12운성 상에서 왕지(旺支)에서 크게 발신(發身)되어서 크게 발전할 수가 있음이 당연한 이치다.

이러한 관성의 운에 관계나 사법계에 진출을 하게 된다면 겁재에게 공급할 정인을 충분히 자급자족할 수가 있기 때문에 크게 성장 발전하고 출세하여 명성을 날릴 수가 있게 되는 것이다. 이렇게 모든 것이 때가 있는 법이니, 세상 사람들이 모두다 그 때인 천시(天時)를 알려고 노력하고 그러함의 이치를 터득하려함이 아니겠는가?

거꾸로 정인을 내치듯 극(剋)하는 재성(財星)이 나타나면 겁재가 자신의 용맹성을 떨치면서 크게 출세는 할 수 있다. 그러나 이럴 경우에는 재성에 의해서 동시에 어머니의 기질을 가진 정인(德性)이 만신창이가 되기 때문에 자신의 명성에 똥칠을 하는 꼴이 됨이니, 출세에 따른 종말은 인격유린은 물론 커다란 상처를 입게 된다고 분석할 수가 있다.

✱ 운세분석에서 겁재는 이복형제로 편인은 서모(庶母)로 비유돼

사주분석에서 겁재는 이복형제로 비유하고, 편인(偏印)을 서모로 비유하면 분석의 유효성을 높일 수가 있다. 그래서 사주분석에서 겁재는 이복형제이고 편인을 서모로 분석하는 것이다. 이복형제인 겁재는 냉혹하게 주인공의 모든 것을 겁탈하려고 항상 노리고 있다. 한편 서모에 해당하는 편인은 늘 주인공에게 인색 비정 냉정 편굴하게 대함을 그 특징으로 한다.

이렇게 겁탈해 빼앗아가려는 겁재(異腹兄弟)는 냉혹함이 특징이고, 베풀고 나누어 주어야할 입장인 편인은 냉정하고 박절하기 때문에 주인공이 늘 사고무친(四顧無親)의 형국에 처해있는 셈이다.

예컨대 편인이라는 서모의 친아들이 이복형제(劫財)에 해당하는 셈이니 편인과 겁재라는 이들 둘의 관계는 늘 단짝이고 한통속이다.

10. 겁재와 편인의 동시등장 시기는 일에 막힘이 많아 매사불성

✱ 겁재와 편인이 동시 등장한 운세라도 재성과 관성이 왕성하면 크게 출세해

음양이치의 진리는 상대적인 이중성을 가진다는 사실을 알아야 한다. 예컨대 겁재와 편인이 동시에 등장해 있어도 재관성(財官星)이 왕성하고 유력하다면, 오히려 재관성(財官星)이 겁재와 편인을 애용하면서 주인공을 유능한 인재로 발탁 기용하기 때문에 크게 출세 할 수도 있음이다.

　속담에 돈이면 귀신도 순종한다는 말이 있다. 즉 재산이 많으면 그 돈으로 저승사자나 귀신도 굴복시키고 최고의 권력도 순종시킬 수 있다는 논리다.

　주인공이 권력이 추상같이 높고 돈이 많으면서 동시에 인심이 후하게 되면 서모와 이복형제라고 해도 감히 주인공을 등지고 외면하면서 시기질투를 할 수가 없음도 또한 세상의 상식적인 논리이고 이치인 것이다.

✻ 운세가 겁재와 편인이 동시등장하면 불안초조하고 일에 막힘이 많아

　겁재와 편인은 주인공에게 뭔가 기회가 주어지려하거나 기쁜 소식이 있을 만하면 서모(偏印)가 방해를 해서 허탕을 치게 만들어 버린다. 또 주인공에게 돈이 생겼다하면 이복형제인 겁재가 나타나서 가로채가 버리고 만다.

　이렇게 서모의 모자인 둘이서 설치는 등살 때문에 주인공이 하는 일마다 매사불성(每事不成)이고 적자투성이니 견딜 수가 없는 어려운 처지에 놓이게 되는 셈이다.

　살아가는 과정에서 배운바 대로 주인공도 비정, 편굴, 간사함에 능하게 됨은 물론 시기질투를 일삼게 된다. 때문에 이러한 사주를 가진 주인공은 자신의 환경이 냉혹하고 빈궁하기 때문에 인정사정 볼 것 없이 눈치껏 겁탈을 하게 되고, 결과적으로는 주먹으로 구걸을 할 수밖에 없는 자포자기의 상태로 전락되고 마는 것이다.

제4장

식신운세기간의 육신별
운세판단과 성공처세술

식신운세기간의 육신별
운세판단과 성공처세술

1. 식신은 열매 맺는 참꽃이고 상관은 열매를 못 맺는 헛꽃

✽ 식신은 천연과일의 의식주

소중한 의식주를 선천적으로 사주에 가지고 태어남을 나타내주
는 것이 육신들 중에서 바로 식신의 별이다.

그래서 식신이라는 별을 만인이 가장 부러워하는 으뜸가는 행운
의 별이라고 여긴다. 식신은 하늘의 은총과 은공을 듬뿍 받고서 태
어남을 상징하는 별이고 운이다. 그래서 식신은 주인공이 이 세상
에 태어나면서부터 죽을 때까지 뭔가를 통해서 주인공에게 의식주
를 베풀고 보살피는 역할을 충실히 하는 성정을 갖는다.

주인공이 어릴 때에는 부모가 주인공을 기르고 가르치기 때문에
하늘은 식신을 통해서 그 부모에게 풍부한 물질과 재산인 재성을
베풀어준다.

✱ 식신은 꽃과 열매를 맺는 참꽃이고 상관은 열매를 맺지 못하는 헛꽃

한편 식신은 소원성취의 별이므로 자기의 재능을 바라는 대로 발휘할 수 있는 절호의 기회이다. 동시에 식신은 시행착오가 없이 열매가 맺히고 맺힌 결실을 수확할 수 있는 만능의 보물단지이자 돈방석이다.

예컨대 육신 중에서 상관(傷官)은 꽃을 화려하고 만발하게 피우지만 열매를 맺지 못하는 헛꽃에 불과하므로 재성(財星)이 있어야만 돈을 벌어서 재물을 취할 수가 있다.

그러나 식신은 꽃을 피움과 동시에 열매도 함께 맺게 하는 참꽃에 해당하므로 재성이 없더라도 스스로 돈을 벌수가 있음이다. 그래서 식신은 재성과 관성(官星)을 부러워하지 않고 오히려 그들을 능가하는 부(富)를 얻게 됨이다.

이렇게 식신은 무엇이든 바라고 소원하는 대로 이뤄지는 만능재주꾼이기에 일자리를 얻거나 부자가 되는 것도 자유자재다. 그래서 대운이나 연운 또는 월운에서 식신의 운세가 도래하면 생각하던 일들이 척척 이루어지는 것이다.

따라서 사주에 겁재가 식신을 가지게 되면 어떠한 경우에도 가난하고 굶주릴 이유가 없게 된다. 이렇게 식신을 가짐으로써 의식주가 풍요로운 겁재는 자기가 가지고 있는 힘과 용맹성을 좋은 방향으로 유용하게 활용함으로써 대망을 이룰 수가 있게 된다.

그래서 식신을 가진 겁재는 식신을 지극정성으로 보살피고 생산성을 극대화시킴으로써 권력을 이용해 부를 축적하고 사회기강을 바로잡는 역할과 국가를 수호하는 간성으로써 능수능란한 소질을 발휘함으로서 그 명성을 떨칠 기회가 주어져서 크게 출세하게 됨이다.

✱ 식신은 재물의 기운을 늘어나게 하는 주체

사주분석에서 식신을 표현함에 아생자자손(我生者子孫)이라 한다. 즉 내가 낳은 사람이 자손이라는 의미에서 이를 식신이라 표현함인 것이다. 사주의 육신분석에서 식신과 상관은 내 몸(自身)의 기운을 빼앗아 가는 상대다. 그러나 식신과 상관이 주인공에게 재물의 기운을 늘어나게 하는 주체이기도 하다.

식신과 상관의 운세기간에는 재물이 들어오는 기간이다. 그런데 이런 재물의 기운이 재생관(財生官)을 해주어서 벼슬과 직업의 별인 관성을 돕는 역할도 한다.

여자의 경우에 식신과 상관은 자기 몸에서 낳은 아들(傷官)과 딸(食神)들인데 자식은 성숙한 여자의 자궁에서 이뤄지는 여자의 정화(精華)이자 열매다. 그래서 여자의 사주천명에서 자식은 식신과 상관으로 분석하면 오차가 없다.

사주분석에서 주인공 자신인 일간(日干)이 어떤 다른 오행을 생조(生助)해 주는 것으로 음양이 동일하게 같은 경우가 바로 식신에 해당한다. 태어난 날인 일진(日辰)의 천간(天干)이 일간(日干)이다.

예컨대 일간(日干)이 갑(甲)일 때에 병(丙)이 식신이다. 일간(日干)이 을(乙)일 때에 정(丁)이 식신이다. ……중략……, 일간(日干)이 계(癸)일 때에 을(乙)이 식신이다. 즉 갑목(甲木)의 일간자신(日干自身)이 병화(丙火)를 만나서 목생화(木生火)로 생(生)해 주는 관계가 바로 식신인 것이다.

日干	甲	乙	丙	丁	戊	己	庚	辛	壬	癸
食神	丙	丁	戊	己	庚	辛	壬	癸	甲	乙

✱ 식신은 하늘의 은총과 은공을 듬뿍 받고 태어남을 상징

이것이 바로 식신생재(食神生財)함이다. 즉 식신이 재성을 생조(生助)해서 재물의 기운을 왕성하게 해주는 것이다. 그래서 식신의 사주를 가진 자식을 둔 부모는 자식의 덕으로 잘살 수 있게 되는데 이는 하늘의 귀공자인 주인공에게 호의호식을 시키도록 천명으로 그의 부모에게 물질적인 풍요로움이 대신 베풀어짐이니 이것이 천지신명의 뜻이다.

식신은 육신들 중에서 소원성취의 운기를 지닌 하늘의 은총인 셈인데 여기에서 식신의 역할과 기능에 대해서 알아보기로 하자. 식신의 별을 갖게 되면 주인공이 먹보처럼 먹고만 살 수는 없으므로 발전하고 출세를 하기 위해서 많이 배우고 알 수 있도록 기회를 제공하게 된다.

주인공이 배움을 얻기 위해서는 좋은 은사를 만나야 함인데 명사(明師)를 만날 수 있는 기회를 하늘과 신명이 자연스럽게 제공해 줌이 식신의 역할이다. 아울러 성장기에 있어서 이런 교육과정에서 필요로 하는 비용은 모두다 부모를 통해서 풍족하게 주인공에게 제공되게 되므로 주인공이 가지고 있는 식신의 별은 부모를 풍족하게 하는 속성을 지닌다.

✱ 식신의 천명은 뜻하고 소망하는 대로 이뤄져

　주인공이 육체적 정신적으로 다자라 성인이 되어 부모슬하를 떠나 독립을 하게 되면 이제부터는 직업과 직장을 통해서 하늘의 은총이 베풀어지게 하는데 이 또한 식신의 기능이다. 이렇게 식신의 별을 갖고 있는 주인공은 학교를 졸업하고 사회에 첫발을 디디자말자 그가 원하는 직장이 대기하면서 환영을 한다.

　그래서 식신을 가진 천명은 뭐든 뜻하고 소망하는 대로 만족할만한 직장이 알선됨은 물론 직장상사도 주인공을 귀공자 취급하면서 호의호식을 베풀어주게 된다. 식신이라는 천지신명은 주인공의 직장생활이 원활하고 풍요롭게 되도록 선택한 직장(企業)이 승승장구해 발전할 수 있도록 해줄 것임은 당연지사다.

2. 식신은 신왕자에게 절호의 찬스이자 황금보물섬

　의식주를 생산하는 재능과 자연을 생산수단이라고 하고 천연적인 생산수단을 식신이라고 한다. 그래서 사주에 식신을 가진 사람은 평생 먹고살 수 있는 의식주의 생산수단을 천부적으로 타고났음을 의미하는 것이다.

　주인공이 제아무리 재능이 탁월해도 기회가 없다면 그 재능은 무용지물이다. 식신은 언제 어디서고 가능한 의식주의 생산수단이다. 식신이 바로 천부적으로 타고난 기회인 셈이다. 그래서 식신을 가진 자는 의식주를 얼마든지 생산해낼 수가 있기 때문에 재능도 자유자재로 발휘할 수가 있게 되는 것이고 평생을 자기의 소망하는 바대로 살 수가 있을 뿐만이 아니라 무병장수를 할 수가 있음인 것이다.

가지고 태어난 사주에 제아무리 재능이 있고 기회(食神)가 있다고 하드래도 주인공이 원하는 대로 움직이려면 동력에 해당하는 힘이 있어야한다. 예컨대 주인공이 병들어 늙었다거나 유약한 어린애들처럼 힘이 히약하듯이 사주가 신약하다면, 재능이 있고 절호의 찬스와 기회가 주인공의 앞에 찾아온들 그림의 떡처럼 아무런 소용이 없게 됨이니 무용지물인 셈이다.

사주에서 식신은 건전하고 왕성한 신왕함을 전제조건으로 하는 것이다. 주인공의 사주가 신왕해서 왕성하고 건전해야만, 원하는 대로 움직이며 찾아오는 기회에 재능을 충분히 발휘할 수가 있는 것이다. 그래서 신왕한 사주를 가진 자에게 있어서 식신은 더 없는 황금의 보물단지이고 보물섬인 셈이다.

✹ 식신의 운세는 소원성취의 푸른 신호등이므로 일을 도모하면 성공해

이렇게 목생화(木生火), 화생토(火生土), 토생금(土生金)처럼 상생에서 이뤄지는 식신은 전진, 활동무대, 기회 등을 의미한다. 사주에서 주인공인 일간(日干)을 자동차에 비유한다면 식신은 바로 차가 운행하는 도로, 푸른 신호등인 청신호, 능력발휘의 좋은 찬스인 호기라 할 것이다.

식신은 능력만 있다면 언제든지 마음 놓고 능력을 발휘할 수 있으며, 능력발휘만 하면 언제든지 소원대로 성취되는 특징을 갖는다. 그래서 식신의 성정은 억지로 욕심을 부리거나 무리하게 집착을 하지 않음이 그 특징이다.

그래서 장사꾼의 경우에도 식신은 투자에서 저절로 소득이 생기기 때문에, 투기는 일체하지 않고, 가장 안전하고 보장된 투자만을 하기 때문에 실패, 수난, 풍파가 없음을 특징으로 하는 운기이고 운세라 할 것이다. 이러한 식신의 성정을 정리해보면 다음과 같이 정리될 수가 있다.

① 식신은 운질의 특성상 의식주, 가산, 복록, 풍만함을 나타내는 길성(吉星)이다. 성정이 총명, 준수, 명랑, 예의가 있고, 먹기를 잘하여 신체가 비대하며 인덕은 있으나, 식신과 상관은 재성을 생하여 살려주기 때문에 호색가(好色家)의 경향이 있음을 알아야 한다.

② 사주에 식신이 과다하게 많을 경우에는 성정이 우유부단하고 신체는 허약하며 부모와 자식의 덕이 없고, 여자는 화류계로 흐르기 쉬우며 색정이 강하다는 점을 간과해서는 안 된다.

③ 식신이 많아서 신약사주가 되면 자식의 복이 없고, 여자는 호색으로 과부나 첩의 노릇을 할 수도 있음이니 주의가 필요하다.

✱ 식신이 빈약한데 일주(日柱)까지 신약하면 개판형국과 질병천국

한편 사주에 식신(의식주)이 허약한데 동시에 일주(日柱)마저 신약하여 허약하다면 이는 보통문제가 아니다. 이는 주인공이 의식주가 부족하여 아랫사람들에게 대우가 부실한 터에 설상가상으로 주인공이 인정머리가 없이 인색하고 아량이 없으며 편견과 고집이 강할 뿐만 아니라 냉정하고 버럭버럭 화를 잘 내니 아랫사람들이 순종하면서 충실할 리가 없는 형국이다.

가진 게 없으면 성정머리라도 좋아야할 판에 이도 저도 아닌 개판형국인 셈이다. 주인이 이러하니 부하들이 수단방법을 가리지 않고 대결구도를 만들고 정당한 대가를 요구하는 시위를 벌이면서 난동을 부리니 재난이 끊이지를 않고 직장폐업과 패가망신으로 가는 지름길인 것이다.

이렇게 주인공이 가진 것도 없으면서 성정머리까지 나쁘기 때문에 어디를 가나 환대받지도 못함은 물론 왕따까지 당하게 되는 신세이니 가난과 질병으로부터 영원히 벗어날 수 가 없다.

✻ 식신이 빈약해도 신왕하면 도량과 포용력이 넓고 통솔력이 능수능란해

사주에 식신(의식주)이 허약해도 일주(日柱)가 신왕하여 왕성하다면 도량, 포용력, 통솔력 등이 넓고 좋아서 부하들을 능수능란하게 다룰 수가 있다. 예컨대 아랫사람을 다스림에 돈이 없더라도 주인공이 슬기롭고 덕성이 두텁다면 능히 부하들을 다스릴 수가 있기 때문이다.

이런 경우 부하들이 비록 반항과 배신은 할 수가 없다 손치더라도 그렇다고 대접이 야박한 주인에게 순정을 다 바쳐 가면서까지 열성을 쏟지는 않을 것임은 분명하다.

그러나 이러한 천명사주자가 대운이나 세운에서 식신운이 왔는데 동시에 12운성 상에서 식신이 왕성한 왕지(旺支)에 이르면 돈바람이 불어 의식주가 풍부해진다. 이때 비로소 주인공은 아랫사람들에게 후한 대접과 대우를 하게 되니 부하들 또한 주인을 극진히 섬기고 공경함으로써 주인의 권위가 상승되고 명성도 날리면서 출세가도를 달리게 되는 것이다.

3. 식신이 용이면 만사형통하나 식신이 체이면 죽음의 함정

사주에 식신이 용(用)으로 작용할 경우에는 일간(日干)이 왕성하면 식신은 용(用)이 되어 주인공에게 기쁨을 주는 천명이다. 왕성한 일간(日干)은 성숙한 장정이기에 능력을 발휘하는 식신이 반가운 기회이자 청신호가 된다.

그러므로 사주에 식신이 용(用)이 되면 왕성한 재능을 발휘하는 만큼의 호기로서 만사가 순리대로 형통하고 성취되어서 소원하는 대로 이뤄질 수도 있는 천명의 소유자다.

그러나 사주에 식신이 체(體)로 작용할 경우에는 일간(日干)이 허약함이고, 식신이 왕성하면 식신이 체(體)가 되어 주인공에게 슬픔을 안겨 주는 천명으로 판단 한다.

뛰고 달리기를 좋아하는 식신은 죽음의 함정이자 유혹이기에 움직였다 하면 유혹이나 함정에 빠진 생쥐처럼 돌이킬 수 없는 실수와 재난(災難)을 겪게 되는 천명이다.

그러므로 식신이 체(體)가 되는 사주는 천성이 성급하고 욕심이 과대하여 투기와 모험을 즐기고 평생 동안 수난, 실패, 풍파가 많을 천명인 것이다.

따라서 식신이 체(體)가 되는 경우에 이는 붕어낚시채로 고래를 낚아 잡으려는 무모한 투기이자 허욕이라 할 것이다. 그러기에 식신이 체(體)가 되는 경우는 고기를 낚는 게 아니라 고기에게 오히려 낚이는 격이 되는 운세의 형국이라 할 것이다.

또한 자칫하면 일락 천장하는 위기와 함정에 빠지기 쉬우니 만사를 서둘지 말고 항상 차분하게 실력을 기르고 때를 기다리는 마음이 절대적으로 필요한 천명이라 할 것이다.

그러나 가지고 대이난 사주 자체가 신약자인데 대운에서 신강운으로 변해 옮겨 갈 경우에는 식신이 오히려 용(用)이 되고 호기를 맞이함이니 평생에 기다리던 소원을 성취할 수가 있는 절호의 찬스라고 할 것이다.

✽ 식신과 식신은 2개의 쌍 젖꼭지의 관계로 비유돼

사주분석에서 식신은 젖꼭지로 비유될 수 있다. 그러므로 식신과 식신의 관계는 쌍둥이처럼 등장한 2개의 쌍 젖꼭지로 관찰하면 유익할 것이다. 예를 들어 식신과 식신이 동시에 등장해서 나타나면 어떠한 현상이 나타날 것인가를 생각해 볼 필요가 있다.

식신은 천지신명이 베풀어준 천연과실이자 의식주를 공급해주고 꿀단지로 연결해주는 젖꼭지에 해당한다. 그런데 식신이 또 다른 식신을 본다는 것은 2개의 꿀단지와 2개의 젖꼭지가 나란히 쌍둥이처럼 나타난 격이므로, 주인공(日柱)이 2개의 젖꼭지를 물고 있는 셈이다.

세상만사 살아가는데 꿀단지로 연결된 1개의 젖꼭지만 물고 있어도 충분할 것인데 어찌하여 2개의 젖꼭지를 물고 있음인가를 살펴보자. 그 이유는 꿀단지에 들어 있는 양이 적어서 젖이 제대로 잘 나오지 않기 때문일 것이다.

예컨대 1개의 젖꼭지로 삶을 유지하기가 부족하다면 반드시 새로운 젖줄을 찾아야만 한다. 바꿔 말해 본래 가지고 있는 직장의 월급이 최저임금으로 생활이 곤란할 경우라면 파트타임인 시간제로 또 다른 일자리를 찾는 경우와 다를 바가 없음이다.

이렇게 천연적으로 주어진 2개의 젖꼭지를 가지고도 충당해야할 양이 부족하게 되면 주인공(日柱)은 머리를 돌리고 여타의 방법을 써서 인공적으로라도 의식주인 젖을 생산해내야만 하는 처지에 놓이게 된다.

4. 식신과 편인 편관 재성 용신 공망의 상호관계에서 나타나는 운질

✱ 식신과 편인의 상호관계에서의 운질

① 편인(偏印)이 식신(食神)을 극(剋)하면 고생이 많음을 뜻하여 곤고(困苦)하고 단명하며, 특히 여자의 경우는 공방살이를 하거나 산액이 있다.
② 식신이 있고 편인이 많으면 굶어 죽는다.
③ 식신과 편인이 같이 있으면 큰 재액을 당한다.
④ 시주(時柱)에 식신과 편인이 같이 있으면 어려서 젖이 부족하다.
⑤ 식신이 많은데 편인을 만나면 식중독을 일으키거나 위가 허약

하여 음식물을 제대로 먹지 못한다.

⑥ 식신이 겁재 편인과 같이 있으면 주로 단명해진다.

✱ 식신과 편관의 상호관계에서의 운질

① 식신이 많고 편관(偏官)이 지지(地支)에 암장되어 있으면서 대운이 불길하면 신체가 허약함이 문제다.

② 식신이 편관과 같이 있으면 고생하지만, 식신과 편관과 같이 있으면서 양인(羊刃)을 만나면 큰 인물이 되는 천명이다.

✱ 식신과 재성의 상호관계에서의 운질

① 식신과 재성(財星)이 있고 신왕하면 윗사람의 사랑을 받아 성공한다.

② 신강사주인데 식신과 재성이 있으면 여러 사람의 도움을 받아서 일을 성공적으로 이끌고 여자 복도 있는 천명이다.

✱ 식신과 용신의 상호관계에서의 운질

① 식신이 용신(用神)으로 비견, 겁재가 많아 신강한 사주라면 재관(財官)이 있는 것보다 더 낫다.

② 식신이 용신인데 편인(偏印)에 의하여 파극(破剋)을 당하면 신체가 작고 추하며 평생에 곤란이 많거나 단명하며, 여자의 경우는 산액이나 독수공방을 하기 쉬우며 어릴 때에는 젖이 부족하기 쉽다.

✻ 식신과 공망의 상호관계에서의 운질

① 식신이 공망(空亡)이나 꺼리는 대상인 기신(忌神)이 되면 직업이 없거나 한직 등으로 돌아다니고 재물에 관심이 적은 천명이다.

② 식신이 12운성에서 사(死), 절(絶), 묘(墓), 병(病), 목욕(沐浴) 등이 있게 되면 자신을 극하듯 극자(剋自)하고, 식신이 형충(刑沖)되는 사주라면 어머니와 이별하는 천명이다.

✻ 식신의 소재에 따라 식신의 성정이 달라

① 사주의 연천간(年天干)에 식신이 있고 지지(地支)에 비견이 있다면 경제적으로 윤택하고 귀인의 도움을 받는 천명이다.

② 사주의 월주(月柱)에 식신이 있고 사주가 신왕, 신강하면 식성이 좋아 먹는 것을 밝혀 비대하고 명랑하며 낙천적인 천명이다.

③ 사주에 식신이 있고 태어난 날인 일지(日支)에 정관이 있거나, 태어난 달인 월지(月支)와 태어난 시각인 시지(時支)에 건록이 있는 사주라면 대부(大富)하고 대귀(大貴)하는 천명이다.

④ 사주의 식신이 태어난 날인 일지(日支)에 있으면 지혜로운 현처(賢妻)를 얻는다.

⑤ 여자사주의 식신이 태어난 시각인 시주(時柱)에 있는데, 시지(時支)에 건록과 제왕이 같이 있으면 자식이 크게 부귀 한다. 그리고 남자사주의 식신을 비견과 겁재가 생하여 주면 부귀할 사주다.

5. 신왕자에게 비견과 겁재는 눈에 가시처럼 괴로운 장애물

✱ 사주에서 식신이 식물의 꽃이라면 비겁은 나뭇가지와 나뭇잎

　사주 자체나 또는 대운이나 세운 등에서 식신과 비겁이 동시에 나타나면 어떠한 현상이 나타날 것인가를 생각해 볼 필요가 있음이다. 나무에 비유해서 볼 때에 식신은 꽃에 해당하고 비견과 겁재를 합쳐서 부르는 비겁(比劫)은 가지에 해당한다 할 수 있다.

　나무의 가지들이 꽃을 기뻐하고 좋아하듯이 마찬가지로 꽃들도 가지를 반기며 좋아한다. 나뭇가지는 뿌리에서 공급해주는 정기(精氣)를 먹고 살듯이 꽃도 나뭇가지가 공급해주는 정기를 먹고 산다. 그러므로 꽃은 정기의 정화(精華)이고 재능이며 조화인 것이다.

　꽃을 만발하여 피우려면 가지가 무성해야한다. 그러나 가지가 너무 지나치게 무성해지면 뿌리에서 공급해주는 정기가 딸려 정기부족현상이 나타나 오히려 가지도 시들게 되고 꽃도 역시 함께 시들게 된다. 그래서 꽃(食神)은 가지(比肩)를 좋아하지만 여러 개로 무성한 가지(比肩)를 싫어하고 두려워하는 것이다.

✱ 사주가 신왕자에게 비견과 겁재는 눈에 가시처럼 괴로운 장애물

　사주에 비견과 겁재가 많음은 주인공(日柱)의 힘이 강하고 왕성함이니 사주가 신왕함이다. 이렇게 사주가 신왕한 자에게 있어서 비견과 겁재는 주인공(日柱)에게는 눈에 가시처럼 늘 괴로운 장애물인 것이다.

그러나 사주가 신약한 자에게 비견과 겁재는 오히려 큰 부축이 되고 힘이 된다. 예컨대 주인공(日柱)의 입장에서 생산수단인 식신은 있어도 힘이 허약하거나 없어서 놀리고 있는 터에 형제지간인 비견과 겁재가 달려들어 주인공(日柱)의 식신(生産手段)을 활용해서 의식주를 생산해 낸다면 오히려 잘된 일이고 그로 인해 주인공(日柱)과 비겁이 서로 오붓한 생활을 할 수가 있음이다.

　즉 신약한 주인공(日柱)에게 의지하려고 찾아와준 형제지간과 사회 친구가 거꾸로 생산 활동에 참 일꾼으로 동원되어서 함께 상부상조를 하고 의지를 하게 되는 격이니 합심하며 화목함을 누릴 수가 있음인 것이다.

　그래서 신약한 사주에 비겁이 많으면 선천적으로 인덕이 많아 어디를 가나 친구가 생기고 협조자와 동조자가 생겨서 동업으로 큰 이득을 얻게 되어 결과적으로 치부도 할 수가 있게 되는 것이다. 여기에서 비견과 겁재로서 동원되는 동업자 관계는 주인공(日柱)의 입장에서는 위탁경영을 시키는 소작농이나 대리점의 상호관계로 이해될 수도 있다.

✽ 식신의 입장에서 보면 비견은 편인(季母)이고 겁재는 정인(生母)에 해당

　예컨대 나뭇가지에 모든 정기를 빼앗겨버리면 꽃이 시들어 버리듯이, 비견(가지)의 수가 많아지게 되면 식신(꽃)도 그 정기와 원기를 비견에게 빼앗기고 도둑맞아 잃어버려서 무기력해질 수밖에 없게 된다.

　식신의 입장에서 식신을 위주로 보면 비견은 편인(季母)이고 겁재는 정인(生母)에 해당된다. 편인(季母)은 무정하고 냉혹하지만 정인(生母)은 다정다감하다. 그래서 식신의 입장에는 비견보다는 겁재를 반기고 기뻐하게 되는 것이다.

주인공(日柱)을 위주로 보면 비견과 겁재는 식신이(生産手段)라는 의식주와 기회를 반분(半分)하여 절반으로 나누어 갖는 관계다. 그리고 비견과 겁재의 관계는 필연적으로 서로 상속을 독점하려는 투쟁의 문제가 발생되이 매사에 간섭과 시시비비 그리고 분쟁이 끊임없이 일어나게 되어 있다.

속담에 고래싸움에 새우 등터진다고 비견과 겁재의 싸움 때문에 식신이 한신(閑神)으로 밀려나게 되니 식신과 주인공(日柱)의 밀접했던 관계에 틈(Gap)과 벽이 생겨나기 시작한다.

예컨대 주인공(日柱)이 싸움질하는 비견과 겁재를 견제하는데 신경을 곤두세우다 보니 정녕 신경을 쓰고 머리를 써야할 식신(生産手段)에 전력을 투구할 수가 없게 된다. 이렇게 주인공(日柱)이 견제와 생산을 함께하다 보니 생산성이 떨어짐은 물론이고 힘의 헛된 소모와 낭비가 불가피해지는 것이다.

그래서 부모로부터 물려받은 재벌기업이 2대 이상으로 내려가 3대에 이르게 되면 비겁(가지)에 해당되는 자손의 수가 방대해져서 후손들 간의 상속 독점을 위한 투쟁과 견제에 정신이 팔려 정작 기업의 생산성은 떨어지고 외적 경쟁력이 약화되어 어려움에 처하는 경우와 다를 바가 없음이다.

6. 식신과 상관이 함께 있으면 변화풍파가 심하고 신경과민

농사든 공장이든 한쪽으로 충분하면 다른 한쪽은 버릴 수도 있으련만 그렇지가 못하기에 어쩔 수 없이 2개의 짐을 실은 지개를 지고 있는 형국이다. 이렇게 2개의 지개와 멍에를 지고 2곳으로 나누어 2배의 노동을 하고 있음이니 심신이 피로해 과로함은 물론 능률도 또한 오르지 않음이다.

그래서 천연생산수단(天然生産手段)인 식신과 인공생산수단(人工生産手段)인 상관이, 사주나 대운, 연운 등에서 동시에 나란히 나타나게 되면 어떠한 현상이 나타날 것인가를 생각해보자.

식신과 상관이 동시에 나타나는 이런 때에는 이 일도 저 일도 모두가 시원치 않기에 이럴 수도 저럴 수도 없는 형국이라 할 것이다. 이렇게 되면 신경이 과민해지고 출혈이 극심해지니 건강인들 온전할 리가 없다.

신경은 날카롭게 곤두세워지고 육신은 허약해지며 동시에 소득도 변변치 않아 부실해지니 불평과 불만만 많아지게 된다. 그래서 한 가지 일에 일관되게 매진하지를 못하고 이것저것 찔끔찔끔 손을 대어보지만 어느 것 하나 제대로 성사가 되지 않음이니 죽을 지경이다.

✽ 식신이 천연과실이라면 상관은 인공과실

사주분석에서 식신은 천연과실이고 상관은 인공과실로 비유해서 봄이 분석의 유용성을 높일 수가 있다. 그래서 식신은 천연과실이

고 호의호식(好衣好食)이지만, 상관은 인공과실이고 비호의비호식
(非好衣非好食)이다.

의식주 중에 호의호식과 비호의비호식이 함께 혼잡해서 섞여있
음은 호의호식이 부족하고 부실하기 때문일 것이다. 의식주가 충분
하고 만족해 오붓하게 살 수가 있다면 누구나 비호의비호식을 탐할
이유가 없다.

그런데 천부적으로 타고난 천연(食神)의 의식주가 빈약하고 허약
하기에 인위적으로 만들어낸 인공(傷官)의 의식주에 의지할 수밖에
없음이다.

예컨대 천연의 생산수단인 농토에 농사를 짓지만 여기에서 얻어
지는 천연(食神)의 의식주(穀物)가 빈약하기 때문에 동시에 인공적
인 생산수단인 공장도 함께 운영해 보지만 육신의 몸이 바쁘기만
할뿐 먹을거리는 충분치가 않다.

✳ 식신은 선대의 상속유산이고 상관은 자급자족한 자산

식신과 상관이 동시에 나타나면 주인공은 그림의 떡과 같은 식신
을 내던져버리고 박절하고 냉정한 상관에게 의지하고 전념을 하기
에 이른다. 식신은 선대로부터 물려받은 상속이고 유산이지만, 상
관은 스스로 만들어내는 자급자족이다.

이렇게 주인공은 물려받은 유산을 보고도 자급자족을 해야 하는
형국이니 유산상속과 관련해서 수모를 당해야함은 물론 신상에 이
변이 생길 것은 당연한 결과다.

차라리 처음부터 유산문제가 없었다면 자급자족에 전념하면서

유산 같은 것은 바라지도 않았을 것이다. 이렇게 말만 있고 실속이 없음이니 주인공의 마음인들 싱숭생숭할 수밖에 없음이다. 결론적으로 누군가가 주인공의 유산을 가로챘거나 상속관련의 문제가 발생했음을 가늠할 수가 있음이다.

식신의 입장에서 식신을 위주로 해서 본다면 상관이 겁재(劫奪)가 되는 꼴이니 분명히 주인공이 자신의 유산을 도둑맞은 것이라 할 수가 있다.

✱ 사주에 식신과 상관이 동시에 있으면 변화풍파가 심해 성공실패 반복

식신과 상관이 동시에 나타났다면 주인공이 자기 것은 빼앗기고 남의 것에 의지를 하고 있는 꼴이다. 즉 호의호식(食神)은 도둑을 맞고 비호의 비호식(傷官)으로 살아가야하니 마음이 평온할 리가 없다.

처음에는 부모의 덕으로 더운밥을 먹다가 삶의 중간에 신상에 이변이 생겨서 찬밥과 쉰밥을 먹어야 하는 신세가 되었음이니 부모생각이 간절하고 과거지사가 그리울 뿐이다.

그러므로 사주에 식신과 상관이 동시에 나타나있는 주인공은 일생을 통해서 더운밥과 찬밥이 혼잡해 있듯이 직업과 사업에 굴곡이 많음은 물론 변화와 풍파가 심해서 성공과 실패가 거듭되어 기복이 심하다고 할 것이다.

그래서 이러한 주인공은 매사에 우유부단하게 되고 주저하며 늘 2개의 갈림길에서 허겁지겁 갈팡질팡하는 신세에 놓이게 되는 것이다.

✱ 식신이 2개 이상이면 상관(傷官)으로 변해

식신이란 천연생산수단으로써 천연과실이자 풍부함이 특징인데 이러한 식신이 쌍으로 2개가 등장했음은 풍족한 의식주의 공급을 중단했음을 뜻하는 것이다. 쌍으로 2개가 등장함으로 인해서 식신이 인공생산수단으로 변한다는 것은 식신 그 자체가 변질되었거나 고장이 생겼음을 의미하는 것이다.

즉 천연과실의 부족 때문에 발생되는 인공생산수단을 우리는 인공식신이라고 할 수 있다. 이러한 인공의 식신이 바로 상관이다. 식신이 또 다른 식신을 보아서 2개의 젖꼭지인 식신이 있게 되면 이둘이 합해서 인공식신으로 변해 버린다는 것이다. 그래서 식신이 2개 이상이면 이를 상관이라고 함이다.

젖꼭지인 식신은 의식주를 생산하고 공급하는 보급관이기에 부모, 은사, 남편, 직장을 상징하고 의미한다. 그러므로 식신이 식신을 보게 되는 때에는 2개의 식신이 합해져서 상관으로 변해버림이기 때문에 부모, 은사, 남편, 직장과 관련한 인덕이 없을 뿐만이 아니라 생산수단과 기회가 여의치를 못하다고 판단을 해야한다.

✱ 사주에 식신이 2개 이상이면 이향객지하고 직장변동이 빈번해

선천적으로 타고난 사주에 식신이 2개 이상이면 젊은 시절부터 이향객지해서 부모와 떨어져서 살고 직장변동이 빈번하게 된다. 특히 타고난 사주에 식신이 2개 이상인 여자의 경우에는 결혼을 한 후에 유일한 의식주의 보급관이자 보급 처인 남편 덕이 없음이기에 신약하거나 정인(正印)의 후견인이 없다면 부부궁의 변동이 불가피하다고 할 것이다.

또한 여자사주에 식신이 많으면 부부변동이 있음은 물론 웃음을 파는 화류계(花柳界)의 여성으로 흐를 가능성이 매우 높다는 점을 명심해야 한다.

식신은 소망함을 이루는 소원성취의 별이지만 식신이 2개 이상이면 식신이 상관으로 변해버려 소망함과 만사가 뜻대로 이뤄지지 않게 된다. 그래서 추진하는 일에 막힘과 장애가 많고 되는 것이 없는 형국에 이른다.

결과적으로 2개 이상의 식신은 2~3가지의 직업과 직장을 가지고서도 의식주의 자급자족이 원활하지 못한 형국이다. 그러므로 식신이 사주에 많음은 뭐를 하든 뜻하는 대로 되는 것이 없고 실속 없이 바쁘기만 하듯 식소사번(食小事繁)하고 동분서주만 하지 모든 것이 유명무실할 뿐이다.

✻ 식신이 2개가 있어도 신왕자는 무관해

그렇다고 식신이 여러 개라고 무조건 부정적이고 나쁜 것만은 아니다. 식신은 금광이고 보물단지이고 생산 공장이다. 그러기 때문에 힘이 왕성해서 1인2역도 할 수 있는 자로써 사주가 신왕(身旺)한 자에게는 식신이 2개가 있어도 무관하다.

예컨대 사주가 왕성하듯 신왕한 자는 2개의 생산수단인 식신도 능히 감당해낼 수가 있기 때문에 2개의 식신을 모두 생산에 동원하여 활용할 수가 있다.

그러나 제아무리 사주가 신왕한 사람이라고 할지라도 생산을 2원화해서 힘을 두 곳으로 양분하게 되면 정력과 생산비가 지나치게 소모되고 낭비될 것임은 자명하기에 건강이 저해되고 수명이 단축될 것은 당연한 결과다. 그래서 과로로 피로가 누적됨은 물론 신경과민현상이 나타나 허망한 탐욕과 조급증이 초래되어 결국 평지풍파를 불러오기 십상임을 잊어서는 안 된다.

7. 식신이 생산공장이고 재성은 유통시장이기에 시장을 못 가지면 치부 못해

✽ 식신이 생산 공장이라면 재성은 유통시장과 판매시장

식신과 재성을 비교하는 사주분석에서 식신은 생산하는 공장으로, 재성은 유통시장과 판매시장으로 비유하여 분석함이 분석의 유효성을 높일 수가 있다. 식신은 생산하는 공장이고 재성은 물건을 사고 파는 유통시장과 판매시장이다. 공장에서는 물건과 상품이 만들어져 나오고 시장에서는 물건과 상품과 돈이 서로 거래되고 교환되는 곳이다.

그런데 식신(商品)이 재성(市場)을 만났다고 하면 공장에서 생산된 상품이 유통시장과 판매시장과 직간접적으로 연결되었음을 뜻한다. 이렇게 식신이 재성을 만났음은 상품이 시장에 나와서 돈과 교환이 되는 형국이니, 식신이 재물을 키우는 식신생재(食神生財)라 함이기에, 주인공에게 봄바람과 같은 순풍이 불듯이 돈바람이 불어 큰돈을 벌고 치부를 할 것임은 당연한 결과다.

그러나 시장(財星)이 없다거나 시장을 갖지 못한 상품(食神)이라면 중간의 유통업계를 통해서 거래를 할 수밖에 없음이다. 그런데 시장(財星)을 갖지 못한 상품(食神)은 유통업계에 일정한 마진을 보장해 주어야하므로 이윤이 박하고 소득이 적어짐이니 이는 단지 일만하고 품삵을 받는 단순 노동자에 불과하다는 의미를 상징하는 것이다.

이는 인력을 상품으로 거래하는 직장을 말하는 것으로 수동적인 생산에 불과하다는 것을 가리키는 것이다.

❋ 식신이 재성을 보면 순풍과 같은 돈바람이 불어 치부할 천명

그러나 반대로 주인공이 가지고 있는 시장(財星)이 허약해도 사주가 신왕하고 식신(工場)이 건전한 사람의 경우에는 시장의 수요를 자기가 원하는 대로 얼마든지 충족을 시킬 수가 있기 때문에 대운과 세운에서 재성이 겹쳐준다든지, 아니면 재성이 12운성의 왕지(旺支)에 이를 때에는 돈바람이 불어서 큰 재물을 치부하여 거부를 이룰 수도 있음이다.

육신들 중에서 식신이 가장 싫어하는 것은 편인(偏印)인데 이러한 편인을 쉽게 제압하고 제거를 해주는 것이 재성이다. 그래서 재성이 등장해서 편인을 제거해주면 식신(工場)은 안심하고 생산을 계속할 수가 있게 됨은 물론 불의에 발생될 수도 있는 어떠한 재난이라도 능히 극복할 수가 있다.

그러나 편인이라는 물건은 항상 틈만 있으면 식신을 노리고 방해하며 해치려함이기에 대운과 세운에서 편인운(偏印運)이 들어 올 때에는 생산에 걸림돌과 장애가 발생될 것을 각오하고 만반에 준비를 해야만 할 것이다.

✱ 재성이라는 시장을 갖지 못한 사주는 크게 치부를 못할 천명

시장(財星)을 갖지 못한 상품(食神)과 같은 이러한 사주는 설령 자기자본이 있다고 하드래도, 이 자본을 자신의 기업에 투자를 하는 것이 아니라, 제3자를 통해서 간접적인 투자를 하고 적은 이윤을 분배 받는 경우에 해당하므로 크게 치부를 할 수가 없음이다.

이렇게 식신을 찬스와 기회라고 한다면 재성은 자기 판매시장과 자기무대인 셈이다. 제아무리 많은 찬스와 기회(食神)를 가지고 있다고 하드래도, 마음껏 활동할 자기무대(財星)가 없다면 아무런 쓸모가 없는 무용지물이다.

예컨대 사주에 자기시장(財星)과 자기무대(財星)를 가지고 있는 사람은 언제든지 자기재능(食神)을 자유자재로 발휘할 기회를 가질 수도 있고 최고의 좋은 조건으로 거래활동을 할 수가 있다. 그러나 반대로 자기무대(財星)가 없는 사람은, 다른 사람의 무대를 빌려서 써야만 하기 때문에 매사가 피동적이고 제약된 조건하에서 비싼 수수료를 내고서 상대의 비위를 맞춰야만 하기에 소득이 적을 수밖에 없다.

그러므로 찬스와 기회가 개방되어 있고 보장된 식신유재(食神有財)나 식신생재(食神生財)인 경우와, 찬스와 기회가 제약되어 있고 불확실한 식신무재(食神無財)의 경우는 엄청나게 큰 차이를 갖는 것이다. 그렇다고 해서 식신이 저 혼자 저절로 상품을 생산해내는 것만은 아니다. 생산성을 가지려면 식신 그 자체에 힘이 있어야 하고 힘의 능력인 질량에 의해서 생산이 결정되기 때문이다.

그래서 식신이 12운성 상에서 건왕(建旺)과 함께 같이 있어 왕성할 경우에는 생산능력이 왕성하고 풍부하기 때문에 그 어떤 시장도 충족을 시킬 수가 있다. 그러나 식신이 12운성 상에서 사절태(死絕胎)와 함께 있어서 그 생산 공장자체가 늙고 병들었거나 허약할 경우에는 생산능력이 빈약하기 때문에 시장의 요구를 충족시킬 수가 없음이다.

✻ 신약사주에 식신이 허약한데 재성이 왕성하면 만사불통의 운명

식신(工場)이 허약해도 신왕한 자는 식신이 12운성의 왕지(旺支)를 만날 때에 대발한다. 타고난 사주분석에서 생산 공장에 해당하는 식신(工場)이 허약할 경우에는 생산량이 작을 수밖에 없기 때문에, 시장(財星)에서 공급량 확대의 요구와 독촉을 동시에 받게 된다.

그렇지만 허약하고 나약한 식신(工場)의 생산량이 미비함이니 무리하게라도 생산 작업을 강행을 해보지만 시장이 요구하는 수량을 충족시키기에는 턱 없이 물량이 부족할 뿐이다.

이러한 과정에서 물건을 찾는 시장과 소비자들의 빗발치는 아우성 소리가 높아지면서 점점 시장에서의 공신력이 떨어지게 되니 투자자들이 하나둘씩 이탈해가면서 외화내빈의 처지로 전락하게 된다.

이렇게 식신(工場)이 허약할 경우에는 시장의 물량을 맞추려고 무리하게 생산 작업을 하다가 보니까 기계에 고장이 잦고 심할 경우에는 기계파손이나 안전사고까지 생기게 된다.

한편 식신(工場)이 허약한 사주이면서 또한 동시에 사주가 신약한 자는 애시 당초의 처음부터 생산능력이 허약하고 빈약함은 물론 생산수단까지도 역시 미약함에도 불구하고 시장(財星)만이 거창하게 크다면 상품이 없는 시장의 파동과 또 다를 바가 없음이다.

바꿔서 말하면 주인공이 가지고 있는 시장(財星)이 외화내빈으로 겉의 덩치만 클 뿐이고 속이 텅텅 비어있는 유명무실한 존재라고 한다면 주인공은 굶주리고 가난하며 피로할 것임은 물론 헛된 탐욕과 허영에 쫓길 것은 불을 보듯 훤한 상식일 것이다.

이러한 사주를 타고난 주인공은 제아무리 동분서주하고 애를 써보아도 헛수고로 수요와 공급이 원활하게 유지될 수가 없게 된다. 그래서 결국 주인공은 신용하락과 고객외면이라는 고충과 함께 소득도 없이 시장관리비만 과도하게 지출하고 있는 꼴이니 이는 정력, 시간, 재정의 낭비만을 초래해 손재함은 물론 건강까지도 무너지게 됨이니 매사가 만사불통으로 몸부림을 치는 형국이라 할 것이다.

그래서 자신이 타고난 천명의 사주분석을 정확히 하고서 운세의 흐름에 맞게 처세하며 대책을 강구하여 매사에 대처함이 쪽박을 차지 않고 대박으로 가는 지름길이라 할 것이다.

✽ 신약사주인데 식신이 재성을 만나면 저승길 요단강을 건너는 꼴

만약에 신약한 사주를 가진 자가 생산 활동을 위해서 과도하게 움직이게 되면 기진맥진해서 탈진을 하게 되고 건강상태가 악화되거나 심하면 질병까지도 불러들이기에 이르게 된다.

예컨대 사주가 신약한 자에게 있어서 식신은 의식주의 생산수단과 활동이 아니라 오히려 건강의 저해와 질병을 유발하거나 촉진시키는 독약이고 극약인 셈이다. 그래서 신약한 자에게 있어서 식신은 황금단지가 아니라 주인공의 피(血)를 빼는 출혈의 독침인 셈이다.

그런데 이러한 지경에 식신이 재성(財星)을 보게 되면 식신생재(食神生財)함이기에 그 출혈이 가속화되어 주인공은 재기불능의 환자가 되거나 아니면 영영 돌아오지 못하는 요단강의 다리를 건너야만 하는 것이다.

이것이 바로 신약한 자의 식신이 재물의 창고이자 고향인 재향(財鄕)을 만나게 되면 저승길을 재촉하는 때에 이르렀음을 알리는 것이다.

8. 식신이 빈약한데 관성이 왕성하면 신체허약 빈곤 주변 억압 침탈이 심해

사주에 의식주에 해당하는 식신이 빈약하고 허약한데 벼슬에 해당하는 관성만이 왕성할 경우라면 이는 주인공이 가지고 있는 의식주의 질량이 절대적으로 부족하고 부실함이기에 관성의 불평불만이 클 수밖에 없음이다.

이렇게 주인공이 가진 식신(의식주)이 빈약하면 그 밑에 있는 아랫사람들은 빛 좋은 개살구처럼 유명무실하게 말만 호의호식일 뿐이므로 밑에 있는 부하(官星)들이 근면성실하게 일하며 순응할 리도 없음은 기본 상식이다.

그래서 사주에 식신(의식주)이 허약한데 관성(벼슬)만이 왕성할 경우에는 거칠고 무례한 부하들을 다스리기가 힘에 부치고 역부족이니 거꾸로 아랫사람들에게 억압을 당함은 물론 재산의 겁탈을 당함으로써 출혈과 산재(散財)가 있게 되는 것이다.

그러므로 이러한 천명사주자는 신체가 허약하고 빈곤하며 주변으로부터 억압과 침탈이 심해 권위도 안 서게 된다. 그래서 이러한 사람은 거칠고 사나운 부하들을 다루는 솜씨가 서툴고 약속이행의 신용과 책임감이 모두 부족하기 때문에 항상 부하나 수하로 인해서 발생되는 손재와 재난이 비일비재하다고 판단하는 것이다.

✽ 식신은 의식주이고 관성은 관직과 일자리

사주분석에서 식신은 의식주로 비유되고, 관성인 관살은 벼슬이나 관직 또는 직장의 지위로 비유된다. 누구나 의식주가 풍족해 살림살이가 넉넉하면 심신(心身)이 건전하고 예의범절이 단정할 뿐만이 아니라 인심까지도 후하게 마련이다. 그래서 풍족한 의식주(食神)를 사주에 가진 자가 벼슬을 하는 공직에 오르는 것이 적격이고 안성맞춤이다.

대체적으로 벼슬(官星)자리에 있는 사람들은 호의호식(食神)을 좋아한다. 그래서 관성은 서로가 앞을 다투어 식신을 상전처럼 반기면서 받들어 모시는 것이다.

즉 벼슬아치들이 호의호식을 베풀어주면 감지덕지하여 주인에게 충성을 아끼지 않고 다함과 같다. 관성 중에서 정관(正官)은 품행과 예의범절이 단정하지만, 칠살로도 불리 우는 편관은 용감무쌍할 뿐 예절과 법도가 부족하다.

✳ 식신입장에서는 정관은 정식아내고 편관은 애첩

식신의 입장에서 식신을 위주로 보면 정관이 정실의 아내 격이고 편관(七殺)이 애첩 격이다. 대체적으로 정실의 아내는 품행이 정숙하지만 애첩들은 품행이 방자하고 요염함이 특징이다. 그래서 사주에서 식신이 정관(正官 : 식신의 아내 격)을 보고 있다면 주인공의 인품이 단정하고 법도에 따라서 벼슬을 한다고 할 수 있다.

반면에 사주에서 식신이 편관(偏官 : 식신의 애첩 격)을 보고 있다면 주인공의 천성이 용맹스럽고 영웅심이 대단해 주인의 총애는 받으나 색정을 즐기는 경향이 높다고 판단을 하는 바른 분석일 것이다.

편관이라는 칠살은 타고난 천성이 거칠지만 용감하고 탁월한 재간과 재주를 가지고 있다. 편관이라는 칠살은 주인(공)이 자신에게 풍족한 호의호식을 내려주면 이에 감복하고 감탄하여 주인의 적을 물리치고 주변의 간신들을 제거해주는 심복으로써 출중한 무예실력을 가진 천하용장으로써 명성을 날리면서 더더욱 많은 호의호식을 누리는 것이다.

예컨대 주인공이 부하와 아랫사람을 다스리는 방법은 말(言)과 무력인 총검(銃劍)으로가 아니라 아랫사람들이 만족할 만큼의 의식주를 풍족하고 푸짐하게 베풀음으로써 다스리는 것과 같음이다.

9. 만사불통하는 편인운 오면 천지신명도 주인공을 외면해

주인공이 만사형통을 해주는 식신을 대신해서, 만사불통을 해버리는 편인이라는 옷을 몸에 걸치게 되면, 천지신명은 주인공을 외면하고 그에게 베풀었던 모든 은총을 거두어 가져가 버린다.

이때는 부모가 망해 가세가 엉망이고 스승도 등을 지며 잘 다니던 직장에서도 퇴출되기에 이르러 의지할 데가 없게 되니 사지수족이 다 떨어져나간 알몸신세로 전락함이니 폭풍과 태풍이 한바탕 휘몰아치는 경우일 것이다.

민일에 식신과 함께 만사불통을 해버리는 편인이 있더라도 요령, 재간, 수완이 능란한 재성이 있어 주인공과 함께해준다면, 편인의 야바위와 같은 속임수에 속지 않을 뿐만이 아니라 능히 이 같은 어려움을 극복할 수가 있을 것이다. 그래서 식신은 재성을 가장 기뻐하는 것이고 재성을 자신을 지켜주는 호위병으로 삼는 것이다.

따라서 식신과 재성이 나란히 함께 나타나면 금상첨화가 됨이다. 예컨대 재성을 가진 식신은 평생을 완전무결한 재성의 재극인(財剋印)과 같이 보호자 아래서 맘껏 의식주를 생산하면서 그 어떤 편인의 속임수나 도적도 능히 막아낼 수가 있게된다.

✹ 식신의 천연젖꼭지를 해치는 것은 편인이라는 인공젖꼭지

사주에 식신을 가지고 태어난 주인공은 젖통과 꿀단지로 연결된 젖꼭지를 항상 입에 물고 있는 격이다. 그래서 이렇게 천명에 식신을 소유한 사람은 천지신명이 제공해준 식신이라는 젖꼭지만 놓치지 않으면 평생 동안 부귀영화를 맘껏 누리면서 저절로 펴안하게 인생을 살 수가 있음이다. 그런데 그 인생이 한평생 저절로 되도록 가만히 놔두지를 않음도 또한 천지신명의 뜻이니 이를 어찌하겠는가?

천연과실이자 천연젖꼭지인 식신을 해치는 적은 다름 아닌 인공의 젖꼭지라는 편인(偏印)이다. 이러한 편인의 등장이 바로 인생을 엉뚱한 방향으로 끌고 가는 출발점이 되는 것이다. 예컨대 편인은 바라고 소원하는 대로 이뤄지는 만능의 젖꼭지인 식신을 정반대의 빈곤하고 굶주리는 젖꼭지로 야바위를 쳐서 순식간에 바꿔버리는 신통방통 능력자다.

✱ 신약사주의 식신이 생산하는 독약을 분쇄하는 편인은 선약이자 생명의 구세주

이렇게 사주가 신약한 주인공을 괴롭히는 것은 식신이다. 이럴 때 식신을 쳐내고 제거하는 역할을 하는 것은 인극식신(印剋食神)함이므로 모성(母性)에 해당하는 인성이다. 인성이란 바로 모성이자 덕화(德化)의 덕성이다.

이렇게 인성이란 힘을 방출해 허약한 자에게 힘을 공급해주는 보약이고 젖줄인 셈인 것이다. 그래서 허약한 신약자는 힘을 방출해 움직이는 식신에 앞서서 우선 힘을 기르는 인성을 택해야만 한다.

누구나 굶주려 배가 고프면 쌀밥, 보리밥, 찬밥을 가릴 겨를이 없게 된다. 이런 처지와 다를 바가 없는 경우가 바로 식신에게 시달리는 신약자의 경우라 할 것이다. 그래서 식신에게 시달리는 신약한 자는 인성(印星)이라면 정인이든 편인이든 가리지를 않고 반기면서 기뻐한다.

특히 독약과 독침을 생산해내는 식신을 일격에 분쇄하는 편인이야말로 신약한 주인공에게는 신기하고 신비스러운 선약(仙藥)이자

생명의 구세주인 셈이다.

육친관계로 따져보면 정인은 생모에 해당하고 편인은 계모에 해당한다. 세상을 지켜보면 생모도 생모하기 나름이고 계모도 계모하기 나름이다. 생모라고 해서 이 세상의 모든 생모가 착하고 어질지만은 않다.

반면에 계모라고 해서 이 세상의 모든 계모가 늘 무정하지만은 않음이다. 계모도 모성을 가진 여성인지라 때로는 생모 이상으로 착하고 자상하며 다정다감한 계모도 얼마든지 있음이다. 이처럼 정인과 편인의 가치는 늘 상대적인 것이다.

10. 식신과 편인이 마주하는 운세엔 비정상적 비합법적 변태적인 언행 잦아

타고난 천명사주에서 또는 대운이나 세운에서 식신이 편인을 보거나, 아니면 편인이 식신을 보게 되면 다음과 같은 운질과 운세가 진행되는 것이다. 예컨대 편인 때문에 멀쩡한 음식이 변질되고 상하듯이 변심이 죽을 끓고 변태적인 연기에 능수능란하게 된다.

그러므로 이런 사주자나 이런 운세가 진행되는 때에는 비정상적, 비합법적, 변태적인 생각과 행동이 나타남은 물론 이러한 점을 즐기려 추구한다는 점이다.

예를 들어 계모나 서모가 지니고 있는 성정처럼 냉정함은 물론이고 시기, 질투, 심술, 편견이 많아지고 별일도 아닌 일에도 화풀이를 자주 내는 경향이 나타남으로써 일을 어그러지게 만드는 원인이 되는 것이다. 이러한 계모나 서모 밑에서 자라고 성장한 식신이 온전할 리가 없음은 당연지사다.

그래서 식신의 성격이 비뚤어지게 되어 결국은 그늘진 인생으로 전락하게 됨이니 매사에 눈치와 의심만 늘어나고 겁이 많아져 불안과 초조한 상념에 잠겨 있을 것임은 자명한 이치인 것이다.

그래서 이럴 때에는 언제 무슨 일이 또 어떤 이변이 일어날지 모르기 때문에 마음이 놓이지를 않고 좌불안석이다. 그가 원하는 것은 풍부한 의식주와 자유스러움 그리고 찬스와 기회이지만 살아있는 계모가 감시하고 억압을 하는 한 모든 것이 물거품일 뿐이다. 뭔가 일이 될듯하면 막힘이 생기고 살길이 열릴듯하면 날벼락이 떨어지듯 돌발변수가 등장한다.

✱ 식신과 편인의 관계는 사랑이 증오로 바뀌고 은인이 원수로 둔갑해

이렇게 알몸의 거지신세가 되어서야 비로소 편인(偏印)의 애첩에 해당하는 식신과 식신의 정부(情夫)에 해당하는 편인이 서로 크게 뉘우치고 후회함은 물론 서로가 서로를 미워하면서 증오하고 저주를 해보지만 이는 이미 엎질러진 물이고 사후약방문에 불과함이다.

결과적으로 식신과 편인의 관계가 종말에는 사랑이 증오로 바뀌고 은인이 원수로 둔갑을 해버리는 결과가 되고 마는 것이다.

즉 애첩에 해당하는 식신과 정부(情夫)에 해당하는 편인이라는 이같은 2개의 정열이 위험천만한 사악과 향락에 빠짐이 결과적으로는 자신들의 가슴 아픈 상처가 되어 평생 동안 골수에 사무치게 될 것은 당연지사다.

즉 운세가 이런 때에는 누구나 자기의 인생을 되 돌이킬 수도 없는 오판, 실수, 과실, 실패, 파산, 파경 등을 경험하게 되어 있음이다. 그래서 이러한 불리한 기간을 미리알고 근신하면서 삶의 내용을 조율하려함이 바로 천명을 알고자 하는 근본 목적이 아니겠는가?

✱ 식신과 편인이 마주하는 운세에선 식중독 약물중독 소화기능 장애발생

편인은 식신을 본래의 정상모습(生産)에서 변질타락을 시켜 비정상적인 모습(消耗)으로 둔갑을 시켜버리는 역할을 한다.

사주를 분석할 때에 건강이라는 측면에서 식신과 편인의 관계를 한번 살펴보자. 예컨대 10년 대운이나 1년 세운(年運)에서 식신이 편인을 보거나 편인이 식신을 보게 되면 식중독, 약물중독, 소화기능 장애 등과 같은 문제가 발생할 수 있기 때문에 주의가 요구된다.

식신의 입장에서 본다면 편인은 외관상으로 보아 식신의 편관살에 해당하는 칠살에 해당된다고 할 것이다. 그래서 편인(官殺)이 식신(工場)을 움직이지 못하도록 결박을 해버리는 셈이기 때문에 의식주의 생산의 가동이 중단됨은 물론 의도하고 추진하는 매사의 일들이 빗나가고 어그러지며 허물어져버리는 형국이 될 수밖에 없음이다.

그래서 일반적으로 편인의 성정을 뭐든 거꾸로 넘어지게 한다는 뜻에서 도식(倒食)이라고 부르는 이유가 여기에 있음이다.

그러므로 실질적으로 편인은 식신을 정상적인 본래의 모습(生産)에서 벗어나게 하여 변질시키고 타락시켜서 비정상적인 모습(消耗)으로 둔갑을 시켜버리는 역할을 한다고 보아야 할 것이다. 이는 편인이 산해진미의 맛있는 음식을 먹을 수 없는 독버섯으로 변질시켜

버리는 것과 하등 다를 바가 없음이라 할 것이다.

　이렇게 편인은 자식들이 밉기 때문에 일부러 찬밥이 되도록 자녀들을 방치함은 물론 변질되고 상해 부패한 음식들을 제공함으로써 자녀들이 복통을 일으키고 설사를 함은 물론 심한 고통이 수반되어 거꾸로 피와 살을 빼고 내리는 부작용을 일으키게 한다고 판단을 함이다.

✹ 식신은 에너지의 방출기회이고 인성은 에너지의 섭취기회

　천명분석과 사주분석에서 식신을 에너지의 방출기회로 비유하고, 인성(印星)을 에너지의 섭취기회로 비유하여 분석을 함이 바른데, 특히 인성 중에서 정인(正印)은 생모에 해당함을 간과해서는 안된다.

　비유하자면 식신은 힘(力)이라는 에너지를 방출하는 기회이고, 인성(印星)은 힘이라는 에너지를 섭취하는 기회다. 인성에는 정인(正印)과 편인(偏印)의 2가지가 있다. 그런데 식신은 정인은 반기고 기뻐하지만 식신이 편인을 보면 쥐가 고양이를 만난 것처럼 갈팡질팡하고 두려워한다.

　정인(生母)의 입장에서 관찰해보자. 식신을 만난 정인(生母)은 자신이 가지고 있는 푸짐한 지식(德化)과 에너지(力)를 식신에게 아낌없이 보급해준다. 그래서 정인은 식신을 유능한 실력자와 능력자로 향상을 시켜줄 수가 있게 된다.

　식신과 정인의 관계에서는 위에서처럼 부족 되는 에너지를 계속해서 보충하고 공급받을 수가 있기 때문에 일을 해도 지칠 줄을 모르고 피로하지 않으며 결핍현상이 전혀 나타나지 않게 된다.

이렇게 인성(印星) 중에서 정인은 생모이기에 자식들이 먹는 젖(乳)이든 음식이든 늘 온갖 정성을 다하여 철저히 감식조치를 하기 때문에 탈이 없이 피(血)가 되고 살(肉)이 되어 건강한 성장을 하는 밑거름이자 원동력이 됨인 것이다.

❋ 식신이 편인을 보면 쥐가 고양이를 만난 것처럼 숨을 곳을 찾아 갈팡질팡하는 운세

인성(印星)이라는 에너지의 섭취기회 중에서 편인은 계모(季母)의 지위와 역할로 보면 바르다. 앞서 지적했듯이 식신은 힘과 에너지를 방출하는 기회이고, 인성은 힘과 에너지를 섭취하는 기회다.

그런데 식신이 정인(正印)을 반기고 기뻐하지만, 식신이 편인(偏印)을 보면 쥐가 고양이를 만난 것처럼 갈팡질팡하고 두려워하며 숨을 곳을 찾는다. 비유하자면 편인은 육친관계로 보면 서모이고 계모에 해당한다. 계모의 특징은 시기, 질투, 방해, 증오, 미워할 뿐만이 아니라 식신을 무능자로 파괴함을 그 성정으로 한다.

식신의 입장에서 식신을 위주로 보면 편인은 편인극식신(偏印剋食神)하는 관계이므로 편관살(偏官殺)인 칠살(七殺)에 해당하기 때문이다.

그래서 여간해서는 힘을 기르기도 어려울 뿐만 아니라 완고하고 강력한 브레이크장치를 설치해버림으로 인해서 마음대로 움직일 수도 없게 된다.

그래서 식신이 편인(季母)을 보면 쥐가 고양이를 만난 것처럼 숨

을 곳을 찾아 갈팡질팡하고 두려워하는 것이다. 그러므로 천명사주에서 식신이 편인을 만나고 있는 경우에는 다음과 같은 문제들이 생기는 것이다. 예컨대 주인공이 제아무리 자기재능을 발휘하고 싶어 해도 철저히 사회와 격리되고 감시의 울타리에 꽁꽁 묶여있는 신세이기에 좀처럼 기회와 찬스를 얻을 수가 없는 입장이라 할 것이다.

그래서 주인공은 지략과 책략을 짜고 전략을 세워서 비밀리에 활동하고 즐기는 비합법적, 비공개적인 탈선과 밀회를 일삼는 것이다.

11. 정부나 애첩을 만날 때는 정력 시간 재물의 낭비가 심해 패가망신해

타고난 천명사주에서 식신이 편인(偏印)을 만나고 있는 경우에 해당하는 사람은, 은밀하면서도 비밀리에 행해지는 향락에 빠짐은 물론, 외도가 빈번하게 이루어지면서 이런 은밀한 행동들이 행해진다는 점을 우선 간파해야만 할 것이다.

예컨대 식신의 입장에서 보면 편인은 식신의 편관칠살(偏官七殺)이고 편관칠살은 바로 정부(情夫)가 되기 때문이다. 동시에 편인의 입장에서 보면 식신은 편인의 편재(偏財)이고 편재는 바로 애첩이 됨이기 때문일 것이다.

다시 말해서 비밀리에 정부와 애첩이 은밀히 만났다면 내일의 기약이 없기에 이 두 사람은 날밤을 새워가며 즐기고 사랑하며 아낌없이 모든 것을 버릴 것은 빤한 이치다.

그래서 식신과 편인이 함께 있는 사주나 또는 10년 대운이나 1년의 세운(歲運)이 이러한 경우에 이르렀을 경우에는 대체적으로 가진 정력, 시간, 돈을 물 쓰듯이 아낌없이 써버리는 경향이 나타나는 것이다.

이러한 탈선과 낭비가 분명히 건강을 해칠 것이고 가산을 탕진하게 할 것이라는 사실은 삼척동자에게 물어봐도 다 알 수 있는 기본 상식이다. 이러한 운세의 과정에 진입하게 되면 은연중에 불법을 자행하게 됨은 물론 사회적인 지탄과 멸시를 받게 되므로 자연히 패가망신이라는 비극이 초래될 것은 자명한 이치다. 결과적으로 모든 것을 내버려 잃고 알몸의 거지신세가 되어 한탄해본들 아무런 소용이 없음이다.

제5장

상관운세기간의 육신별
운세판단과 성공처세술

상관운세기간의 육신별
운세판단과 성공처세술

1. 상관의 기질은 학처럼 청수하기를 즐기고 흑백과 청탁을 가려

✻ 상관은 만사에 비판적 반항적 직선적으로 바른말 잘해

뜻을 이루려면 보다 더 머리를 써야 되고 분발하지 않으면 안 되기 때문에 상관(傷官)은 가능한 한 두뇌를 최대한으로 계발하게 되는 것이다. 그래서 머리가 비상하리만큼 총명하고 신경이 날카로울 정도로 예민한 것이 상관의 특징이다.

꽃이 아름답듯이 얼굴이 세련되고 개성이 뚜렷하며 주체성이 강한 상관은 뛰어난 재능을 멋들어지게 발휘하고도 충분한 대가와 보상을 받지 못하기 때문에 평소에 불만이 많아서 만사에 비판적, 반항적, 직선적으로 바른말을 잘함이 특징이다.

즉 어찌하여 나(傷官)의 진가를 몰라주고 과소평가하며 푸대접을

하느냐는 것인데 이는 상관이라는 자기 자신의 천성이라기보다는 환경과 현실이 그렇게 만들어내는 현상이다.

예컨대 택시기사의 경우를 비유하여 보면 이해가 쉽게 될 수 있다. 식신의 기사는 손님이 내리자마자 손님이 있는가 하면 코스가 좋고 언제나 고객이 많으며 고객들의 인심이 후하여 수입이 만족스럽다.

이는 식신의 기사가 기술이 좋거나 서비스기 뛰어나서가 아니라 평범하면서도 인간미가 구수하기 때문이다. 반면에 상관의 기사는 기술이 뛰어나고 언변도 비범하지만 어찌된 일인지 고객이 따르지 않고 코스도 좋지 않을 뿐만 아니라 애써서 목적지까지 멋지게 모시고 나면 아차~ 지갑을 놓고 나왔느니, 도중에 소매치기를 당했느니, 등등해서 기어이 애를 먹이고 울화를 치밀게 하는 일이 벌어지곤 하는 것이다. 이는 상관의 본성이 아니고 고객과 사회가 만들어내는 시비 거리인 셈이다.

✽ 상관의 기질은 학처럼 청수하기를 즐기고 흑백과 청탁을 가려

이렇게 상관은 무엇을 해도 시비가 따르기 쉽기 때문에 비판의식과 자존심이 강하고 타인의 간섭과 지배를 받는 것을 지극히 싫어하며 자유로운 자율적 주체의식이 항상 온몸에 가득 차 있다. 그래서 윗사람에게도 고분고분하지 않고 직장의 비인격적인 처사에 대해서는 상하를 가리지 않고 비판적, 반항적이다.

그리고 상관은 앙심이 대단하여 조직에서 쫓겨난 상관은 조직의 탈세나 부정사실을 몽땅 들추어내서 법의 심판과 수십 배의 고통을

받게 하는 가장 골치 아픈 문제아가 바로 상관이다. 그러나 상관은 사리에 어긋나는 일은 절대로 하지 않기 때문에 이유 없이 심술을 부리거나 남을 해치는 경거망동은 하지 않는다.

상관은 상대의 인격을 존중하고 정의와 의리에 강하여 인격자 앞에서는 양처럼 온순하고 고분고분하지만, 불의, 부정, 비겁함 등의 앞에서는 칼날처럼 강하고 단호함을 그 특징으로 한다. 그리고 상관은 청산리의 벽계수(碧溪水)처럼 맑고 깨끗함을 원하기 때문에 까마귀 떼와 어울리는 것을 싫어하고 학(鶴)처럼 고고(孤高)하고 청수(淸秀)하기를 즐기며 흑백(黑白)과 청탁(淸濁)을 분명히 가리는 개성이 매우 뚜렷함을 특성으로 한다.

그래서 법관, 언론인, 혁명가의 경우에서는 천부적인 소질과 탁월한 능력을 발휘한다. 맑은 물에는 고기가 없듯이 사리에는 능하지만 실리에는 능하지 못하여 실속을 차리는 수완과 요령이 부족해서 장사에는 능하지 못하여 고객이 어쩌다가 실수로 돈을 더 주고 가면 기어코 쫓아가서 되돌려 주어야만이 직성이 풀린다.

✱ 상관은 호전적이고 부정 불의에는 거침없이 비판을 쏟아내

이렇게 사랑과 은공을 모르고 가시밭길에서 자라난 천애의 고아인 상관에게 인정이 있고 관용과 덕성이 있을 리가 만무하다. 그래서 상관은 얼음처럼 냉정하고 호전적이며 무자비함을 특징으로 한다.

그래서 상관은 세상이 공평하게 고르지 못하고 공정하지 못하며 의롭지 못함을 규탄하고 저주하기에 이른다. 그래서 상관은 추호의 부정이나 불의를 보면 거침없이 파헤치고 비판을 한다. 세상이 상

관인 자신을 용납하지 않듯이 상관도 스스로 세상을 용납할 수가 없음이다.

✽ 상관의 성정은 방해 경쟁 소송 반대 실권 교만의 흉조

① 상관의 운은 방해, 경쟁, 소송, 반대, 실권, 교만 등의 흉조(凶兆)를 나타내는 흉성(凶星)이다.

② 사주에 상관이 많으면 자식을 극해한다.

③ 신약사주에 상관이 많으면 자식이 적거나 있어도 속을 상하게 한다. 그러나 사주에 정인(正印=印綬)이나 편인(偏印) 등이 함께 있으면 그 흉조는 감소된다.

④ 상관은 재주가 있고 예술적 소질이 있어 음악 등을 즐긴다. 그래서 대개는 철학, 종교, 문학가 등에 상관이 많다.

✽ 상관은 허무와 설기의 별

내가 낳은 자가 아생자(我生者)들 중에서 일간(日干)이 어떤 오행(五行)을 생조(生助)하여 도와주며 음양이 서로 다른 경우가 상관이다. 즉 일간(日干)이 갑(甲)일 때 정(丁), 일간(日干)이 을(乙)일 때 병(丙), 일간(日干)이 병(丙)일 때 기(己),... 일간(日干)이 계(癸)일 때 갑(甲)을 만나는 경우가 모두들 상관에 해당된다.

日干	甲	乙	丙	丁	戊	己	庚	辛	壬	癸
傷官	丁	丙	己	戊	辛	庚	癸	壬	乙	甲

그리고 관성을 상(傷)하게 하므로 상관이라 이름을 했다. 상관은 식신과 똑같이 재능을 발휘하는 꽃(花)이지만 꽃만 화려할 뿐 열매가 없는 허무한 육신(六神)에 해당한다. 풍부한 재능을 멋지게 발휘하였지만 무소득의 헛수고처럼 꽃은 아름답고 화려하지만 열매를 맺지 못하니 안타깝기가 그지없는 경우에 해당한다. 무엇을 하여도 뜻대로 되는 것이 없고 헛수고만 하게 되니 신경이 예민하고 성급할 수밖에 없는 것이 상관이다.

✱ 여자사주에서 자식은 식신과 상관

아생자자손(我生者子孫)이란 표현은 내가 낳은 사람이 자손임을 가리키는 말이다. 식신과 상관은 내 몸의 기운은 빼앗아 가지만 재물을 늘어나게 하는 역할을 한다. 즉 식신과 상관의 운에는 재물이 들어오는데 이 재물이 또한 재생관(財生官)하여서 관(官)을 돕는 역할을 하게 된다.

여자의 경우에 식상(食傷)은 자기 몸에서 낳은 아들딸들인데 자식은 성숙한 여자의 자궁에서 이뤄지는 여자의 정화(精華)이고 열매인 것이다. 그래서 여자의 사주에서 자식은 식신과 상관이다.

2. 상관이 용으로 작용하면 천재성, 체로 작용하면 유아독존

이상과 사리에만 치우치고 현실과 실리를 무시하는 상관이 돈을 벌고 치부할 수는 없음이 자연과 우주의 섭리다. 사주를 분석할 때에 상관의 성정을 번개처럼 그리고 거침없이 질주하듯 달리기를 좋아함이라고 봄이 바르다. 상관은 관성(官星)을 정면으로 공격해 상대방을 상처투성이로 또는 만신창이로 만들어 버리기 때문에 상관이라 한다.

예컨대 천명사주를 분석할 때에 상관이 정관과 같이 있거나 대운이나 연운과 같은 행운(行運)에서 정관을 만나게 되는 경우를 한번 생각해보자.

이렇게 상관이 정관을 만나는 경우라면 마치 국민이 공직자를 공격해 만신창이로 만드는 것처럼 뜻하지 않는 사태가 발생하게 된다. 다시 말해 관재구설, 교통사고, 질병 등 정신적, 육체적인 수난을 당하기가 쉽기 때문에 이러한 운세의 기간에는 각별히 조심하지 않으면 안 된다.

상관은 뛰어난 재능이자 꽃송이라 할 것이다. 그러나 꽃(花)이 만발했음에도 불구하고 열매가 없고, 재능을 뛰어나게 발휘를 했지만 보상을 이루는 대가가 없음이기에, 늘 불평불만이 많고 시비와 비판을 서슴지를 않음이 기본성정이다.

만일에 풍부한 열매와 보상의 대가를 얻는다면 상관은 감지덕지할 뿐이어서 시비는 물론 일언반구도 떠들지 않을 것이다. 그러기에 상관이 열매와 보상을 나타내는 재성과 함께 같이 나타나면 상관의 기질은 씻은 듯이 사라지고 재성의 솜씨를 능수능란하게 발휘하게 된다.

그래서 상관이 재성과 함께 할 경우에는 돈을 버는 재간이 참으로 비범하고 만사에 수완과 요령을 위주로 해서 상대방의 비위를 맞추는 일을 능사로 한다. 그러므로 이럴 경우에는 상대방의 비위를 들쑤시다시피 건드리고 시비를 일삼는 일반적인 상관과는 대조적인 성품으로 변한다는 사실을 알아야 한다.

결론적으로 말해 최고의 재능을 가진 상관이 최고의 작품을 생산하는 것은 당연지사다. 그래서 상관이 원하는 것은 최고의 작품과 더불어 최대의 보상과 보람이지만 최소의 대가만을 받기 때문에 항상 신경이 과민하고 바른말이 즉시에 터지며 시비를 일삼게 됨인 것이다.

그러함의 이유는 창작하는 솜씨는 탁월하지만 돈을 벌고 장사하는 재간과 수완이 능하지 못하기 때문일 것이다. 즉 타협과 융통성을 외면하고 가치판단만을 고집하는 상관에게 그 어떤 장사꾼이 상거래를 할 리가 있겠는가?

그래서 이상과 사리에만 치우치고 현실과 실리를 무시하는 상관이 돈을 벌고 치부할 수는 없음이 자연의 섭리가 아니겠는가? 모두 다 이러함은 바로 조물주의 각본이자 설계이기 때문에 상관으로서는 어찌할 수가 없는 우주의 섭리라 할 것이다.

✽ 상관이 용으로 작용하면 예술 미술과 창작 발명에 천재적 소질을 지님

천명사주에서 상관(傷官)이 용(用)으로 작용하는 사람의 경우는 말이 부드럽고 생각함이 빠르면서 동시에 이해가 깊고 시비와 비판을 멀리하며 원만하며, 표현과 행동방식이 지극히 합리적이고 예술적이며 어른스럽고 고상하며, 눈치가 빨라서 상대가 싫어하고 미워하는 일은 하지 않으며, 재치 있게 능동적으로 처신하는 멋진 인생이다.

그러나 상관의 기질은 평범함을 싫어하기에 독창적이고 독보적으로 비범하고 탁월한 솜씨를 즐기므로 예술이나 미술의 창작과 발명 등에 천재적인 소질을 가지고 있고, 무엇을 하든지 자율적, 학구적, 독창적이어야 하기에 남을 모방하기를 싫어하고 남의 간섭과 지배를 받는 타율적이고 피동적인 것은 죽기보다도 싫어한다.

그래서 천명사주에 상관이 용(用)으로 작용하는 사람의 경우는 아주 비능률적인 인생이라고 비유할 수도 있음이다.

✽ 상관이 체로 작용하면 직선적 독선적 안하무인 자기본위의 성품을 지녀

천명사주에서 상관이 체(體)가 되면 무엇이든 자기본위로 결정하고 처리하는 직선적, 독선적, 유아독존적, 안하무인격의 성품을 갖게 된다. 그래서 남의 말과 주장을 용납하지 않고 대화와 타협을 거부하며 성품이 급하고 모가 나며 표독함이 특징이다.

천명사주에서 상관이 체(體)일 경우를 12운성으로 따져 본다면 병(病)과 사(死)가 왕성함에 해당한다. 이는 늙고 병든 인생처럼 지극히 노쇠한 허약자이자 노약자이기 때문에 상대방을 이해하고 받아들일 시간적 정신적 육체적인 여유가 전혀 없는 상황에 처함으로 이해하면 쉬울 것이다.

상관은 주인공(日干)의 기운을 빼앗아가는 설기(泄氣)의 별이고, 정인(正印)은 주인공(日干)의 기운을 북돋아주듯 생조(生助)해주는 생산과 공급의 별이다. 그래서 상관과 정인이 같이 나타나면 상관은 크게 제약되고 무능해지므로 상관의 기질은 정인의 기질로 바뀌어 진다.

천간(天干)의 오행은 천지운기이기 때문에 나무처럼 독립해서 가만히 서있는 것이 아니고 쉴 새 없이 움직이고, 또한 돌고 유행하며 변화를 함이다.

자연의 이치가 그러함이기에 금(金)이 수(水)를 보면 수(水)로 변하고, 수(水)가 목(木)을 보면 목(木)으로 변하듯이, 비겁(比劫)이 식상(食傷)을 보면 식상(食傷)으로 변하고, 식상(食傷)이 재성(財星)을 보면 이도 또한 재성(財星)으로 변함이 바른 이치다.

3. 상관과 편인 정인 관성 재성 양인과의 상호관계에서 나타나는 운질

✻ 상관(傷官)과 편인(偏印) 정인(正印)과의 관계

① 상관만 있고 정인이 없으면 욕심이 많다.
② 상관과 편인이 같이 있는 여자는 남편과 자식의 복이 없다.

✻ 상관(傷官)과 관성(官星)과의 관계

① 상관만 있고 정관이 없으면 재주는 있으나 교만하다.
② 상관이 강한데 정관이 없으면 귀골이나 관골(광대뼈)이 높고 눈썹은 거칠고 눈빛은 날카롭다.
③ 상관만 있고 관성이 없는 여자는 정조관념이 강하여 남편이

죽더라도 수절한다. 즉 상관은 자식인데 자식을 껴안은 경우에 해당한다.

✽ 상관(傷官)과 재성(財星)과의 관계

① 연주(年柱)에 상관이 있고 월주(月柱)에 재성이 있으면 복록이 있다.
② 상관만 있고 재성이 없으면 빈천하다.
③ 상관이 많고 재성이 없는 남자는 부부의 인연이 박약하다.

✽ 상관(傷官)과 양인(羊刃)과의 관계

① 시주(時柱)에 상관과 형벌살인 양인(羊刃)이 같이 있으면 부친이 해롭고 남의 집 종노릇을 한다.
② 여자사주의 일주(日支)에 상관과 양인(羊刃)이 같이 있으면 남편 이 횡사한다.
③ 사주에 상관이 용신(用神)이 되면 자식이 속을 썩인다.

✽ 상관이 연주(年柱)의 간지(干支)에 동주(同柱)하면 단명해

① 연주(年柱)의 간지(干支)에 상관이 같이 있으면 단명하다.
② 연천간(年天干)에 상관이 있으면 부모덕이 없음이다. 즉 자식이 부모의 자리에 있는 경우에 해당함이니 부모덕은 없고 자손을 부모같이 공경해야 하는 꼴이다.

③ 연주(年柱)에 상관이 있는 여자는 산액이 있다.

④ 연월주(年月柱)에 상관이 있으면 부모, 처자와 인연이 없고 빈천하다.

⑤ 월주(月柱)의 간지(干支)가 모두가 상관이면 부모형제의 도움을 받지 못한다.

⑥ 연주(年柱)와 일주(日柱)에 상관이 있으면 극자(剋子)한다.

⑦ 시주(時柱)에 상관만 있으면 자손이 불길하지만, 천덕, 월덕, 문창귀인 등의 길성(吉星)이 있다면 좋다고 할 것이다.

4. 상관은 달변가로 천재의 대명사나 과속을 즐겨 평지풍파 일으켜

상관은 평범함을 싫어하고 정상적인 것을 싫어하며 과속을 즐기기 때문에 언제나 평지풍파를 지니고 있는 시한폭탄과도 같다. 뭐든 잽싸게 움직이지 않으면 직성이 풀리지 않을 뿐만 아니라 소득을 올릴 수가 없기 때문이다.

가끔은 그러한 과속이 출세를 비약시키고 능률을 극대화시키기도 하지만 대부분은 실패를 자초하고 풍파를 가속화하고 영속화하는 데에 문제가 있음이다. 그만큼 상관의 인생은 험준할 뿐만 아니라 파란만장함이 특징이다.

옛날 말에 배고픈 자가 말이 많다고 했다. 타고난 천명에 먹을거리인 식록(食祿)이 허약하고 빈곤한 경우가 상관이다. 그래서 상관의 기질이 말이 많고 말을 청산유수처럼 잘함으로 상대방을 감화시키는 설득력이 비범하다고 할 것이다. 이러한 구변과 능변을 가진 상관이기에 기어코 자기의 뜻과 주장을 관철시키고야 마는 끈질김을 갖는다.

상관은 속도가 빠르고 민첩하다. 그런데 머리를 쓰는 것만 빠른 것이 아니라 말하는 속도인 언변도 속사포처럼 빠를 뿐만이 아니라 남녀 간의 이성교제도 빨라서 늘 과속질주를 하기 때문에 문제가 생긴다. 일이 이지경이니 늘 속도위반 때문에 말썽이 생긴다.

상관은 멋 부리기를 좋아하고 사치하기를 즐기며 예쁜(嬌態)자세로 콧방귀를 튕겨가며 매정하게 군림하려는 것이 본래의 본성이다. 뭐든 남에게 뒤지거나 지는 것을 싫어해서 1등을 하고 기어이 이겨야만 직성이 풀리는 것이 상관이다.

✻ 상관의 냉정한 인생은 황량한 광야에 버림받은 천애고아

식신이라는 인생을 가진 남들은 하늘과 자연 속에서 저절로 풍부한 의식주를 누리고 호의호식하는데 반하여, 상관의 인생은 황량한 광야에 버림받은 천애의 고아처럼 누구도 보살펴 주는 사람이 없는 처량하고 고달픈 인생이다. 즉 상관의 인생은 모든 것을 자신의 피와 땀으로 스스로 해결해야만 한다. 상관의 인생은 부모의 따사로운 손길을 기대할 수도 없는 팔자인 것이다.

또한 상관의 인생은 공부도 직장도 스스로 개척해야 하는 인생이다. 그래서 상관의 인생에게는 그 어떤 누구도 그에게 은공을 베푸는 것을 금지시키고 있다. 그래서 훌륭한 부모나 후견인이 그(상관)를 보살피려하면 하늘은 그 인연을 단절시키기 위해서 부모들을 물리치고 분리시켜 이별이나 사별을 시켜 떼어놓아 버린다.

적어도 그(상관)에게 호의호식을 베풀 수 있는 여건들이라면 모두를 철거시켜 버려 주인공을 고립화시켜 버린다. 그래서 그(상관)가 하늘을 원망하고 또 땅을 미워하며 하물며 이 세상 모든 것들에 불평과 불만을 내뿜을 것임은 너무도 당연하고 필연적인 결과인 것이다.

✱ 상관은 침소봉대하며 오만불손하고 시비를 즐기는 스타일

타고난 천성과 성격이 그 사람의 운명을 결정하듯이 고아의 운명도 그 고아의 성격에서 비롯된다. 이렇게 모든 것은 자신의 성격인 편견과 아집에서 기인하는 자업자득의 인과응보라 할 것이다. 그러함에도 그는 자신의 미스나 오류와 잘못은 인정하지 않고 외면을 한 채 오직 사회와 상대방만을 원망하고 있는 것이다.

이렇게 상관은 어느 누가 뭐라 한들 눈 하나 까닥 않으면서 안하무인, 방약무도, 오만불손하기가 짝이 없다. 한마디로 찬바람이 쌩쌩 불고 쫑긋쫑긋한 서릿발이 내리는 것이 상관의 성정이다. 그러기에 늘 적이 많이 생기고 구설(口舌)이 분분하지만 아랑곳 하지 않고 콧노래로 일관한다.

어너 누구든 지위고하를 막론하고 잘못되었다고 생각이 들면 시비를 따지고 이웃 사람들과의 시시비비에도 도맡아서 꼭 참견을 해야만 직성이 풀리는 것이 바로 상관이다.

✽ 상관은 저항의식 충만하고 천지신명과 단절돼 천애고아를 만드는 장벽

세상이 상관의 자신을 용납하지 않고 무시하며 홀대하기 때문에, 상관도 역시 세상을 향해서 용납할 수가 없는 강경한 입장을 갖게 된다. 그래서 상관은 세상이 공명정대하지 못하고 정의롭지 못함을 늘 규탄하고 저주하면서 그 어떠한 부정과 불의를 보더라도 참지를 못하고 거침없이 파헤치고 비평과 비판에 앞장서기를 즐긴다.

상관은 날카롭고 예리하며 성급한 성정을 갖는데 이러함이 주인 공이 어려서부터 싹트고 커감이니 부모는 물론 웃어른들에게도 순종함을 모르고 하나같이 시비를 따지고 반항과 반발만 일삼으니 누군들 그를 귀여워할 일이 없음이다.

천지신명은 조용히 말이 없지만 결코 에누리가 있을 수가 없음이다. 그래서 천연의 혜택에서 제외된 상관에게는 하늘의 철저한 고립정책과 봉쇄정책이 내려지는 것이다. 천지신명은 그를 고아로 만들기 위해서 인적 네트워크인 인간관계를 박절할 만큼 단절시켜버리고야 만다.

본래 칼끝처럼 날카롭고 뾰쪽뾰쪽 모가 난 상관인데 일이 이지경이니 그에게 호감을 가지고 접근을 해오거나 친구를 하자고 할 사람이 있을 리가 없음도 세상의 인심이다.

✽ 상관의 길은 기복과 굴곡이 심하고 험준한 길

상관이 가지고 있는 길은 기복굴곡이 심하고 험준한 1차선 비포장 자갈산길이기에 덜컹거려 불안하고 위험함은 물론 에너지인 기름의 소모가 심하기 때문에 수명이 길 수가 없음이다.

천재는 상관에서 배출되기에 천재는 상관의 대명사다. 그러므로 천재는 과속의 명수라 할 수 있다. 대부분 천재는 어린 시절부터 빠르게 과속해서 벼락출세를 하지만 결국은 과속 때문에 인생의 종착역에 도달하는 시점도 빠르다.

젊어서 반짝 대중의 인기를 한 몸에 받고 누리는 스포츠의 운동선수나 연예계의 인기스타들도 이와 다를 바가 없다. 그래서 속도와 스피드를 강조하는 현대의 속도행정과 속도경영에서 천재가 만능의 천재고 인재일지는 모르지만 우리가 한번쯤 곰곰이 되돌아볼 필요가 있다는 것을 강조하지 않을 수가 없다.

5. 상관은 법질서 무시하나 타인의 위법사실엔 비판 고발 투서의 선수

상관은 청산유수로 설득력이 비범해서 기어이 자기관철을 하고야 만다. 식복이 없는 상관은 늘 바쁘고 빠르게 움직여야만 한다. 식신보다 속도가 몇 배나 빠르지만 소득은 식신의 몇 분의 일 정도밖에 안 된다.

상관은 머리를 쓰는 일도 과속이듯이 말도 과속이고 이성교제도 과속이다. 즉 만사에 속도위반으로 말썽을 부린다. 멋을 좋아하고 사치를 즐기며 날씬하고 예쁜 자세로 매정하게 앞에서 군림하는 것이 상관이다. 무엇이든 남에게 지기를 싫어해 기어이 이기고야 만다.

상관은 자신은 법질서를 무시하고 자유방종하면서도 남이 위법

하면 고발하고 투서하고 비판하는 데에 선수다. 남이 싫어하는 것은 도맡아 한다. 칼로 흥한 자는 칼로 망하듯이 입과 시비로 이름난 자는 입과 시비로 망한다.

적이 늘어가고 고발을 일삼다간 끝내 자신도 고발과 법망에 걸리어서 발버둥 치게 된다. 이렇게 사주에 있는 상관이 흉신(凶神)일 경우에는 어려서부터 하극상하고 천하의 다변자로서 말과 혀에 독(毒)이 있고 가시가 있으며 미움과 욕을 먹는다.

✽ 상관의 꽃은 천하일품으로 화려할 뿐 열매가 없는 헛꽃

흉신(凶神)으로 작용하는 비견과 겁재를 제거하는 것까지는 상관의 공이 컸으나, 결과적으로 정력과 정신의 소모를 지나치게 가속화시켜 극대화할 뿐이니 불평과 불만만이 과잉 생산될 뿐이다. 예컨대 식신의 꽃은 반드시 열매가 있으니 실속이 있고 기쁨과 만족을 느끼게 된다.

그러나 상관의 꽃은 천하일품으로 화려할 뿐 열매가 없는 헛꽃에 해당한다. 이렇게 상관의 꽃은 겉만 화려할 뿐 속은 텅 비어있음이 현실이다. 그래서 배고픈 상관의 꽃이 만발하였다는 것은 정력과 머리를 과속으로 낭비하고 헛수고한 실패작이 만발함과 같은 이치다. 그 때문에 상관의 꽃이 만발하다는 것은 화가 치밀고 허탈과 초조에 빠질 것임이 당연지사다.

✽ 상관은 인위적 생산수단이고 식신은 천연적 의식주

식신이 천연적으로 타고난 의식주이고 생산수단이다. 그러나 상관은 인위적으로 개척하는 의식주이고 생산수단이다. 예컨대 생명을 가진 만물이 하늘과 자연을 등지고 인공적인 의식주를 생산한다는 것은 결코 쉬운 일이 아니다.

자연적이지 않고 인공적으로 의식주를 만들어 내는 일은 그래서 머리를 더 써야 하고 노력을 몇 배나 더 해도 자연 속의 천연의 과실처럼 풍부하고 소담할 수가 없음이 일반적이다.

이렇게 상관과 같은 인공적이고 인위적으로 개척하는 의식주와 생산수단이란? 마치 사막에서 농사를 짓고, 산등성이에서 화전(火田)을 일구듯 아무리 몸부림을 치듯, 제아무리 노력을 해도 경작의 결과와 소득이 박절할 뿐이다.

그럴수록 머리를 더 짜내고 살길을 개척해야 함이니 상관의 인생은 눈코 뜰 새가 없이 바쁘고 언제나 삶이 불안하고 초조할 따름이다.

✽ 상관은 어디서나 통용되지 않지만 식신은 어디에서나 통용돼

대자연에서 실격된 상품을 기술적으로 땜질하고 개조해서 자연 그대로 모방하고 꾸며진 인공상품은 아무래도 자연의 품질과는 차이가 많이 있을 수밖에 없다. 그러기 때문에 식신은 언제 어디서나 누구에게도 환영을 받고 척척 유통이 됨으로써 광고, 선전이나 설명, 수단, 요령이 필요 없는데 반하여 상관은 누구에게나 그대로 통용될 수가 없다는 단점이 있다.

이렇게 상관의 상품은 순수하고 완전한 진품이 아니고 불완전한 인조의 진주이기에 어떤 누가 선뜻 호응하고 덤비겠는가? 의심하고 주저할 것은 당연한 일이다. 그러한 고객에게 인조의 가공품을 팔려면 유창한 언변과 끈질긴 설득력 그리고 이것이 제일이라는 실력의 과신과 과시가 필수적이다.

그래서 상관의 성정은 말이 많고 능숙하며 자기 뜻을 관철하려는 집념과 설득력이 비범하다고 평가를 함이다.

그러나 소비시장에서 좀체 쉽게 먹혀들지 않는 것이 또한 대중들이다.

✸ 상관은 뜻대로 됨이 없고 말썽만 많으며 소득이 작아

식신은 언제나 소원대로 돈이 벌리고 배가 부르다. 그러나 상관은 무엇이든 뜻대로 되는 것이 없고 말썽만 많을 뿐 소득이 별무로 작음이 현실이다. 이러한 모든 원인이 상관이라는 상품 자체의 불완전성에 있음은 말할 나위도 없다.

시장에서 가공된 진주를 진짜 진주처럼 우기고 자기주장만을 내세우니 흥정이 순탄하게 진행될 리가 만무하다.

대중과 고객은 늘 지혜롭고 현명한데 상관은 자기만이 늘 똑똑한 양 대중을 업신여기고 거만한 자세를 부리기 때문에 모두가 외면하고 접촉을 기피하게 된다.

상관이 이러한 간격을 무너뜨리고 대중과 호흡을 하려면 자체의 잘못부터 자각하고 반성해야 하는데 상대방에게만 양보를 강요하니 문제가 해결될 수가 없고 해결의 실마리는 오리무중이다. 한마디로 머리는 면도칼처럼 예리하고 총명하면서도 자신에 대해선 너무도 모르고 어두우며 어리석은 것이 상관이다.

이렇게 상관은 하늘만 쳐다보고 걷듯 하늘을 향하여 땅을 걷듯이 원리와 원칙만을 고집하고 현실과 타협을 이룸에 전혀 서툴고 빵점이다. '등잔불 밑이 어둡다'는 격언이 바로 상관을 두고 한 충고인지도 모른다.

이런 상관이 대중과 대화하고 소통, 유통할 수 있는 길은 오직 자신과 현실을 똑바로 발견하고 성찰하며 상대방을 향하여 자기 마음의 창문을 활짝 여는 방법 밖에는 없다.

6. 상관이 흉신이면 독설가고 희신이면 식신으로 둔갑해 명연설가

✻ 상관이 흉신인 사람은 천하의 다변자로 천하의 독설가

상관(傷官)이 흉신일 경우에는 어려서부터 상전인 웃전을 치받듯이 하극상을 하고 천하의 다변자이고 독설자로 말과 혀에 가시가 있어 늘 주위로부터 미움을 사고 욕을 먹는 경우에 해당한다.

이러한 상관의 특징은 자신은 법질서나 약속을 항상 무시하고 자유방종을 하면서도 남이 손톱만큼이라도 불법을 하거나 위법을 하면 그 꼴을 못보고 고발, 투서, 진정, 비판, 독설을 하는데 선수이고 고수인 경우다. 이렇게 상관은 남들이 싫어하는 것들을 몽땅 도맡아하는 주책이고 방정이다.

아마도 짐작하건데 타고난 천명사주가 상관기운이 강하면서 동시에 그 상관이 흉신(凶神)으로 작용하기 때문일 것이다. 그 분들도 그러고 싶어서 그러하지는 않을 것이나 그러한 행태가 바로 자신이 타고난 사주이고 기질인 것을 어찌하겠는가?

비유가 잘못되었다면 사과를 드린다. 이는 역학과 사주명리를 공부하고 궁구하는 독자들의 이해를 돕기 위해서 거명하였을 뿐 명예를 훼손할 의도가 없다는 점을 미리 밝혀 둔다.

그래서 입방아를 함부로 찧는 것이 아닌데 요즘 방송, 신문은 물론 각종 미디어매체나 포털사이트에서 돌아다니는 근거 없는 독설과 괴(怪)소문과 악풀이 명예를 훼손하고 무고한 생명까지 앗아가는 현실을 보면서 안타깝기 그지없다는 생각이 든다.

✽ 상관이라도 희신일 경우는 소원성취의 기운인 식신으로 변해

사주분석에서 상관이 희신(喜神)일 경우에는 상관이 식신으로 변해 버린다. 그래서 상관이 늘 고약한 말썽꾸러기만은 아니라는 점이다. 상관이 희신일 경우에는 상관이 식신으로 변해서 그 성정도 총명, 민첩, 다재다능하며 의로운 기질과 함께 고도의 지성을 지니게 된다. 그래서 상관이 희신이 되면 부모의 은공이 있게 되고 마음씨가 곱고 말씨도 부드러우며 인정도 많게 된다.

그리고 유창한 설득력을 통해서 만인을 감동시키고 의로운 일에 적극 참여함은 물론 창작과 문장에 뛰어나 예술과 기능에 명성을 날리게 된다. 한편 법질서를 바로 세우는 명재판관으로써 또는 대변인이나 성직자로써 대중의 심금을 울려주는 훌륭한 인물이 된다.

상관이 본래 속도가 빠르다 보니 칭송을 받고 명성을 날리는 이러한 경우에도 역시 다른 사람보다 곱으로 많고 빠르게 진행되어 나타남이다.

✱ 상관이 희신으로 작용하면 비겁(比劫)은 합작지원을 잘하는 능력의 소유자

상관이 흉신(凶神)이면 비견과 겁재가 실패를 급속화를 시키고 극대화 시킨다. 예컨대 비견과 겁재는 주인과 같은 동일한 무리다. 그래서 비견과 겁재는 남의 유혹과 충동 또는 동업이나 집단적인 작사(作事)로 인해서 크나큰 실패를 저지르는 주체다.

반대로 상관이 희신(喜神)이면 비견과 겁재는 성공을 가속화 시키고 고도화 시키는 주체가 된다. 그래서 상관이 희신(喜神)이면 비견과 겁재는 이웃과 친구와 동기간의 합작 또는 지원으로 자신의 재능과 성공을 급속도로 만발시키고 천하에 자신의 이름을 펼치는 능력의 소유자가 된다.

한편 상관과 식신의 상호관계를 보자. 식신은 설기시키는 것이 완만하다. 그러나 식신이 상관과 어울리면 모든 것이 상관으로 변질해서 상관에게 박차를 가하게 힘을 실어준다.

그리고 상관과 상관의 상호관계를 보자. 상관이 상관을 보면 기고만장하고 초고속도로 가속화됨으로써 평지풍파를 일으킨다. 그래서 상관이 상관을 보면 법을 어기거나 불의의 사고를 일으켜서 수난을 당하는 일이 발생됨이다.

7. 비겁이 흉신일 때에 비겁을 제거하는 천하일품 도구는 상관

천명사주 상에서 나뭇가지인 비견과 또 다른 나뭇가지인 겁재가 똑같이 주인공에게 흉신(凶神)으로 작용하는 사주가 있다. 이럴 때에 불필요하게 무성한 나뭇가지(凶神)들을 가지치기(剪定)를 하듯 거세하고 잘라서 제거해주거나 나뭇가지들의 소모 작용을 빠르게 가속화 해줄 수 있는 역할을 하는 상관이 천하일품의 도구가 된다.

예컨대 산더미 같이 무성한 나뭇가지들인 비겁(比劫)이 불필요하게 있을 때에, 이런 비겁(比劫)을 거침없이 청산유수와 같이 시원하게 제거하거나 소화를 시켜줄 수 있는 것이 바로 상관이다.

즉 주권을 노리고 다투는 비겁(比劫)들 앞에 상관이 나타나면, 비겁들이 눈사태처럼 흐물흐물 녹아서 허물어져 내리게 할 수가 있기 때문이다. 이는 비겁들이 상관으로 변화해 변질되어 버리기 때문일 것이다.

✱ 식신은 자연의 질서인 도덕윤리이고 상관은 인위적 강제질서인 법과 형벌

천하의 맹수를 자유자재로 소탕하는 칼을 뺀 상관이 어찌 천하의 대권인들 잡을 수 없겠는가? 그러나 칼로 흥한 자는 칼로 망한다고, 상관의 칼날이 이슬처럼 녹아서 도리어 칠살(七殺)을 살찌우는 재성을 만나면 칼을 빼앗긴 포도대장처럼 도적의 칼에 횡사하는 이변을 당하는 경우가 왕왕 있다.

식신의 성정인 도덕과 윤리는 인정과 아량과 관용이 허용되지만,

상관의 성정인 법과 형벌은 만인 앞에 평등함으로써 인정과 눈물이 용납되지 못한다. 누구든 범법자는 법에 의해서 형벌을 받아야 한다. 아버지라고 해서 에누리하고 상사라고 해서 동정할 수는 없다.

천부적인 법의 체질을 타고난 상관에겐 부정과 인정과는 처음부터 상극된 비정의 인생인지도 모른다. 인정과 도덕은 만인이 따르지만 법과 규제는 만인이 두려워하듯이 식신(食神)은 누구에게나 호감을 사는데 반하여, 상관은 어디서나 모가 나고 외로운 처지다.

그래서 상관의 눈에는 세상과 만인이 죄인과 적으로 보일 뿐 인간과 인정은 생각할 수 없다. 그에겐 큼직한 국사범을 잡는 것이 유일한 꿈이고 출세의 길이다. 그러한 포도대장 앞에 호랑이 같은 대역자로 나타나 등장한 것이 편관의 칠살이다.

천하의 포수가 호랑이를 발견한 듯이 칠살(七殺)을 본 상관은 눈이 번쩍 빛나면서 천금의 보도를 빼어들고 일약 출세의 고가도로를 질주하는 것이다.

8. 상관이 재성을 만나면 상품을 팔아줄 유통시장과 상인을 만남이니 대성해

닥치는 대로 쏘아붙이고 과격한 상관이라도 때가되고 인연이 되어 재성을 만난다면 자신이 스스로 만들어낸 물건을 내다가 팔 수 있는 유통시장과 마트를 운영하는 상인(商人)을 만난 격이다.

이렇게 허기진 상관이 자신이 만든 상품을 판매해줄 시장과 상인을 발견하고 자기가 만든 상품을 대량 소화해 큰돈을 벌 수 있게 된다면 이 어찌 기쁘지 않겠는가?

상관은 인공적인 생산수단이다. 예컨대 상관은 자연적인 생산수단을 인공적으로 개발한 생산의 기계화를 통해서 이루어지고 만들어지는 생산물의 사주분석 상의 개념이다.

이렇게 기계화된 대량생산이 상품으로 전환되어서 시장에 방출되고 판매되면서 돈으로 교환되니 그 판매와 거래량이 막대한 수량과 가치에 이르는데 이것이 바로 상관이 갖는 특징이다.

✽ 상관이 재성을 만나면 봄바람의 화기(和氣)를 몰고 오는 재주꾼

상관(傷官)이 재성(財星)을 만나면 사태는 전혀 다르다. 재성은 상관의 열매로서 꽃과 더불어 열매가 주렁주렁 달리는 격이다. 그 열매를 얻은 상관은 식신으로 개종하고 풍요한 의식주를 자급자족하게 된다.

꽃은 아름답고 소담해도 열매가 없는 무과수인 것이 한(恨)이던 상관이 열매를 얻게 되니 머리끝까지 치솟던 불평과 불만은 하루아침에 사그라지고 훈훈한 봄바람이 화기를 몰고 온다.

똑같은 열매를 생산하드래도 상관의 과속으로 생산하니, 거북이처럼 느리고 태평한 식신생재(食神生財)와는 달리 토끼처럼 빠르고 비약적인 발전을 가져옴이다. 생산을 해도 머리를 쓰고 가속화시킴으로써 길흉화복을 극대화시키는 폭발적인 촉진제를 가지고 있음으로써 성패 간에 그 결과는 크다고 할 것이고, 대성이냐 대패냐를 판가름 하게 됨이다.

✱ 상관에게 시장개척이 되면 대량소비 가능해 일확천금 이뤄

　그런데 천연의 자연작물인 식신은 어디서나 자유롭게 교환되고 유통이 된다. 그러나 인공의 특수작물인 상관이라는 상품이자 가공품은 대량으로 거래하는 도매상인이나 국제시장에서만 교환되고 유통된다는 차이점이 있다.

　그러기 때문에 상관이 생재(生財)를 해주는 상관생재(傷官生財)는 특이한 발명품이나 기술상품을 개발하고 대량소비를 할 수 있는 무역시장이나 특수한 관권이나 정치적인 배경을 통한 특수시장을 개척하는 것이 선행조건이라 할 것이다.

　그만큼 상관은 시장을 개발하기가 어려운 반면에 일단 시장이 개척되면 대량소비가 가능하듯이 일확천금을 할 수 있는 반면에 정상적이고 영구적인 거래가 어렵다는 특징을 지닌다. 왜냐하면 상관은 식신처럼 완전한 상품이 아니고 불완전한 상품이기 때문이다.

　식신의 상품처럼 자연 그대로 팔 수 있는 완전한 상품이라면 굳이 머리를 쓰고 인위적인 가공을 할 필요성이 없기 때문이다. 예컨대 어딘가 흠이 있는 불완전한 상품이기에 보완하는 가공이 필요한 것이 바로 상관의 상품이다.

9. 무법자 상관만이 천하폭군 편관칠살을 한방에 붙잡아 법 앞에 굴복시켜

　사주를 분석할 때에 동원해서 사용하는 육신들 중에서 평소에는

속도위반의 무법자로 천하의 미움을 받고 괄시를 받는 처지가 바로 상관이다.

평소에 이런 처지의 상관이지만 군주가 함부로 다스리지를 못하는 눈에 가시인 편관에 해당하는 칠살을 재빠르고 또 감쪽같이 한 방에 붙잡아 다스리고 법 앞에 굴복을 시키는 능력을 겸비한 것이 바로 상관이다.

그래서 상관에 대한 군주의 기쁨과 치하는 극진할 수밖에 없음이 자연의 이치일 것이다. 그래서 군주는 상관에게 후한 상을 내리고 훈장과 높은 벼슬을 베푸는 것이니 상관은 하루아침에 나라의 권좌에 오른 충신이자 또 공신으로서 만인의 위에 군림을 하기에 이른다.

이렇게 사주분석에서 상관은 주인공에게 직업의 별을 상징하는 동시에 벼슬과 관직을 상징하는 정관을 괴롭히는 무법자에 해당한다. 그러나 편관에 해당하는 칠살은 군왕인 일주(日柱)를 괴롭히는 무법자에 해당한다고 할 것이다.

이렇게 똑같은 무법자이면서도 상관이 군왕의 훈장과 벼슬을 얻게 되는 이유와 까닭은 어디에 있는 것일까? 예컨대 편관에 해당하는 칠살은 천하를 짓밟는 폭군이다. 폭군은 백성의 적이고 나라의 암적인 존재다.

나라와 백성과 왕권을 박해하는 무법자인 칠살은 곧 왕권을 노리는 적장이자 역적이라 할 것이다. 그러한 적장과 역적을 소탕하고 산 채로 사로잡아서 군왕 앞에 무릎을 꿇리고 충신으로 전향을 시켰음이니 상관이야말로 위기에 직면한 나라와 왕권을 구제하고 바로잡은 구국호권(救國護權)의 일등공신인 셈이다.

이는 속도위반으로 편관이라는 공직자에게 수배를 받고 쫓기던

신세(傷官)의 무법자가, 나라의 좀을 먹는 대적(大敵)을 우연히 적발하여 군왕에게 진상하고 하루아침에 벼락출세를 한 것이니 도적이 큰 강도를 잡아서 명성을 떨치고 벼슬을 얻은 것과 무엇이 다르겠는가?

그만큼 상관은 머리가 비범하고 비호같으며 그가 횃불을 들고 찾는 부정과 불의를 만나면 햇병아리를 발견한 독수리처럼 날개를 펴고 천하에 이름을 떨치게 됨인 것이다. 그런 측면에서 본다면 상관은 본래가 법을 어기는 무법자만은 아닌 셈이다. 오히려 군왕의 입장에서 보면 상관은 법을 어긴 자를 찾고 있는 호법자인 셈이다.

✱ 정관은 군자이고 칠살은 권력자

상관이 강제적인 법과 규제라는 것을 잊지 않으면, 정관과 칠살의 관계를 더욱 뚜렷이 선명하게 살필 수가 있을 것이다. 정관(正官)은 군자이고, 칠살은 권력자다. 정관이라는 군자는 윤리도덕을 즐기고 강제적인 법을 싫어한다.

그러나 칠살이라는 권력자는 강제적 지배의 법칙을 즐기고 자연적인 윤리도덕을 싫어한다. 왜냐하면 윤리도덕은 성인군자가 만들어낸 자연의 질서다. 그러나 법은 권력자가 백성을 지배하기 위해서 만든 강제적인 질서이기 때문이다.

정관이라는 군자에게 강제적인 법을 적용할 때 군자가 반발하고 불복할 것은 당연하다. 그렇다고 법이 내버려두면서 묵인하고 허용할 리가 없다. 끝끝내 군자를 강제로 다스리니 군자는 망신을 당하고 자유를 잃으며 궁지에 빠지고 심한 고통을 겪기에 이른다.

군자에게 정신적 타격과 물질적인 손실이 막대하게 나타난다. 그렇다고 군자가 뜻과 절개를 굽힐 수는 없음이다. 끝까지 반항하는 군자에게 법은 중한 형벌을 내리고 심지어는 극형에 처할 수도 있음이다. 군자에게 치명적인 명예의 손상과 굴욕, 그리고 본의 아닌 강제적인 박해일 것이다.

✽ 정관은 나를 다스리고 보호하는 합법적인 관리자

육신 상에 정관은 나를 다스리고 보호하는 합법적인 관리자다. 그래서 정관이 어려서는 아버지(父)가 되고 자라나서는 연상자와 상사로 판단해야 바른 분석이다. 아버지에 불순하고 연상자와 상사에 반항하면 불효가 되고 불신과 미움을 받을 것임은 당연지사다.

아버지와 상사, 연상자와의 인연이 박하면 그들의 은총을 받기가 어렵고 설사 받는다 해도 오래가지를 못하게 된다.

꽤나 똑똑하고 잘난 체하며 일인자인 양 우쭐대지만 그 실은 미숙한 땡감처럼 딱딱하고 숨이 통하지 않으며 이해성과 융통성이 꽉 막혀 있는 우물 안의 개구리인 셈이다.

✽ 상관 앞에 있는 정관은 고양이 앞의 쥐

육신 상의 상관은 정관의 칠살에 해당한다. 상관 앞에 있는 정관은 고양이 앞에 쥐(鼠)의 격이다. 고양이가 쥐를 무시하고 자유행동하는 것은 당연한 일이다. 그러나 정관은 나라의 법도로서 정부를 가지고 있다.

개인적으로는 상관이 월등한 강자이지만 사회적으로는 정관이 압도적인 배경을 가지고 있는 셈이다. 예컨대 천애의 고아라는 상관과 나라의 녹을 먹고 있는 정관이라는 교통경찰관의 처지는 하늘과 땅의 차이다.

천하의 무법자로 폭력을 휘두르는 상관 앞에 신호등을 지키고 있는 교통경찰관이 보잘 것 없는 존재이기에, 상관은 신호등을 무시하고 경찰관을 공박하였으나 결과는 화약을 지고 불속에 뛰어든 격이라 할 것이다.

당장에 붙잡혀서 법대로 엄격히 다스리는 형벌의 수난을 겪어야만 할 것이다. 우선은 정관을 내리쳐서 승리의 쾌감에 도취하였을지 모르지만 만사는 끝장이 난 것이다.

✽ 공직자가 백성을 착취함에는 명수나 권력가진 고관대작 앞엔 고양이 앞의 쥐

공직자들은 약한 백성을 착취하고 다스리는 데는 명수지만, 권력을 휘두르는 고관대작 앞엔 고양이 앞의 쥐 꼴이다. 권좌에 오른 자들이 군왕이나 대통령의 신임을 빙자하여 나라를 좀먹고 왕권과 합작을 하지만, 일반 공직자들은 감히 규탄할 수가 없는 처지다. 자칫하다간 내목이 떨어지고 생명을 부지할 수 없기 때문이다.

그러나 상관은 두려움과 에누리가 없다. 상관은 체면을 다지고 인정을 가리거나 주저하거나 망설이는 법이 없다. 상관은 부정과 불법과 불의를 보면 총알처럼 공격하고 파헤치기 일쑤다. 문무백관들이 눈치만 보고 수수방관하는 나라의 대도와 대적을 상관은 단칼

에 무찌르고 이실직고시키니 산천이 모두 떨 수밖에 없음이다.

천하의 권세를 휘두르는 호랑이를 사로잡아서 고양이가 생쥐 다루듯 추상같이 다스리는 상관의 권위와 위풍은 왕권에 버금가는 제3인자 또는 그 이상일 수도 있음이다.

✱ 권력이 없는 법은 휴지이듯 법질서 없는 권력은 존재할 수 없어

이와는 달리 칠살과 상관은 불가분의 표리적인 관계로 살펴야 한다. 권력이 없는 법은 휴지이듯이 법질서 없는 권력은 존재할 수가 없음이다. 양자는 서로 의지하고 애지중지 하며 야합을 한다. 그래서 상관과 칠살은 부부로서 다정하고 화목하며 하나의 가정을 형성한다.

이는 상관이 정관을 극(剋)하여 법의 심판을 받는 것이 아니고, 오히려 상관의 압력과 강제에 의해서 정관이 만신창이가 되는 것과 똑같이, 상관이 칠살을 무찔러서 일등공신이 되는 것이 아니고, 오히려 상관이 칠살의 권력에 야합해서 천하라는 권세를 잡고 부귀영화를 누리는 합동작전으로 보는 것이 보다 더 합리적이고 현실적인 판단일 것이다.

그러기에 상관은 권세를 탐하고 사람위에 군림해서 칼을 휘두르는 것을 즐긴다고 판단을 함인 것이다.

10. 상관이 정관을 보면 자유와 평화를 잃은 패배자

사주와 운세분석에서 상관이 정관을 보았을 경우에는 어떤 현상이 일어날까? 이는 자유와 평화를 잃은 패배자 신세라 할 것이다. 한마디로 상관이 정관을 보는 운세기간에 조직인은 좌천이나 파직을 그리고 상인은 형벌을 당할 수이기에 근신을 해야 한다.

이는 상관이 발목을 잡히고 포승이라는 오라 줄에 묶였으니 꼼짝을 할 수가 없는 상황이라 할 것이다. 그렇다고 순순히 순응하고 온화해질 상관이 아니다. 그래서 상관은 소리를 질러대고 행패를 부리며 반항하기를 서슴지 않는다.

그런 대가와 결과는 형벌이 무거워지고 박해가 더해갈 뿐이며 심한 즉 형장의 이슬로 사라지는 극형을 면할 수가 없게 될 것이다. 자유와 평화를 동시에 잃은 자유가 없는 패배자가 곧 정관을 본 상관의 경우다.

첫째는 순간적인 사고로 차가 곤두박질해서 크게 부상을 당하거나 변사를 당하는 일일 것이다. 갑자기 차가 뒤집히고 벼랑에 굴렀으니 중상이 아니면 불구자 또는 죽음을 면할 수가 없을 것이다.

둘째는 법질서에 정면으로 도전하고 횡포를 부린데 대한 형벌의 봉변일 것이다. 부상자는 반항할여지도 없지만 부상하지 않은 자는 도리어 신호등에 반항함으로써 법의 제재를 받지 않을 수가 없음이다. 이러한 운세에 처했을 경우에 직장에 있는 조직인은 좌천 또는 파직을 당하고 상인은 형벌을 당하게 된다.

그러므로 상관이 정관을 보는 운세의 기간에는 이러한 점에 유의해서 대비를 하고 적절한 처세를 해야만 큰 문제가 없이 넘어갈 수가 있을 것이다.

✱ 상관은 법도에 무지한 무법자고 정관은 국가와 사회의 법도

사주의 육신분석에서 상관(傷官)과 정관(正官)의 상호관계를 잘 살펴야 분석의 결과가 명확해진다. 정관은 천하를 다스리고 보호하는 국가와 사회의 법도로 비유될 수 있다. 그러나 상관은 천애의 고아이기에 법도를 모를 뿐만 아니라 법도를 가장 싫어함이 특징이라 할 것이다.

그래서 사주분석에서 상관과 정관의 상호관계는 물과 불의 사이라 할 것이다. 그렇기에 법도를 무시하는 상관은 항상 정관을 거침없이 공격하고 파괴하려 한다. 방약무인으로 질주하는 불법과 무법의 자동차가 도로의 신호등을 제멋대로 무시하고 그대로 돌진하는 형국이 바로 상관이라 할 것이다.

✱ 준법정신 투철한 정관에게는 상관이 늘 골치 아픈 말썽 대상

법을 잘 지키고 준수하는 정관에게는 속도를 위반하는 상관이 언제나 골치 아픈 무법자로서 말썽이고 형벌의 대상이다. 그러나 천하를 휩쓸고 다니는 무법의 횡포자이자 맹호자인 편관의 칠살에게는 늘 화살처럼 빠르고 폭주하는 상관이 안성맞춤이고 제격이다.

세상에는 늘 뛰는 놈 위에 나는 놈이 있다. 그래서 상관이 맹호의 칠살을 잡아 다스리는 데에는 천하일품인 셈이다. 예컨대 주인공의 입장에서 상관이 칠살의 입장에서는 편관이 되기 때문에 그러함이다.

그래서 무법의 왕초인 칠살이 상관을 만나면 꼼짝을 못하고 순응하는 동시에 아버지와 남편으로 깍듯이 섬기고 공경하기를 맹세를 하는 것이다.

11. 재치꾼 상관과 눈치꾼 편인이 만나면 천재소질과 두각 나타내

상관과 편인은 만인의 눈치와 인기에 영합하고 천하의 재치로써 만사를 요리해야 함이기에, 대중의 힘을 움직이는 정치를 비롯해서 예술, 종교, 언론 등에 천재적인 소질과 두각을 나타낼 수가 있는 것이다.

인공적인 가공생산에도 뛰어난 재능을 가지고 있으니 새로운 발명이나 가공기술 분야에도 비범한 능률을 발휘할 수 있으나, 의식주에는 서로가 인연이 박함으로써 경제적인 출세는 힘겨운 욕망이라 할 것이다.

그래서 상관과 편인이 편안하고 호의호식한다는 것은 번지수가 먼 꿈나라의 이야기이기에 항상 바쁘게 눈치와 재치를 구사해야하는 것이다. 천애의 고아로서 떠돌던 상관과 편인이라는 한 쌍의 남녀가 짝을 맺고 가정을 이루니, 그 어떠한 고생도 극복할 수 있는 저력과 용기가 충만하기 때문에, 그들에게 의지하는 주인공(日干)은 만난을 극복하고 출세하며 바라던 소원성취를 하기에 이른다.

✱ 상관은 강제하는 힘이고 인성은 교화하는 덕

상관(傷官)이 사람을 강제하는 힘이라 비유를 한다면, 인성(印星)은 사람을 교화하고 자유화하는 덕(德)으로서 부모의 마음과 같다. 상관은 사람을 강제하는 힘인데, 칼은 사람의 몸을 지배할 수는 있어도 마음을 지배할 수는 없음이다.

사람을 떨게 하는 강추위와 강풍이 제아무리 사납게 휘몰아쳐도 인성(印星)이 내뿜는 따사로운 태양 앞에서는 모두가 무력할 뿐이다.

상관의 입장에서 보면 정인(正印)이 그 무서운 칠살에 해당한다. 그래서 정인을 본 상관은 고양이 앞에 쥐처럼 순종하는 동시에 정인의 교화에 의해서 강제의 법으로부터 자연의 도덕으로 전향을 한다.

예를 들어 상관이 식신으로 개과천선하는 것이다. 이렇게 되면 상관의 기질은 자연히 해소되고 정인의 덕성을 기르며 식신처럼 원만한 평화를 누리게 된다. 정인은 자비롭고 베풀기를 즐기며 자식을 다루듯 온갖 힘을 길러줌에 게을리 하지 않는다.

본래 상관은 과대한 지출과 과속한 소모를 일삼기 때문에 건강을 유지하기가 어렵다. 그래서 정인은 상관의 그러한 지나친 속도를 완화시키는 한편 풍부한 힘을 공급해주니 일거양득이 되는 셈이다. 이는 정인이 상관보다 강한 경우에 해당한다.

힘이 충만하면 능률도 커지니 보다 유능한 인재로 두각을 나타낼 수 있다. 이렇게 상관은 본래의 상관을 떠나서 정인을 택하니 어버이와 같은 귀인의 신임을 얻고 윗사람을 섬기는 한편 많은 사람에게 덕성을 기르고 은혜를 베푸는 교화분야에서 이름을 떨치게 된다.

✱ 상관이 가공 공장이라면 편인은 가공 상품

　사주분석에서 상관과 편인(偏印)의 상호관계를 정확히 설정하고
서 운명감정이나 분석을 해야만 분석의 유효성이 높아진다. 상관이
인공적인 생산수단이라 비유한다면, 편인은 인공적인 의식주로 비
유를 할 수 있다.

　이렇게 상관이라는 가공공장에서 생산된 편인이라는 가공의 상
품이기에, 상관과 편인의 상호관계는 바로 그 아버지에 그 아들의
관계로 천생연분이라 할 것이다. 그래서 상관과 편인은 정식부부의
인연을 맺고서 함께 사는 다정하며 화목한 관계다.

　한편 상관은 천애의 고아로서 알몸뚱이를 갖고서 태어났을 뿐이
다. 이 세상의 하늘과 땅은 넓지만 그가 의지할 곳은 아무 곳에도 없
음이다. 이렇게 저절로 스스로 주어지는 자연의 혜택을 전혀 누리
지 못하는 상관이기에 그는 스스로 인위적인 의식주를 구해야만 하
는 신세다.

　마치 어머니를 잃은 고아가 유모나 우유를 찾아 헤매며 구하듯이
그 외로운 고아 앞에 나타난 유모가 바로 서모(庶母)격인 편인이라
할 것이다.

　편인, 그에게는 자녀가 없다. 그래서 편인은 인위적으로 자식을 구
해야 한다. 이런 홀어머니(偏印) 앞에 고아가 나타난 것이 바로 상관
이다. 상관은 편인을 부모로 삼고 그에게 의지함을 매우 기뻐한다.

　그래서 편인은 상관을 보호하는 정관(正官)으로서 아버지 겸 남편
의 역할을 훌륭하게 수행한다.

✱ 상관이 편인을 보면 개과천선해 온화해지고 생기를 얻어

다정한 아버지를 찾은 고아(傷官)는 편굴했던 자신의 잘못된 기질을 씻고 순진하고 온후한 인생으로 교화되듯이, 군자와 같은 남편(正官)을 새로 얻은 그늘진 여인(偏印)도 과거의 상처를 대부분 씻고 밝고 명랑한 주부로 새로운 출발을 함이다.

타고나 개성을 신신대사 하듯이 편인과 상관은 서로 서로가 개과천선하고 전향하여, 인수(印綬)와 식신으로 개종하고, 군주(日干)를 위해서 충성을 다하는 것이니 전화위복이다.

이와 같이 상관이 편인을 보면 서로가 개과천선하고 온화해지는 동시에 생기를 얻고 활기를 띤다. 본래 상관은 머리가 좋고 편인은 눈치가 빠르다. 머리가 비상한 상관은 눈치가 빠르고 비범한 편인이 아니고는 도저히 다룰 수가 없듯이, 눈치가 빠르고 비범한 편인은, 머리회전이 좋고 빠른 상관이 아니고는 절대 감당할 수가 없음이 세상의 상식이다.

상관과 편인은 서로가 재치 밥과 눈치 밥을 먹고 살아가는 불우한 처지인지라 그들은 쉽게 친해지고 서로 동정하며 의지할 수가 있음이다. 천하의 눈치와 재치가 하나로 뭉쳤으니 그 비범한 수단과 능률은 주인공을 천하일품으로 출세시키고도 남음이 있을 것이다.

✱ 상관이 왕성하고 신약한 경우에 정인이 구세주 노릇해

반대로 상관이 왕성하고 신약한 경우엔 정인이 구세주 노릇을 한다. 예컨대 차량이 빈약한데 과속으로 달리듯이 병든 말이 경사진

언덕의 내리막길을 굴러 내리니 숨이 가빠서 금방이라도 쓰러질 것만 같음이다.

이때에 말의 고삐를 잡아 속도를 늦추어주고 풍성한 먹이와 휴식을 주면 말은 다시 생기를 얻어서 기운을 차리게 된다.

이와 같이 신약(身弱)하고 상관이 왕성한 천명이 정인을 보면 허기(虛氣)가 지고 숨이 가쁜 어린이가 자비로운 부처님을 만난 듯이 보약과 풍부한 의식주를 공급받는 동시에 브레이크로 속도를 크게 제한하고 알맞게 달림으로써 건강을 회복하고 능률을 올릴 수가 있음이다.

그리고 상관이 왕성한 자는 다리가 튼튼하고 스피드에 능함으로써 힘만 있으면 얼마든지 달릴 수 있다. 이렇게 상관이 원하는 원동력이 정인이니 정인을 얻으면 능률을 고속화하고 극대화함으로써 소원을 성취할 수 있음이다.

결과적으로 상관은 대자대비한 정인의 교화에 상관의 기질을 탈피하고 착한 일을 서두르니 만사가 형통한다할 것이다.

✿ 상관이 허약한데 신왕하면 발병 난 말에 쇠사슬을 묶어 놓는 격

그러나 정인보다 상관이 강한 경우에 정인의 영향은 크게 감퇴되고 상관의 기질과 본성을 그대로 고수하게 된다. 왜냐하면 육신은 형식적인 상하의 관계보다는 왕성한 상관이 정인의 지배를 받지 않기 때문이다.

상관은 버릇없이 달리는 과속의 질주자인데 반하여, 정인은 철없는 어린이의 손목을 잡고 인도하는 브레이크의 기능을 가지고 있을

뿐이기 때문이다.

신왕한데 상관이 허약하다면, 차량의 거대한 바퀴를 약하고 둔해서 제대로 굴리지 못하는 형국이다. 이럴 때에는 무력한 상관을 기르고 강화시키는 비견, 겁재, 상관의 왕지를 만나는 것이 급선무다.

가뜩이나 빈약한 바퀴로서 소걸음처럼 기어가는 차량에 강한 브레이크를 걸어서 바퀴를 둔화시킨다는 것은 발병(發病)이 난 말(馬)에 쇠사슬을 묶어 놓는 것괴 다름이 없음이다.

그러기 때문에 천명이 신왕한데 상관이 허약한 사람은 정인을 가장 싫어하는 것이다. 신왕한데 상관이 허약한 사람이 만약에 인성(印星)을 만나서 보게 되면 절룩거리는 말에게 매질을 내리치듯 함이니, 이는 그대로 곤두박질을 침이고 꼼짝을 못하며 만사가 와해되고 침체됨이라 할 것이다.

그러한 말을 다시 움직이게 하려면 무거운 짐을 풀고 병원으로 입원시켜야 하니 막대한 손재와 많은 시일을 허송하지 않을 수 없음이다.

제6장

재성운세기간의 육신별
운세판단과 성공처세술

재성운세기간의 육신별
운세판단과 성공처세술

1. 재성은 욕망과 탐욕의 별이나 그 소재별 특성이 달라

✱ 재성은 재능 욕망 탐욕의 샘

사주의 육신분석에서 등장하는 재성(財星)은 의식주를 생산하는 기본수단이다. 생산수단은 오곡을 생산하는 농토나 고기를 생산하는 어장과 어선을 비롯해서 밀림에서 사냥을 하는 총포, 과실을 생산하는 과수원, 돈을 버는 공장, 사무실과 같은 일터, 직장, 시장이며, 용역에 해당하는 기술과 문학, 예술, 음악 등 의식주를 마련하는 수단의 일체를 말한다고 할 것이다.

자연적이고 자기소유인 사유생산수단은 정당하고 합법적인 재산이라고 해서 정재라 칭한다. 반면에 인공적이고 타인의 생산수단은 부당하고 상술적인 재산이라고 해서 편재라고 칭한다.

자연적인 생산수단은 농토와 광산 등 고정된 부동산이 주체가 되

고, 인공적인 생산수단은 시장과 상품 등 유통적인 동산이 주체가
된다. 농장이나 목장, 어장을 중심으로 정착하는 농업, 목축업, 어
업 등을 비롯해서 고정된 직장이나 생산업 또는 자기소유의 생산수
단을 통한 생산업은 모두가 정재에 해당한다.

한편 시장이나 국제시장을 중심으로 유동하는 상업이나 금융업
또는 타인의 생산수단을 이용하는 임대업이나 고용업 등은 모두가
편새에 해당한다.

✳ 편재의 성정은 횡재의 돈

① 편재의 성정은 청렴결백하다.
② 편재의 운질은 재물의 출납이 심하여 잘 벌기도 하고 잘 쓰기
도 하며, 재복은 있으나 재화(財禍)가 많아서 속성속패를 한다.
③ 편재는 대개 나가는 돈과 횡재의 돈으로 간주한다.
④ 사주에 편재가 많으면 다정다감하지만 욕심이 많고 주색잡기에
빠질 수도 있으며, 타향에서 성공하거나, 양자로 가는 경우도 있다.
⑤ 신왕사주이면서 편재가 왕성하면 사업이 대성한다.
⑥ 남자사주에 편재가 많으면 첩을 많이 얻거나 바람을 피운다.
⑦ 여자사주에 편재가 많으면 재복이 없고 기생, 창녀, 화류계의
팔자라 할 것이다.

✳ 편재의 소재별 특성

① 편재는 월지(月支)에 있는 것이 제일 좋다.

② 연주(年柱)의 간지(干支)에 모두 편재가 함께 있으면 양자로 가는 수가 있고 조업을 물려받아 상속한다.

③ 월주(月柱)에 편재가 있고 일주(日柱)에 겁재가 있으면 처음은 부귀하나 말년에는 빈천하기 쉽다.

④ 편재가 시간(時干)에 있으면서 사주 중 비견 또는 겁재가 있게 되면 폐가(廢家)하고 상처(喪妻)를 하기에 이른다.

⑤ 편재가 천간(天干)에 투출(透出)하면 의로운 일에 희사를 잘한다.

⑥ 편재가 간지(干支)에 모두 있거나, 특히 월주(月柱)의 간지(干支)에 모두 있을 경우에 남자는 처덕이 많고 여자는 재물의 복이 있음이다.

⑦ 신약사주가 세운(歲運)인 연운(年運)에서 편재(偏才=財鄕)를 만나면 죽는 수가 있음이니 근신을 해야만 무난히 넘길 수가 있음이다.

✻ 정재의 성정과 특성

정재(正財)의 성정(性情)에 대해서 살펴 요약해보면 다음과 같이 정리될 수 있을 것이다.

① 정재의 운질은 자산과 신용을 말하고 언행이 명랑하고 검소하며 저축 형이 특징이다.

② 정재는 남자에게는 정식 아내(妻)다. 예컨대 남자사주에 있어서 정재는 아내와 돈(金錢)이 되기 때문에, 정재로 아내의 관계와 금전의 관계를 감정하는 것이 바르다.

③ 정재는 남녀 공히 재물인데 횡재의 돈이 아닌 정식 노력의 대가로 번 재물이고 돈이다.

④ 신왕사주에 정재가 있으면 처첩과 더불어 향락을 누리는 팔자다.

⑤ 신약사주에 정재가 있으면 부귀한 집에서 태어나지만 빈천하게 살아간다.

⑥ 신약사주인데 정재가 너무 과다하게 많으면 빈천하고 고난을 겪게 되고, 아내가 엄격하여 공처가와 같은 현상이 일어나며, 재(財)가 많아 여색으로 손재를 하기에 이른다. 그리고 이런 아내의 여자인 경우는 대체적으로 계(契)같은 것을 하게 되면 안 되고 어머니와 일찍 사별함을 특징으로 한다.

⑦ 여자사주에 정재가 많으면 가난함이 특징이다. 이런 천명은 머리는 적은데 몸이 큰 격이다. 그러므로 여성 천명에 정재가 많게 되면 재물을 관리할 수가 없게 되는 상황에 놓이게 되는 것이다.

⑧ 남자사주에 정재가 있으면 지혜롭고 현명한 현처(賢妻)를 얻으며 의협심이 있고 대중의사를 존중하며 공명정대하게 된다.

⑨ 남자사주에 정재가 2개 이상으로 많으면 편재로 변해 버리기 때문에 결혼을 여러 번하게 된다.

⑩ 여자사주에 정재와 편재가 많으면 재다신약(財多身弱)해져서 물(酒)장사 아니면 화류계나 창녀가 되는 길로 빠질 위험이 높다.

✽ 정재의 소재별 특성

정재의 소재(所在)별 특성을 정리해 보면 다음과 같다.

① 연간(年干)에 정재가 있으면 조부모님의 대(代)에서 부귀하였다는 증거다.

② 연월주(年月柱)에 정재와 정관(正官)이 함께 있으면 부모가 부

귀하였다는 증거다.

③ 연지(年支)나 월주(月柱)에 정재가 있을 경우에는 재산, 명예, 복록, 사업흥왕 등의 길상을 나타낸다고 보면 바르다.

④ 월주(月柱)에 정재가 있으면 사회적으로 신망이 높으며 성격이 온화 단정함이 특징이다.

⑤ 남자의 경우에 월간(月干)이나 일지(日支)에 정재가 있다면 처덕(妻德)이 있고 근면하다는 증거다.

⑥ 천간(天干)에 정관이 있고, 지지(地支)에 정재가 있다면 고귀하게 된다. 그리고 정재는 지지(地支)에 있는 것이 좋고 더욱이월지(月支)에 있는 것이 제일 좋다고 할 것이다.

⑦ 정재가 월지(月支)나 시지(時支)에 있는 것도 좋으며, 월지(月支)에 있으면 명문가문의 딸이거나 부귀한 집으로부터 딸을 얻음이기에 부자 집의 며느리를 맞이한다는 뜻이다.

⑧ 정재가 시간(時干)에 있으면 처자(妻子)가 길(吉)하지만 본인은 성질이 급하고 자수성가를 해야만 한다.

✱ 순천자는 흥하며 역천자는 망하는 것이 운명과 자연의 법칙

정재는 날 때부터 자기자본을 가지고 있고 죽을 때도 자기재산을 남기고 갈 수 있다. 그러나 편재는 빈손으로 태어났듯이 죽을 때도 빈손으로 돌아가야 한다. 공수래공수거야 말로 편재의 숙명이다. 한 푼 없이 빈손으로 왔다가 천하의 돈과 여인을 자유자재로 마음껏 다루다가 끝내는 빈손으로 종말을 고하는 편재야 말로 멋있는 천재의 경제인이라 하겠다.

견물생심이라고 편재는 돈을 벌면 자기 것으로 만들려 하는 욕심
이 생긴다. 땅도 사고 집도 사고 기업도 장만한다. 그러나 정재는 소
유권이 있지만 편재는 소유권이 없는지라 자기소유가 생기면 하늘
이 허용하지를 않는다.

평지풍파가 생기는가 하면 자식을 통해서든 여인을 통해서든 바
람처럼 날리고 만다. 그만큼 하늘은 공정하고 철저하다. 자본을 준
자에게는 수단을 수지 않고 수단을 순 자에겐 자본을 주지 않는다.

그와 같이 정재가 수단을 부리면 망하고 편재가 자기자본을 형성
하면 망하게 된다. 순천(順天)자는 살고 흥하며 역천(逆天)자는 죽고
망하는 것이 하늘과 자연의 법칙이니 운명을 초월할 수는 없음이
인간의 팔자다. 타고난 사주팔자는 천명의 문서고 운명의 각본이니
인생은 그 문서와 각본대로 울고 웃다가 무대를 떠나는 천명 앞의
탤런트고 배우다.

2. 편재는 생산수단 없이 알몸으로 태어난 투기와 무정한 부양 의 별

편재는 남의 돈과 여성을 타고났을 뿐 자기 것은 없는 것을 의미
한다. 즉 편재는 타고난 재물이 없으므로 스스로 벌어야 하고 돈을
벌려면 자본이 있어야 하는데 편재는 자본이 없다.

그래서 남의 돈을 가지고 벌어야 하기에 금융에 비상한 재간과
수완을 갖추어야 하므로 조물주가 선천적으로 이러한 수완을 부여
한 것이다. 그러기에 남의 여성을 상대하려면 얼굴도 멋져야하고

수완과 요령이 비범하여야 하듯이 남의 돈으로 돈을 벌려면 재간과 언변이 남달리 비범해야만 한다.

그래서 편재의 주인공은 천부적으로 돈이 으뜸이고 욕심이 많으며 솜씨가 천재이며 수완, 재간, 요령이 능숙하여 알몸과 맨주먹으로 수많은 여성과 수만금을 자유자재로 떡 주무르듯 하는 것이며, 남녀 간에는 애정이 으뜸이지만 편재는 이해와 타산이 위주다.

대부업자나 여성들이 보기에 편재가 거부이고 돈을 잘 쓰는 멋쟁이로 보이지만 편재는 철저한 장사꾼이고 이해타산에 의해서 움직이므로 소득이 없는 거래는 하지 않는다. 그래서 편재는 돈 앞에서는 하나님처럼 섬기고 돈을 벌기위해서는 수단과 방법을 가리지 않으며 인간적으로는 무정하기 짝이 없는 것이 편재의 천성이고 특징인 것이다.

돈을 좋아하되 아끼지 않으며 여인을 좋아하되 사랑하지 않고 단지 이용만 하는 편재는 비록 자기 돈과 자기 여인은 없으나 천하의 돈과 여인을 마음껏 멋대로 이용하는 재간과 수완으로 천하의 거부가 되고 수많은 여성을 거느릴 수 있음이다.

그러나 편재만으로 치부가 되는 것은 결코 쉬운 일이 아닌 것이다. 거부가 될 수 있는 경우는 첫째가 편재가 왕성하고 비겁(比劫)이 많아야 인인성재(因人成財)의 부천명(富天命)이고, 둘째는 편재가 용(用)이 되고 식상생재(食傷生財)하는 길천명(吉天命)이 부천명(富天命)이다.

그러나 편재가 왕성한데 비겁(比劫)이 없거나 재관(財官)이 많으면 욕심은 많으나 재간이 없고 무모한 투기를 즐김으로써 손재를 많이 하고 파산하는 동시에 돈이 생기면 재난이 따르는 불행한 가

난뱅이 천명이 되는 것임도 알아야 한다.

❋ 편재는 이해관계로 행동하는 무정한 별

편재(偏財)의 의미를 보자. 주인공이 태어난 날인 일천간(日天干)이 어떤 오행을 극(剋)하면서 부양하는데 음양(陰陽)이 서로 같은 경우가 바로 편재에 해낭한다.

즉 일간(日干)이 갑(甲)일 때 무(戊)가, 일간(日干)이 을(乙)일 때 기(己)가 편재다... 일간(日干)이 임(壬)일 때 병(丙)이, 일간(日干)이 계(癸)일 때 정(丁)이 편재에 해당된다.

日干	甲	乙	丙	丁	戊	己	庚	辛	壬	癸
偏財	戊	己	庚	辛	壬	癸	甲	乙	丙	丁

예컨대 음양인 남녀가 만나면 사랑과 정이 발생하지만, 음양이 한쪽으로 편중되는 것은 남성과 남성이 만나고 또 여성과 여성이 만나는 격이므로 같은 동성끼리 애정이 발생할 수가 없음이다. 이렇게 음양이 편중(偏重)된 관계에서는 단지 이해관계가 있을 뿐이므로 이득이 있으면 관계하고 이득이 없으면 외면을 하는 무정(無情)한 사이다.

재성(財星)은 내가 부양하는 여성, 수하, 고용인 등의 별인데 재성 중에서 편재는 부양은 하되 그 관계가 이해위주로 얽혀있어 애정이 없는 무정한 여성, 부하, 고용인을 의미한다.

즉 편재는 내 아내가 아닌 대중의 여성이고 남의 여성이고 자기의 부하가 아니고 자기의 고용인이 아닌 대중이자 남의 부하이며 타인의 고용인이기에 정이 갈 수가 없음이다. 그래서 편재는 보호하고 관리는 하되 정이 없음이니 이는 자신의 소유가 아니고 대중의 소유이기 때문에 그러한 것이다.

남의 것을 아끼고 사랑할 리가 없음이고 단지 이해관계상 거래를 할뿐이다. 또한 남의 여성을 상대하는 것은 자신의 아내가 없거나 만족하지 못하기 때문이며, 남의 돈을 상대하는 것은 내 돈이 없기 때문이다.

✱ 편재는 천부의 생산수단 없이 알몸으로 태어난 신세

편재는 천부의 생산수단을 갖지 못하고 있다. 알몸으로 태어나서 모든 것을 자기 힘으로 인공적으로 생산해야 한다.

남의 땅 남의 자본 남의 생산수단을 빌리고 융통해서 생산을 하려면 첫째 사교성이 능하고 신용이 풍부하며 수단과 요령이 비범해야 한다 하늘은 자연적인 생산수단 대신 인위적인 융통수단을 부여함으로써 편재는 나면서부터 머리가 비범하고 장사하는 수단과 재능이 뛰어난 것이다.

정재(正財)는 타고난 물질과 자본이 풍부함으로써 자기 본위로 행동하는 데 반하여 편재는 빈손과 머리만을 가지고 살아야 함으로써 자기의 뜻과는 달리 타의와 타인 본위로 행동해야 한다.

물주의 뜻에 따라서 행동하고 보비위를 멋지게 해야만 남의 생산수단을 융통하고 이용할 수 있다. 만의 일이라도 수완이 부족하거나 불신을 당하면 만사는 끝장이 나고야 만다. 융통이 중단되면 생산은 불가능하고 생산이 중단되면 의식주가 파산됨으로써 알몸으로 살아갈 수는 없다.

　그렇다고 덮어놓고 융통하는 것은 아니다. 보다 간편하고 유리한 조건을 물색해서 보다 많은 이득을 올려야 한다. 그러기 위해선 정보가 빠르고 발이 넓으면 관찰과 판단력이 민첩해야 한다.

3. 재성과 다른 육신과의 상호관계에서 나타나는 운질

✽ 편재와 비견, 편관의 상관관계

　① 편재와 비견이 함께 있으면 부친(父親)덕이 없고 색난(色難)을 당할 수가 있다.
　② 편재와 편관이 함께 해도 부친(父親)덕이 없고 색난(色難)을 당할 수가 있다.

✽ 편재와 천덕, 월덕귀인, 12운성, 충(沖), 역마와의 상관관계

　① 편재가 천덕과 월덕귀인을 가지면 명망이 있는 부모를 모시며 복록이 많다.
　② 여자사주에 편재가 많으면서 12운성중 쇠사묘(衰死墓)가 있으면 남편과 일찍 사별한다.
　③ 편재가 충(沖)을 만나면 많은 지출수가 크게 일어나 곁에 붙어 있던 첩이 떨어진다.
　④ 편재가 역마(驛馬)를 만나면 첩과 함께 도주하던지 바람을 피

워 도망을 가거나 또는 돈이 크게 나간다.

✱ 편재와 체용과의 상관관계

① 편재가 용(用)일 경우를 생각해 보자. 편재가 용(用)이 되면 투기로 치부함을 암시하듯이 저마다 소득을 올리는 돈주머니로서 쓸모가 있음이다. 편재가 용(用)이면 인심이 후하고 사교가 능하며 돈과의 인연이 평생 떨어지지 않고 공돈이 언제나 끊이지 않으며 모든 풍파를 극복하고 마침내는 돈의 재미를 즐길 수가 있다.

그래서 편재가 용(用)이 되는 천명은 수완이 비범하면서도 인심이 후하기에 인인성재(因人成財)를 한다. 즉 돈을 버는 데는 재간과 수완이 제일이고 치부하는 데는 신용, 성실, 인심이 으뜸이기에 만인이 따르고 도와주는 인심이 좋은 물주라야만 돈을 모으고 치부할 수 있는 이치다.

② 편재가 체(體)일 경우를 생각해 보자. 편재가 체(體)가 되거나 편재가 많으면 투기로 파산함을 암시하는 것이니 저마다 재난을 일으키는 골치 거리로서 투기와 욕심에 빠져 속임수에 걸리고 수난을 여러 번 겪게 되며 평생 동안 산재(散財)와 질병(疾病)을 갖고 산다.

그래서 편재가 체(體)가 되는 천명은 수완이 무능하고 인심이 박하기에 인인손재(因人損財)를 한다. 비록 재간과 수완이 뛰어나지만 인심이 박하고 만인의 미움과 불신을 산다면 어디를 가나 외톨이가 되고 낙오자가 되기에 돈을 모으고 치부하기는커녕 밥 먹고 살기도 고단한 인생이 될 수밖에 없음이다.

✱ 정재와 식신, 정재 겁재와의 상관관계

① 사주에 정재(正財)와 식신이 동시에 있으면 가정이 행복하다.

② 사주에 정재와 겁재가 함께 있으면 흉(凶)으로 변해 버린다. 사주내의 정재가 겁재와 동주(同柱)하면 부친(父親)덕이 없고 빈곤함이 특징이다.

③ 예를 들어 태어난 닐인 병일주(丙日柱)의 정재는 신금(辛金)이고 식신(食神)은 무토(戊土)이기 때문에, 식신인 무토(戊土)가 정재인 신금(辛金)을 토생금(土生金)하여 살려주기 때문에 가정이 행복한 것이다. 그러나 겁재인 정화(丁火)가 있으면 비화자(比和者)가 되어 형제들이 재물을 쪼개어 갖게 되므로 쟁재(爭財)한다 하여 흉함이 되는 것이다.

✱ 정재와 재성 정인과의 상관관계

① 사주에 재성(財星)이 없고 정재가 지장간(地藏干)의 속(墓)에 들어 있으면 수전노(守錢奴)라 할 것이다. 그러나 지장간이라는 묘(墓)속의 정재가 충(沖)이나 파(破)로 깨지는 경우에는 그 반대의 현상이 나타난다.

② 사주내의 정재가 인수(印綬)와 동주(同柱)하면 소망하는 바를 이룰 수가 없음이다.

③ 여자사주에 정재 정관 인수가 있으면 재물은 많으나 색정가이고 특히 사주 내에 있으면 더 심하다고 할 것이다.

✻ 정재와 공망 충과의 상관관계

① 사주내의 정재가 공망이 되면 처덕이 없고 동시에 재물복도 없다.

② 사주에서 정재가 합(合)이 되어 타신(他神)이 되거나, 정재를 충(沖)하면 금전에 이동이 있으므로 직업에 변동이 많다고 할 것이다.

여기서 타신(他神)이란 예컨대 을(乙)에서 정재(正財)는 무토(戊土)인데, 무토(戊土)가 계수(癸水)와 합이 되면 무계지합화(戊癸之合火)가 되어 변해버린 화(火)가 등장함이니 화(火)라는 인성(印星)이 등장함이니 이것이 바로 타신(他神)이다.

✻ 정재와 용신 12운성과의 상관관계

① 정재가 용신(用神)인데 겁재가 있거나 겁재대운(劫財大運)을 만나면 파산을 하거나 아내(妻)에 나쁜 변고가 있게 된다. 즉 정재와 겁재는 상극(相剋)의 관계이기 때문이다.

② 정재에 도화(桃花)가 있고, 12운성(運星)중에 목욕(沐浴)이 동주(同柱)하여 있으며, 동시에 비견이 같이 있으면 아내(妻)가 간음을 하거나 간통 등의 부정을 한다고 보면 바르다.

③ 정재에 12운성 중에 절묘병사(絶墓病衰) 등이 동주(同柱)하여 있으면 아내가 어리석거나 허약하여 재혼을 하기에 이른다.

✳ 정재와 체용과의 상관관계

사람을 낚는 조물주의 최고의 미끼가 돈과 벼슬이다. 정재든 편재든 재성은 물질적인 욕망의 별로서 돈을 버는 수완, 재간, 인연은 있으나 자칫 잘못하면 욕심으로 인해서 함정에 빠지기 쉽기에 늘 경계를 하여야만 한다.

재성이 체(體)가 되거나 여러 개가 나타나면 부양할 등짐이 태산과 같은 격이니 아무리 욕심을 부리고 돈을 번다고 해도 감당을 할 수가 없고 재물을 낚으려다가 오히려 낚이고 묶임으로서 재난과 질병을 자초하게 된다.

그래서 재성은 왕(旺)하지만 비겁이 없으면 그림의 떡이고 먹지 못하는 돌덩이 듯이, 재성은 많으나 재성이 허약하면 십톤 차로 백톤 화물을 탐하고 욕심을 부리는 격이니 만사불성이기보다는 평생 동안 욕심과 짐 때문에 쫓기고 시달리는 어리석은 인생이라 할 것이다.

재성이 용(用)이면 비겁(比劫)을 가장 두려워하지만, 재성이 체(體)면 비겁(比劫)이 용(用)으로서 가장 기뻐하고, 인심이 후하고 만인이 도와서 거부가 될 수가 있다. 그러나 비겁이 체(體)가 되면 인심이 박하고 만인이 도적으로서 평생 손재하고 도적에게 시달리며 빚쟁이에게 쫓기고 가난을 벗어날 수가 없다.

인심은 곧 천심으로서 인심과 천심이 착한자만이 하늘과 만인의 사랑과 도움을 받을 수 있으며 부귀를 같이 나누고 즐김으로서 오래오래 누릴 수 있는 것이다. 이렇게 재성은 부(富)의 상징이지만 한편으로는 재난의 근원이기 때문에 치명적인 재난에 걸리기 쉬운 함정이고 낚시가 바로 재성인 것이다.

4. 편재는 자기돈 없이 천하의 자본과 여인을 제 것처럼 이용해

✱ 편재는 남의 돈을 가지고 사업하는 경우

정재(正財)는 자기 돈 가지고 사업을 하니 교제비나 이자를 쓰지 않음으로써 이득 전체가 고스란히 수입이 된다. 그러나 편재(偏財)는 남의 돈을 가지고 사업함으로써 교제비와 이자를 공제하고 나면 불과 이득의 몇 분의 일이 소득으로 떨어질 뿐이다.

그러나 관록과 더불어 융통하는 자본이 커지고 투자의 시장이 눈사람처럼 확대됨에 따라서 소득 또한 극대화하여 마침내 천하의 거부 내지 갑부로 출세한다.

정재는 자기자본만을 활용함으로써 실패는 적으나 큰 부자가 되기는 어려운데 반하여 편재는 천하의 자본을 동원하고 이용함으로써 일약 거부로 둔갑할 수 있음이다. 그렇다고 자기자본이 형성된 것은 아니다.

모든 것은 남의 자본으로 꾸며진 융통의 호화선으로서 관리하고 이용하는 자유와 권리가 있을 뿐이다. 솜씨가 비범하고 이자를 잘 주며 신용이 두터운지라 천하의 돈을 동원할 수 있고 지상최대의 기업을 형성하고 있지만 물주는 따로 있다.

편재의 입장에서 보면 본전을 청산하면 기업은 하루아침에 무너지고 빈털터리다. 관리와 경영의 일인자로서 업계를 누비고 있는 편재는 그가 살아 있는 동안 그리고 신용을 유지하는 동안은 대기업의 두목으로서 갑부행세를 할 수 있지만 만의 일이라도 신용을 잃거나 죽거나 하면 편재의 호화선은 깨지고 물거품처럼 사라진다.

✳ 편재는 세상을 위해 평생 이용당하다 기진맥진해 죽어가는 인생

편재의 눈으로 볼 때는 천하가 자기 것처럼 자기를 위해서 존재하는 것만 같다. 자기가 원한다면 억만금도 이용할 수 있듯이 어떠한 천하미인도 자유자재로 거느릴 수 있으니 말이다.

그러나 현실은 그와 정반대다. 은행이나 전주가 돈을 빌려주고 뭇 여인이 그를 따르는 것은 결코 공짜가 아닌 충분한 대가를 받았기 때문이다. 편재가 물주와 여인을 이용하였듯이 물주와 여인은 그 이상으로 편재를 이용하는 것이다.

처음부터 돈으로 이용하고 이용당한 것이니 결과적으로 편재는 세상을 이용한 것이 아니고 세상을 위해서 평생 이용을 당할 대로 당하다가 마침내 기진맥진하여 죽어갈 뿐이다.

편재는 남의 덕에 살고 출세한 것이 아니라 남을 위해서 일생을 꼭두각시 노릇을 한 것이다. 그러나 편재는 죽을 때까지 이를 의식하지 못한다. 오직 세상은 나를 위해서 존재하는 나의 것으로만 생각한다.

그래서 편재는 세상을 기쁘게 생각하고 남이 나를 도와주듯 남을 위해서라면 아낌없는 봉사와 헌신을 한다. 그 봉사와 헌신이 내일의 융통과 이용을 위한 투자이고 수단임을 말할 나위도 없다.

그만큼 편재는 머리를 써야 하고 뛰어다녀야 하며 정력과 시간을 과대 하게 지출해야만 한다. 자기자본으로 평생을 편안하게 살 수 있는 정재와는 하늘과 땅의 차이가 있는 셈이다. 그것은 있는 자와 없는 자의 현실적 차이이자 타고난 운명의 차별로서 불평등은 자연법칙과 천명법칙의 원칙이니 어쩌란 말인가?

5. 편재의 천명 재벌이 나눔병행하면 대성하나 탐욕 일삼으면 심판대 올라

재성(財星)이 부(富)의 상징이나 재난의 근원도 됨이기에, 치명적인 함정이자 사람을 낚는 조물주의 최고의 미끼가 바로 재성이다.

타고난 천명사주팔자에서 남성의 입장에서 본다면 내가 마음대로 다스릴 수 있는 대상(六神)이 바로 아내(妻)와 재물이라고 할 것이다. 그래서 사주의 육신분석에서 아극자처재(我剋者妻財)라고 명명을 했음이 아닐까?

재성에 해당하는 재물과 피부양자는 바로 자신이 스스로 보호하고 관리하며 책임과 권리를 동시에 갖는 소중한 별이라는 의미다. 사주에서 재성으로 분류되는 편재든 정재(正財)든 재성의 바른 위치는 사람이 태어난 달인 월주(月柱)라 해야 바르다.

편재(偏財)는 무정한 돈이자, 여성이며, 피부양자들이기에 사주에 편재가 많아 혼탁함은 좋은 길명(吉命)이 아니라고 보아야 할 것이다. 예컨대 남성의 경우에서 편재를 사람으로 비유를 해서 본다면 소위 세컨드라고 하는 소실이라고 해야 할 것인데, 이러한 소실은 남성을 이용할 뿐 순정이 없음이 특징이다.

타고난 사주에 편재가 많으면 낭비가 심하고 허영을 즐기며 신용과 성실함이 부족하고 거짓말과 속임수를 능사로 하여 결국에는 여성편력과 금점문제 때문에 수난과 풍파를 겪게 된다.

사주분석에서 편재는 공돈을 버는 투기의 별이기 때문에 편재의 주인공은 항상 돈을 버는 수완과 투기에 아주 능하다고 할 것이다. 증권, 투기, 도박 등에 천재적인 재간을 가짐으로서 금융업, 투기업 등 돈 장사에 능하여 치부가 빠르지만 한편 파산도 빠르다.

다시 말해 편재의 인생은 남의 돈을 이용해서 수천만금을 벌어들이고 또 마음껏 주무를 수는 있지만 처음부터 자기 자신의 것이 아닌 남의 돈이었기에 대중들에게 다시 되돌려주고 깡통의 빈손으로 되돌아가는 것이 순천(順天)의 이치이고 섭리인 것이다.

그래서 편재의 인생은 사회사업, 육영사업, 공익사업 등으로 대중에게 환원시키는 사업을 병행한다면 대성을 하는 것이고 세상에 자신의 이름을 크게 떨칠 수가 있음이다. 그러나 편재의 인생이 탐욕과 욕심만을 부려서 끝까지 독점하려고만 한다면 천명의 심판을 면할 수가 없음이다.

대체적으로 대기업을 이끄는 재벌회장들이 편재의 인생을 사는 사람들이다. 그러나 이런 재벌회장들이 사회공헌사업을 한답시고 생색을 내는 홍보는 많이 하지만 실제로 자신의 역량만큼 희생과 헌신이 담보된 사회 환원이 되고 있지 않을 경우에는 반드시 재물로 인한 재난이 발생하고 상속을 둘러싼 후손간의 대립, 갈등, 비극이 끊이지 않게 되는 것임을 명심해야 할 것이다.

이렇게 사주분석에서 재성은 부(富)의 상징이지만, 또 한편으로는 재난의 근원도 됨이기에 치명적인 함정이자, 사람을 낚는 조물주의 최고의 미끼가 바로 재성이라고 할 것이다. 그래서 타고난 재성을 어떻게 잘 관리하고 처세하며 대처하는가가 그 사람 인생의 삶의 질을 결정하는 중요한 변수라 할 것이다.

6. 정재가 2개거나 정재가 편재와 함께 있으면 정재가 편재로 둔갑해

타고난 사주에 정재가 둘(2)이 있으면 두(2)여인이 같이 사는 격이고, 정재가 편재와 함께 있으면 정실과 소실이 같이 있는 격이라 할 것이다. 소실(偏財)을 거느린 남편과 아내(正財)가 유정할 수 없 듯이 두(2)여인 사이에서 진실 된 애정을 기대할 수는 없는 일이다. 그래서 정재가 둘(2)이 있거나 정재가 편재와 같이 있으면 정재가 편재로 변질되기에 편재가 많은 것과 다를 바가 없음이다.

이렇게 사주에 정재가 둘(2)이던, 정재가 편재와 함께 있으면, 즉 부양함이 많으니 소모와 낭비가 많게 되어 무리한 욕심을 부리 다보니 요령과 수완을 위주로 거짓과 속임수가 늘어나고 신용이 타 락될 수밖에 없음이다.

그래서 직업과 기업에 변동과 풍파가 불가피하고 저축과 치부는 생각 조차할 수가 없게 되는 것이다. 즉 정재가 편재로 바뀌는 경우 는 수완과 재간이 비범해져서 투기와 금융에는 능해지지만 그렇더 라도 치부(致富)하기는 어렵다고 해야 할 것이다.

즉 정치권력이나 부정불의로서 이룬 억만장자는 역천이고 사상 누각으로서 반드시 그 돈 때문에 망하고 그 돈 때문에 처참한 불행과 비극을 맞이하는 것이 세상의 상식이고 자연의 섭리다.

한편 사주에 정재가 왕성하고 비겁(比劫)이 많으면 비겁이 용(用)으로서 인심이 후하고 만인이 도와주기 때문에 인인성부(因人成富)할 수 있다. 그러나 사주에 정재가 왕성한데도 불구하고 비겁(比劫)이 없고 재성(財星)과 관성(官星)이 나타나면 평생 동안 돈과 여인 때문에 수난이 많고 풍파를 거듭해서 겪을 수밖에 없게 된다는 점을 명심해야 할 것이다.

✻ 천부의 생산수단을 타고난 정재는 재물이 풍성하고 일생 의식주가 풍부해

자기소유의 부동산이나 생산업 또는 합법적인 고정 직업을 가진 정재(正財)는 의식주가 풍족할뿐더러 마음이 안정되고 너그러우며 재물을 아끼고 증식시켜 늘리려는 절약과 검소 그리고 성실과 근면성이 철저하다고 할 것이다.

모든 것은 경제적이고 실리적이며 현실적이고 타산적이며 생산적이고 의욕적이다. 벌기를 좋아하고 쓰기를 싫어하는 구두쇠지만 반면에 인정이 있고 관용과 도량이 넓어서 자기 도리를 다하는 성정이다.

자기자본에 의한 독립적인 생산업을 하려면 많은 종업원을 거느리고 협동적인 생활을 해야 한다.

그러나 자본이 풍부하고 충분한 대가를 지불하는 만큼 훌륭한 인재를 등용할 수 있음이고 그 유능한 인력과 자본과 경영의 합리화로 부(富)를 조성할 수 있음이다. 이렇게 천부(天賦)의 생산수단을 타고난 정재는 어려서부터 재물이 풍성하고 일생을 통해서 의식주를 풍부히 누린다.

✲ 정재는 나에게 다정하며 유정한 여인과 재물

재성(財星) 중에서 정재는 나에게 다정(多情)하며 유정(有情)한 여인과 재물이다. 여기서 정재의 의미를 한번 살펴보자. 태어난 날의 일간(日干)이 어떤 오행을 극(剋)하고 음양(陰陽)이 서로 다른 경우가 바로 정재다. 내가 부양하고 다스리는 아극자(我剋者)로서 일간(日干)과 음양을 바르게 형성한 것이 곧 정재다.

예컨대 일간(日干)이

日干	甲	乙	丙	丁	戊	己	庚	辛	壬	癸
正財	己	戊	辛	庚	癸	壬	乙	甲	丁	丙

을 만나는 경우가 각각 정재에 해당한다.

정재는 정당하고 합법적인 자기의 아내이고 재산이기에 자기 것은 아끼고 사랑하듯이 정재는 다정하고 유정한 자기의 여인이고 정당한 자기의 재산인 것이다. 그래서 정재는 그를 이용하거나 낭비하지 않으므로 천부적으로 성실, 검소, 알뜰하고 법에 따라서 합리적 생산과 저축을 중시하기에 신용이 두텁고 의식주에 늘 여유가 있다.

그러나 정재는 공돈을 버는 천재적인 수완과 재간이 없기에, 투기나 노름에는 무능할 정도로 소질이 없으며, 일확천금을 하거나 거부가 될 수 없고, 직장과 기업을 통해서 개미와 꿀벌처럼 부지런히 일을 하고 돈을 버는 성실꾼이다. 정재는 생산업, 제조업, 농축산업 등 안전하고 장기적인 기업 활동을 택함을 기본으로 한다.

사주의 육신분석에서 아극자처재(我剋者妻財)라 함은 내(我)가 자유자재로 다스릴(治=剋) 수 있는 것이 아내(妻)와 재물(財物)이라는 말이다. 물질적 욕망의 별(星)인 재성(財星)은 남자의 입장에서는 내가 관리하고 부양하는 재물, 여성, 수하(부하), 고용인 등이다.

재성에 해당하는 재물과 피부양자는 자신이 보호·관리하며 책임과 권리가 함께 있는 소중한 별이다. 재성에 해당하는 편재(偏財)와 정재의 정식 위치는 태어난 달인 월주(月柱)인데 이러한 재성은 인성(印星)과 겁재를 기(忌)하여 꺼린다.

7. 재성이 허약한 사람은 사업 동업계 등의 비견관계 절대금물

사주에 재물이 허약하면 비견(比肩)을 다스리는 방법을 강구해야만 탈이 안 생긴다. 사주의 육신분석에서 재성(財星)과 비견의 상호관계를 정확히 관찰해보는 것도 분석의 예측력을 높이는데 매우 유익한 접근방법이다.

재성은 재화와 용역의 생산수단이자 재물이며 관리를 행사할 수 있는 지배권(支配圈)이라 정의할 수 있다. 그러므로 재물에는 반드시 주인이 있고, 주인은 그 재물에 대한 소유권과 지배권이 있음이다. 비견은 태어난 날에 해당하는 일주(日柱)와 똑같은 제2의 주인이다.

하나의 재물에 주인이 둘이 있을 경우에는 반드시 재물 상에 시비와 분배가 필연적으로 일어나게 되어있다. 사주에서 재물에 대한 법률상의 주인은 일주(日柱)다. 비견은 일주(日柱)의 형제로서 재물의 분배를 요구하고 잠식하려 든다.

사주에 재물이 넉넉하다면 형제끼리 나누어도 충분함이기에 서로 시비할 것이 없을 것이다. 형제가 요구하는 대로 고루 나누고 분배하니 서로 다정하고 인심이 후하여 형제간에 우애가 깊다. 그래서 사주에 재왕(財旺)하다면 형제자매인 비견을 기뻐하고 그래서 형제가 화목함이다.

그러나 사주에 재물이 허약해서 가난하면 형제간에도 인색하고 시비가 일어나기 십상이다.

사주에 재물이 허약하면 형제자매간에 같이 살수도 없고 그렇다고 갈라질 수도 없이 한배에 얽혀 살아야 할 비견과 일주(日柱)는 그래서 오월동주격인 것이다. 평생 동안 재물 상에 문제가 발생하는가 하면 무엇이 뜯어 가든 반분을 해야 한다.

그러기 때문에 사주에 재물이 허약하면 비견을 다스리는 방법부터 시급히 강구해야만 한다. 첫째는 사주에 재물이 허약하면 동업을 하지 말아야 하고 반드시 독립을 해야 한다.

둘째는 사주에 재물이 허약하면 사람을 쓰는 사업을 하지 말고 경쟁하는 업체를 멀리해야 한다. 예컨대 평생 내 것을 탐하고 뜯어가는 비견이 있음에도 사람을 쓰거나 동업을 하는 것은 도둑을 불러들이는 것과 똑같기 때문이다.

셋째 사주에 재물이 허약하면 동기간, 동향인, 동창생 등 동(同)자가 든 상대방과는 아예 담을 쌓아야 하고 그들 일에 개입도 하지 말아야 하며 계(契)나 조합, 회합 등에도 가담하지 말아야 하고 어떠한 경쟁이나 대립적 사업엔 일체 참여하지 않아야 실수를 줄일 수 있다. 그리고 형제나 동기간과도 멀리 떨어져 지내고 금전거래는 일절 금해야만 문제가 일어나지 않는다.

넷째 사주에 재물이 허약하면 문서상 미결이 있거나 내일로 미루는 일은 금물이고 남의 보증을 서거나 인정을 베푸는 것은 자살행위와 같다. 어떠한 경우에도 오늘의 친구는 내일의 적이라는 사실을 명심하고 남을 믿어서는 안 된다. 항상 믿는 도끼에 발등을 찍히는 격이니 철저히 의심하고 조심하며 경계해야만 한다.

다섯째 사주에 재물이 허약하면 재물 상에 시비나 분쟁, 재판은 백해무익함이기에 가까이 하지 말고 이미 과거에 저지른 손실이나 실패에 대해서는 빨리 잊어버리고 추호의 미련도 갖지 말아야 깨끗함이다. 집주인에게 무언가를 보태줄 나그네가 없듯이 일주(日柱)를 도와줄 비견이 없음인 것이다.

이와 같이 재성(財星)과 비견이 같이 있으면 항상 마음이 놓이지 않고 불안 초조하며 신경을 곤두세우는 온갖 장애가 발생하기에 이른다. 그래서 한 가지에 전념할 수 없고 무엇인가 마음을 부산하게 하고 신경을 과민하게 만든다.

이러한 비견을 철저히 감시하고 재물을 지키려면 법을 다스리는 벼슬아치를 배치해야만 탈이 생기지 않는다. 그런 호재자(護財者) 즉 재물을 지켜주는 것이 바로 정관(正官)이다. 때문에 관성(官星)이 있으면 비견이 꼼짝을 못하여 재물을 탐하거나 침해하지 못하게 된다.

사주에 3개 이상의 비견이 모이면 이를 군비(群比)라 한다. 군비(群比)는 서로가 살기위해 하나의 재물을 앞에 놓고 서로 독점하려고 피비린내 나는 싸움을 벌인다.

이렇듯 재물 때문에 구사일생의 혈투를 벌여야만 하는 운명인 것이다. 이를 이름하여 군비쟁재(群比爭財)라고 한다. 비견이 둘이면 분배가 아닌 겁탈로 바뀌어 변질되듯이 비견이 둘이면 겁재(劫財)로 변함이 육신의 철칙이다. 이렇게 형제가 도둑으로 둔갑해버리는 것이다. 도둑은 재빠르고 눈치가 빠르면서 언제나 불안하고 초조하다.

그래서 사주에 비견이 여럿이면 행동이 민첩하고 경쟁에 뛰어난 솜씨를 가지고 있다고 분석할 수 있다. 남의 것을 공짜로 가로채고 낚아채는 겁탈의 재능은 바로 노름이나 투기를 통해서 비범하게 나타나게 된다. 그렇다고 비견은 식객이나 겁탈만을 일삼는 것은 아니다.

사주에 재물이 적을 경우에는 비견이 야속하고 원망스럽겠지만 재물이 많을 경우에는 비견을 두려워하지 않고 오히려 보약으로 쓰이는 경우가 있다. 재물이 적다는 것은 돈 보따리가 가벼운 것이고 재물이 많다는 것은 돈 보따리가 크다는 것을 의미한다.

가벼운 보따리는 슬쩍 가로 챌 수 있지만 무거운 보따리는 혼자서 들 수가 없으니 어차피 여럿이 목도를 매어야만 운반이 가능해진다. 이는 잉어와 고래에 비유하면 쉽사리 알 수 있다.

잉어는 누구나 혼자서 가져갈 수 있지만 고래는 혼자서 낚을 수가 없음이다. 여럿이 힘을 합해야만 고래를 잡을 수 있고 워낙 덩어리가 크기 때문에 나누어 먹어도 충분히 돈을 벌 수 가 있다. 잉어 낚시터에서는 비견에 해당하는 사람들이 몰려오는 것은 싫어하겠지만 고래낚시서는 사람들이 많아야 하기 때문에 비견에 해당하는 사람보다 더 반가운 것은 없을 것이다.

그래서 신왕(身旺)하고 재약(財弱)한 사주를 가진 자는 비견을 송충이보다도 싫어하듯이 사람들을 미워하고 매사에 독선적이고 대인

관계가 형편이 없다. 그러나 신약(身弱)하고 재왕(財旺)한 사주를 가진 자는 비견이 죽어 돌아온 할아버지나 어머니보다도 더 반갑듯이 사람들을 반기고 인심이 후하며 대인관계가 원만하고 친절함이다.

비견 때문에 재물을 손실당하는 신왕(身旺)자는 본래가 천하장사고 힘이 남아 돕이니 남의 힘이나 도움이 전혀 필요치가 않는 경우다. 그에게 필요한 것은 오직 생산수단인 재물뿐이라 할 것이다. 그런 천하장사 앞에 재물이 아닌 식객이 나타나서 자웅(雌雄)을 겨루자고 한다면 반가워할 리가 없음이다.

그러나 농사지을 농토는 넓고 인력이 부족한 재왕(財旺) 신약(身弱)자는 인력(比肩)이 많으면 많을수록 좋듯 다다익선이기 때문에 비견을 보면 그렇게 반가울 수가 없음이다. 귀한 손님에게 친절하고 후한 대접을 하며 인심과 인정을 베푸는 것은 당연한 일이다. 개똥도 약에 쓰듯이 비견도 약으로 쓰는 경우가 이렇게 많은 법이다.

그래서 속담에 사람 괄시(恝視)를 하지 말라는 게 아니었던가? 그렇다고 재왕(財旺)자에게 비견이 언제까지나 평생 아쉽고 소중한 것만은 아니다.

왜냐하면 대운(大運)이 신왕(身旺)지에 이르면 재성(財星)은 쇠퇴하고 일주(日柱)는 왕성해짐이니 비견의 도움이 필요치 않을 뿐만 아니라, 비견이 오히려 야속한 식객과 간섭자로 둔갑함으로써 인인성사(因人成事)가 인인패사(因人敗事)로 바꿔지기 때문일 것이다.

즉 어제의 동지가 오늘의 적으로 둔갑함이니 무상한 것은 인생이고 운명인 것이다. 아무리 반갑고 친한 사이라도 비밀을 밝히거나 약점을 잡혀서는 안 되는 것이 현명한 처세술이라 할 것이다.

8. 재성이 겁재를 보면 고양이 앞의 쥐 꼴로 겁탈을 당해 파산 위험 처해

사주의 육신분석에서 비견(比肩)이 온순하고 합법적인 경쟁자라면 겁재(劫財)는 사납고 불법적인 겁탈자다. 합법적인 분배를 떠나서 강제로 겁탈하는 자가 겁재로 바로 도둑이자 강탈자라 할 것이다.

천하의 겁탈자에게는 상대에게 돈이 없으면 무용지물이다. 그와 같이 겁재가 있어도 재물이 없다면 피해가 있을 수가 없다. 그러나 돈(財)을 보면 겁탈자는 번개처럼 달려들어 낚는다. 송두리째 집어삼키는 것이 겁재의 본성이다.

그래서 재성(財星)이 겁재를 만나면 고양이(猫) 앞에 쥐(鼠)의 꼴이라 할 것이다. 재성이 겁재를 만나는 운세의 기간에는 닥치는 대로 겁탈을 당하여 파산을 면 할 수가 없다.

이렇게 불법으로 빼앗긴 돈(財)은 불법으로 회수해야하고 강제로 겁탈당한 재물은 또 다른 형태의 겁탈로써 회복할 수밖에 없음이 이 세상의 논리다. 그래서 겁재와 재성이 함께 있는 자는 성격이 거칠고 무법과 겁탈을 즐기며 투기와 모험을 일삼는다고 할 것이다.

즉 겁재와 재성이 함께 있는 사주는 하루아침에 돈뭉치를 빼앗기는가 하면 하루아침에 천금을 벌기도 한다.

이렇게 겁재는 대담하여 죽음도 불사하며 두려워하지 않는다. 그래서 이런 무법자를 사주에 거느리고 있는 주인공이 평화롭고 안정된 생활을 할 수가 없음이다. 돈을 벌었다 하면 동시에 도둑이 뛰어드니 저축을 하거나 절약을 할 마음이 도통 생기지 않는다. 어차피 빼앗길 바에는 재빨리 쓰는 것이 현명하기 때문일 것이다. 그래서 겁재는 돈만 생기면 물을 쓰듯 아낌없이 써버리는 것이 버릇이고 팔자다.

이런 겁재는 친구에게 푸짐하게 선심을 쓰는가 하면 처자에게도 풍요롭게 선심을 뿌리고 행한다. 그리고 나서 자신이 빈손이 되면 겁탈의 기회를 또 다시 노린다. 이러한 겁탈이 사정이 여의치 못하게 될 때에는 스스로 무법자가 되어 친구나 자신의 아내에게 겁탈의 성질을 내뿜게 됨이니 친구긴이든 기정에서의 부부불화가 일어나게 된다.

겁재 앞에는 오직 돈과 겁탈이 있을 뿐이다. 겁재는 내 재물을 겁탈당하는 반면에 남의 재물을 겁탈하는 이중성(二重性)이 있음을 알아야 한다. 그러나 나의 집에 재물이 있으면 겁탈을 당하지만 내집에 재물이 없다면 겁탈당할 것도 없음이다.

재물을 탐내는 겁탈자가 재물을 얻지 못하면 남의 집으로 뛰어들 것은 필연적인 일이다. 그와 같이 재성과 겁재가 함께 있으면 나의 재물이 있다면 겁탈을 당함이다.

그러나 재성이 없는 겁재는 남의 재물을 노리고 겁탈자로 군림함이 특징이다. 재성과 겁재가 함께 있다고 해도 재물이 없다면 나 자신이 스스로 겁탈자로 둔갑을 하기에 이르니 겁재가 있으면 집안에 재물을 둘 수 없음이다.

그래서 재성과 겁재가 함께 있다고 해도 재물이 없는 경우에는, 동시에 돈이 떨어지면 사기나 협잡 또는 노름을 빙자한 겁탈을 비롯해서 투기와 밀수를 통한 겁탈 등 다양한 겁탈 작전을 일삼는가 하면 그도 저도 어려울 경우에는 폭력에 의한 겁탈로 전락을 하기에 이른다.

9. 재성과 식신이 신약한 자에게는 흉신작용이니 신왕해지는 방법 강구해야

사주의 육신분석에서 재성(財星)이 돈이라면 식신은 상품으로 비유될 수 있다. 상품의 질이 좋고 많아야만 돈을 쉽게 그리고 많이 벌수 있음이 세상논리다. 상품은 시장에서 거래되고 돈도 또한 시장에서 돌고 돌듯이 회전된다.

상품의 입장에서 보면 시장이 있으면 돈을 자유자재로 벌 수 있고 또 부자가 될 수가 있다. 식신(食神)은 천연적으로 생산된 자연의 과실이자 하늘에서 내리는 천연의 의식주라 할 것이다.

그래서 타고난 사주에 식신이 있다면 천연의 상품을 하늘에서 원하는 대로 저절로 보급을 해줌이니 의식주가 풍부함이라 할 것이다. 식신, 이는 곧 부모로부터 받는 상속이다.

이렇게 식신의 팔자는 내 자본과 내 시설로 상품을 자유자재로 만들어 내 유통시장에서 팔고 돈을 버는 것이니 치부할 것은 당연지사다. 그러나 상품을 생산하고 돈을 벌더라도 심신이 튼튼해야만 한다.

병든 환자가 일을 할 수 없듯이 심신이 허약하거나 몸에 병이 들면 생산도 소비도 할 수가 없음이다. 그래서 식신과 재성(財星)을 감당하는 데에는 몸이 튼튼하듯 신왕(身旺)함을 전제로 함이다.

그래서 신약자에게는 재성(財星)이 흉신(凶神)이듯이, 그러한 재성(財星)을 생산하고 장려하는 식신이 신약자에게는 더욱 더 큰 흉신이 됨이다. 예컨대 이는 돈과 재물을 생산하는 것이 아니고 질병과 재난과 손재를 생산하는 꼴이기 때문이다. 이는 소화를 못해내는 위장에 밥을 계속 공급함으로써 마침내 포화상태로 만들어 질식시키는 것과 똑같음이다.

사주분석에서 육신상으로 식신과 상관은 주체의 능력을 외부로 발휘하는 것들이다. 나무에서 꽃이 피고 잎이 피는 것이 모두가 식신과 상관에 해당한다. 이는 자기능력을 꽃피우는 기회와 수단을 의미함이다. 태어난 날짜인 일주(日柱)를 자동차로 비유한다면 식신과 상관은 자동차가 굴러가는 농로이자 고속도로에 해당한다.

그러기 때문에 식신과 재성(財星)이 있으면 돈을 벌 수 있는 기회와 시장이 원하는 대로 우연히 자연스럽게 마련되는 격이다. 모든 것이 소망대로 우연히 이뤄지는 하늘로부터 타고난 천부의 부자가 욕심을 심하게 부리고 무리를 하면서 살리는 없음이다.

그래서 인심이 후하고 인정도 많으면 마음 또한 너그럽고 누구에게나 베풀기를 좋아함도 당연지사다. 이와 같이 사주에 식신과 재성(財星)이 함께 있으면 평생 동안 의식주가 풍부하고 체력이 건전하며 하늘과 땅과 주위에서 모두가 한결같게 자신을 보살펴 줌이니 만사가 형통함이라 할 것이니 이 또한 조물주의 설계이자 각본인 것이다.

10. 재성과 상관이 함께하면 일류시장을 개척함이니 단기간 거대발전 가능해

신약(身弱)자는 머리로서 돈을 벌기에 치부하기가 어렵다. 사주의 육신분석에서 식신이 자연적인 천연의 과실이라고 한다면 상관은 인공적인 인공의 과실로 비유될 수 있다. 천연과실이 부족하면 인공과실의 개발이 불가피하다.

사주의 육신(六神)분석에서 자연의 천연자원을 누리지 못하는 인자가 바로 상관이다. 그래서 상관은 자연의 천연자원을 대신해서 인력으로 자원을 개발할 수 있도록 하는 특이한 두뇌를 타고남으로써 자원의 인공생산에 비범한 재능을 가지고 있다고 판단하면 바르다.

그토록 애를 써서 발명하고 생산을 해내는 두뇌의 작품이지만 자연사회에서 그를 소화해주는 시장이 적을 뿐만 아니라 가치를 잘 인정해주지도 않는 경향이 있다.

이렇게 배고파 허기진 상관에게 시장을 제공하고 돈을 버는 기회를 제공하는 것이 바로 상관이라는 생재(生財)다. 재성(財星)과 상관이 함께 있으면 일류의 상품(傷官)이 시장(財星)을 개척한 격이니 상품의 유통은 의심할 여지가 없을 뿐만 아니라 급속도로 시장에서 팔리고 발전을 해간다.

어떻게 하면 돈을 버느냐에 골몰하고 머리를 짜내고 또 짜냈을 것이다. 원초적으로 타고난 가진 천연자원이 없음이니 모든 것은 남의 것을 이용하고 활용하며 지혜와 재치로서 생산을 해내야만 했음이다. 그만큼 생산조건이 까다롭고 생산비가 많이 들어갔다는 증거일 것이다.

이렇게 상관이 자나 깨나 머리를 써야 했음이니 체력이 온전할 수가 없음이다. 식신은 황금을 대자연에서 쉽게 생산하지만 상관은 머리에서 쥐어짜내서 생산함으로써 머리가 속속들이 개발되는 반면에 과로가 극대화하기에 이른다. 신경이 과민하고 쇠약하며 체력이 조로 한다.

그러므로 사주가 강건하게 신왕(身旺)하지 않고는 상관의 생재(生財)를 계속 수행하기에 도저히 건강을 감당할 수가 없다는 이치다. 때문에 신약자는 머리로서 돈을 벌기는 하지만 모아서 치부(致富)하기가 어렵다고 판단을 하는 것이다. 자기 몸이 감당하기 어려운 무거운 짐은 한시라도 짊어질 수가 없음이 자연의 이치다. 이때에는 무엇인가 써서 소비를 시켜야만 한다.

예컨대 상관은 정신적인 설기(泄氣)다. 그래서 정신적으로 유쾌하게 즐거운 멋을 위해서 돈을 펑펑 쓰는 일을 이름이 상관이다. 상관은 사치와 유행을 즐기고 향락과 색정을 탐한다. 돈을 벌면 사치하고 청춘을 즐기며 마음의 안식처를 찾아서 돈을 뿌리듯이 말이다. 상관은 머리가 비범하니 돈을 벌기도 잘하지만 쓰기도 잘한다. 어차피 자신이 감당을 못하는 돈인지라 기분 껏 쓰자는 주의다.

특히 편재(偏財)를 가졌으면 공돈을 잘 버는 동시에 색정이나 기분을 내는 멋 등으로 돈을 물 쓰듯 할 것이다. 즉 공수래공수거인 것이다. 이렇게 머리를 짜내고 정력을 낭비하는 신약자가 노쇠함을 단축하고 색정으로 망신을 당할 것은 불문가지라 할 것이다. 신체적으로는 반드시 호흡기관이 허약하고 방광이 고단하여 낙엽처럼 일찍 쇠퇴한다고 판단하면 바를 것이다.

11. 재성이 신왕하면 재산이고 복수거래시장이나 신약하면 빚이고 두 여성을 거느린 형국

사주의 육신분석에서 재성(財星)은 돈을 생산하고 물건을 거래하는 시장이자 남성의 입장에서는 남자를 따르고 섬기는 여성과 아내의 별로 비유될 수 있다. 그래서 재성이 또 다른 재성을 보면 2개의 거래시장과 2명의 여성이나 아내를 거느리는 형국이라 할 것이다.

타고난 사주가 왕성해 신왕(身旺)하고, 상품을 생산하는 공장인 식신이 있는데, 만일 여기에 거래시장인 재성이 2개라면 이는 또 다른 새로운 시장의 개척이자 동시에 확대이기에 크게 번창 발전함을 의미하고 동서남북 사방에서 돈을 벌고 치부하는 부(富)의 대행진이라고 할 수 있다. 이는 본점에서 다른 지역에 지점을 차리고 동서남북 사방에 시장을 또 개설하니 일대장관이 아닐 수 없음이다.

그러나 사주에 생산 공장인 식신이 없거나 2개의 시장을 거느린 신왕(身旺)자가 아니라면 상황은 크게 달라진다고 봐야 한다. 예컨대 사주에 식신이 없다는 것은 자기상품이 없다는 말이다. 이렇게 자기상품이 없이 단지 시장만 갖고 있다면 이는 시장을 상대로 육체적 노동을 팔아먹는 장사꾼이고 남의 물건을 팔아주는 소매상 또는 행상이라고 할 것이다.

이렇게 사주에 재성이 복수로 여러 개가 나타나는 것은 한곳의 시장만을 상대로는 먹고 살 수가 없어서, 이곳저곳 여러 군데의 시장을 상대로 장사를 해야 하는 형국이라 할 것이다. 이렇게 자기자본이나 자기상품이 없이 이 장이나 저 장을 쫓아다닌다는 것은 하나의 시장만으로는 생활할 수가 없는 시장의 빈약성을 의미함일 것이다.

물건을 거래하면서 돈을 버는 시장은 월급을 받는 직장이나 투자를 하는 업체와도 동일하게 통한다. 그러기 때문에 사주에 재성이 여러 개면 직장이나 업종을 여러 번 바꾸고 성패(成敗)가 무상함을 암시 한다고 할 것이다.

어느 것 하나 뜻대로 되는 것이 없고 하는 것마다 이득이 박하며 실패가 무상하기 때문에 이것저것 온갖 것을 손을 대고 대상을 바꿔보지만 성사되거나 일관되기가 어렵다.

이러한 현상은 남녀나 부부의 인연관계에서도 그대로 통용된다는 점을 알아야할 것이다. 예컨대 사주에 재성이라는 아내의 별이 여러 개가 있다면 부부관계가 원만치 못하고 어지럽고 난잡함을 암시함이다.

사주가 왕성해 신왕(身旺)한 사람은 2~3명의 여자(財星)를 거느려도 거뜬히 그리고 능히 감당할 수가 있기에 서로가 만족하고 원만한 금실을 누릴 수 있다. 그러나 사주가 신약한 사람은 단 1명의 여자(財星)도 만족하게 거느릴 수 없기에 금실이 좋지 않고 불평불만이 싹트고 계속 누적해서 앙금이 쌓이다 보니 부부사이가 점점 벌어지고 서로 등을 지게 되며 결국은 새로운 이성을 찾게 된다.

모든 것은 나의 부족과 무력에 기인하지만 거꾸로 상대방을 원망하고 외면하기를 서슴지 않는다. 그러한 점이 바로 여인의 원한을 초래하고 마침내는 재난을 불러일으키는 여난을 자초하기에 이른다. 태어난 날인 일주(日柱)를 운송수단인 자동차에 비유한다면 재성은 돈을 생산하는 화물인 셈이다.

자동차는 일감인 화물이 있어야 운행도 하고 돈도 벌수 있는 기회가 생긴다. 자동차가 크고 튼튼하듯 사주가 왕성해 신왕(身旺)한 사람은 화물이 다다익선으로 많으면 많을수록 좋다. 그러나 자동차가 허약하고 부실하듯 사주가 신약한 사람에게는 화물이 스스로 감당할 수 없는 짐과 부담이 됨이니 화물이 많으면 많을수록 고통이라 할 것이다.

그래서 사주가 신약한 사람이 무리한 재성을 거듭해서 보거나 만나는 경우에는 병든 자동차가 그대로 고장나 꼼짝을 못하기에 이르게 된다. 즉 사주가 신약한 사람이 무리하게 재성을 겹쳐서 만나게 되면 글자 그대로 절벽강산의 신세가 되어 버림이다.

예컨대 몸을 망치고 화물을 망치니 크나큰 부채와 손재를 걸머지고 중병을 앓게 됨이다. 화주(貨主)의 손해변상청구와 법적시비가 벌어지니 관재와 손재를 면할 수가 없음이다. 신약한 사람에게 이는 재성이 아니고 몸을 공격하고 재물을 파괴하는 칠살로 둔갑을 해버린 꼴이다. 그래서 신약한 자가 재성이 2개이거나 재성을 거듭해서 만나게 되면, 재성이 칠살로 변질되어 관재, 손재, 중병 등을 앓게 되는 것이다.

본래 재성은 사주가 신왕(身旺)한 자에게는 재산이다. 그러나 사주가 신약한 자에게는 채무가 된다는 점을 명심해야만 한다. 재산이 재산을 보면 부자가 되지만 채무가 겹치면 관재(官災)가 발생하고 여러 채권자들에게 쫓기는 신세가 되고 만다. 나를 잡으려는 채권자는 호랑이보다도 더 무서운 '빚쟁이 귀신'이라는 채귀(債鬼)이니 심신이 온전할 리가 만무하다.

여자의 경우를 적용해도 마찬가지일 것이다. 아내를 만족하게 사랑 할 수 있는, 즉 사주가 신왕(身旺)한 자에게는 재성이 현명한 복처(福妻)이기에 재성이 겹치면 부귀를 누릴 수 있는 팔자다.

그러나 아내를 감당 못하는, 즉 사주가 신약한 자에게는 재성이 괴롭고 고통스러운 독부(毒婦), 악처(惡妻)와도 같은 존재다. 그래서 신약한 자에게 그러한 독부(毒婦)가 겹치면 가정이 파탄되고 재산이 파산되며 수명이 또한 위험하니 호랑이나 독사와 다를 바가 없다고 할 것이다. 그 남편이 온전할 리가 만무함이다.

그래서 사주가 신약한 자가 재성을 2개 이상을 거듭해서 만나게
되면, 여난(女難)으로 가정의 파산과 더불어 구사일생의 재난을 겪
으면서 동시에 항상 쫓기는 신세가 된다.

모두가 자신이 타고나서 저지른 인과응보이고 타고난 숙명적인
팔자이자 비극이니 참으로 어찌할 수 없는 인생이다. 이러한 수난
을 피하고 모면하는 길은 오직 사업을 하지 말고 여색을 멀리하며,
결혼은 늦게 하거나 독신주의로 사는 것만이 상책이라 할 것이다.

이러한 경우에는 재성의 기운을 상극(相剋)해서 눌러주고 분담해
주는 비견이나 겁재가 대운이나 세운에서 나타나 함께 있어준다면
오히려 전화위복이 될 것이다. 예컨대 1개의 시장, 직장, 여인을 가
지고 서로 아귀다툼을 하는 판국에 또 다른 1개의 시장, 직장, 여인
이 나타난다면 쟁탈전이 스스로 해소되고 평화와 화목을 찾으니 오
히려 꽃바람과 봄바람이 불어와 행운을 몰고 오게 됨이다.

그러나 사주가 신약한 자는 비견이나 겁재의 수가 적고 대신해서
식신과 상관의 수가 많아서 생겨난 태생적인 문제이기에 이를 기대
하기란 하늘의 별따기라 할 것이다.

12. 신약한데 재성이 왕성하고 관성이 있으면 부하 때문에 물질적 정신적 큰 타격 받아

편관(偏官)이라는 칠살의 성정은 벼랑과 같은 비탈길로 심한 절벽
강산에 비유될 수가 있다. 사주의 육신분석에서 재성을 침범하는

것이 비견과 겁재라고 한다면, 관살(官殺)은 비견과 겁재를 누르고 재성을 지켜주는 법과 파수꾼이라 할 것이다.

사주가 신왕(身旺)하고 재성이 왕성하면 재물을 관리하고 지켜주는 관살이 필요하고 아쉬운 처지다. 예컨대 관살이 있어야만 만금(萬金)을 보존할 수도 있고 도둑들도 지켜내고 막아낼 수가 있음이다. 그래서 천금을 가지면 부자이고 많은 종을 거느리면 귀하신 몸이니 재성과 관성(官星)을 동시에 겸하여 가지면 부귀를 겸전한 사주라 하는 것이다.

따르는 종복은 주인에게 충성을 다하는 것이 의리이고, 주인은 따르는 종복에게 후한 녹을 베푸는 것이 도리인 것이 천하의 이치다. 부자가 아랫사람들에게 후한 녹을 베풀 수 있고 동시에 후한 대접을 할 수 있다면 천하의 인재들을 모두 구해서 거느릴 수도 있음일 것이다.

속담에 재물이 많으면 사방에서 훌륭한 일꾼들이 모여든다고 했다. 또 아랫사람들에게 인심이 후하고 대우가 두터우면 정성을 다하여 주인을 공경하고 살림을 보살핀다고 했다. 이렇게 사주에 재성이 왕성하면 재생관(財生官)해줌이니 스스로 관성(官星)이 발생하고 많은 시종이 따르게 된다고 할 것이다.

그러나 사주가 신약(身弱)하고 사주에 재성이 없어 재물이 없다고 한다면 종복을 둘 수가 없는 팔자다. 만약에 종복을 둔다고 하더라도 종복에게 대우를 해주거나 녹을 줄 수가 없기 때문에 종복들이 따로 할 일이 또 없음이다.

항상 상전에게 뇌물을 받치듯 종이 아닌 도둑을 섬기고 공경해야 함이니 가난과 질병에서 벗어나기 힘들고 평생 동안 편안하고 배부르게 살 방도가 없음이다.

이와 같이 사주가 신약하고 재성이 왕성할 경우에 관성(官星)이 있다면 부하로 인해서 물질적 손실과 정신적 타격을 크게 받는 팔자라 할 것이다. 성실하고 착한 일꾼을 만나지 못하고 악하고 간사한 일꾼을 만나서 재물을 빼앗기고 망신을 당하며 평생 동안 고통을 면하기가 힘든 사주라 할 것이다.

태어난 날인 일주(日柱)를 자동차로 비유하고 재성을 일감인 화물로 비유한다면 관살은 바로 아주 높은 당상(堂上)의 고개 길에 해당한다고 비유할 수가 있다.

당상(堂上)이란 임금이 자리를 잡고 있는 아주 높은 곳이며 백성이 관직이라는 벼슬을 하려면 당상에 올라서서 임금을 배알해야만 가능했다. 그러한 당상의 자리에 오르려면 구름다리처럼 높은 언덕을 반드시 넘어서야만 한다.

그러기 위해서 소중하고 귀중한 재물들을 당상의 임금 앞(前)에 받치게 되면 임금은 이를 아주 기뻐하고 크게 치하하며 후한 벼슬을 내리기에 이른다. 이렇게 타고난 사주가 재성이 풍부한 사람은 귀중한 많은 재물들을 당상에 조공할 수가 있기 때문에 오래도록 부귀를 누릴 수가 있음이다.

그러나 타고난 사주가 신약하거나 재성이 빈약한 사람의 경우에는 당상에 올라갈 기회도 없음이고, 설령 임금을 배알 할 당상에 올라갈 기회가 주어졌다고 하드래도 임금 앞에 바칠 재물이 부실하기 때문에 거꾸로 임금의 노여움을 사서 벼슬을 전수받기는커녕 불이익을 받을 가능성도 가지고 있음이다.

사주의 육신분석에서 정관(正官)은 문무백관들 모두가 통행하는 층층계단의 대로이기 때문에 누구나 그런 대로 쉬어가고 스텝바이 스텝으로 한걸음씩 또는 한 계단씩 점진적으로 올라갈 수 있는 길이다.

그러나 편관(偏官)의 칠살은 벼랑과도 같은 비탈길로서 심한 절벽 강산이기에 전혀 올라갈 수가 없는 고난의 길이다. 그런데 하물며 무거운 등짐을 지고 절벽강산에 부딪쳤음이니 마침내 오도 가도 못하는 신세로 궁지에 몰려서 몸부림과 발버둥을 치다가 지고 있던 등짐에 치어서 결국은 크게 상해를 입거나 심할 경우에는 죽음을 면하기 어렵게 되는 경우도 발생하기에 이른다.

13. 신약한데 재성보면 남편구실 못하고 신왕한데 정인보면 모친이 자식기회 방해해

사주의 육신분석에서 재성은 여성으로서 아내이고 정인(正印)은 여성인 어머니에 해당한다. 아내가 자기 남편을 혼자서 독점하려 함이 인지상정이듯이, 또한 어머니가 자기 자식을 독점하려 함도 인지상정이다.

이렇게 특정의 A라는 한 남성을 두고서, 자기남편이라고 독점하려는 아내라는 여성과 자기아들이라고 독점하려는 어머니라는 2명의 여성이 항상 서로 대립관계에 놓일 수밖에 없다.

사주가 12운성으로 비추어 보아서 장생(長生), 절(絕), 태(胎), 양(養)처럼 아직 스스로 자립할 능력이 없이 후견인의 보호를 받아야 할 신약한 사람의 경우라면 절대적으로 어머니의 별인 정인(正印)을 택해야 할 것이다.

그러나 사주가 12운성으로 비추어 보아서 관대(冠帶), 건록(建祿), 제왕(帝旺)처럼 능히 스스로 자립할 수 있는 신왕(身旺)한 사람의 경우라면 아내의 별인 재성을 택해야 할 것이다.

타고난 사주가 신약해 어머니의 별인 정인(正印)을 택한 자는 어머니의 젖꼭지에 의지하는 마마보이와 같은 미성년자인 만큼 아내를 맞아서 결혼생활을 하거나 자립하려는 것은 자살행위로서 금물이라 할 것이다.

이러한 그는 아내에 대한 남편노릇을 할 수 없을 뿐만 아니라 자신의 주권행사도 마음대로 할 수도 없는 무능력자이기에 여성에 해당하는 재성을 보게 되면 다음과 같은 2가지의 변고가 발생하기에 이른다고 할 것이다.

신약사주가 재성을 보면 남편구실을 제대로 못하는 주인공의 처지가 된다. 그래서 남편구실을 못하는 주인공에게 아내는 늘 불평과 불만을 품고 반발과 증오감을 갖는 동시에 거꾸로 남편을 지배하려 들며 욕구불만에서 오는 탈선과 방종을 하기에 이를 것이다. 물론 그런 무능력한 남편을 맞이하는 여자도 똑똑하고 온전할 리가 만무하다.

그러므로 어머니의 별인 정인(正印)에 의지하는 신약사주는 처덕이 없고 아내로 인해서 고생하고 손재하며 망신까지 당하기에 이른다고 할 것이다. 그래서 신약사주가 결혼을 하면 그때부터 고생문이 훤하다고 말을 하는 것이다.

결과적으로 사주가 신약한 사람이 어리석지 않으면 불구 단명하게 될 것이다. 그러나 반대로 사주가 신약한 사람이 똑똑하거나 인물이 좋다면 자기남편을 무시하고 구박하며 스스로 부정(不貞)을 저지르는 천하의 악처를 얻게 된다는 점에 유의해서 관찰을 해볼 필요가 있다.

사주가 성숙하고 건강한 신왕(身旺)사주는 더 이상 어머니의 도움과 후견이 필요 없고 결혼하여 자립해야 하기 때문에 일단 아내를 택해야 한다. 신왕(身旺)사주는 남편노릇을 늠름하고 훌륭하게 해내기 때문에 아내가 만족하고 남편노릇도 늠름하고 훌륭하게 함으로써 아내가 충분히 만족하고 남편을 성실히 공경하기에 이른다.

자기남편이 똑똑하고 건전하며 잘생겼기 때문에 아내의 인물도 또한 그에 못지않게 뛰어나야 할 것이다. 이 남성에게 어리석거나 못생겼거나 불구거나 바르지 못한 여성은 아예 쳐다보지도 못할 상황이다.

천하의 여성들이 모두 다 탐을 내고 청혼하려드는 대장부의 앞길을 나약한 어머니가 혼자서 가로막을 수는 없는 처지라 할 것이다. 어머니로서 자식의 출세와 부귀영화를 학수기대하지 자식을 시기하고 질투할 어머니란 지구상에 없기 때문일 것이다.

그러나 남자가 성숙하고 훌륭하다고 해도 배우자가 나타나지 않고는 결혼을 할 수가 없음이다. 그래서 씩씩하게 다자란 장정(壯丁)에게 어머니는 부담이 될 뿐이다. 현명하고 건전한 어머니는 결코 자식의 부담노릇을 하지 않는다. 단지 어리석거나 심신이 온전치 못한 어머니만이 자식을 붙잡고 자식의 앞길을 가로 막는다.

그러기 때문에 신왕(身旺)한 사주를 가진 자가 어머니의 별인 정인(正印)을 보면 어머니의 덕이 없고 오히려 어머니 때문에 고생하고 어머니가 출세의 기회를 가로막는 상황이 벌어진다. 이처럼 어머니에 얽매여 있는 노총각 앞에 아름답고 현명한 재성이 나타나서 결혼을 하면 하늘을 나는 새보다도 자유롭고 기쁘며 즐거움을 금지 못할 것이다.

물고기가 호수와 강의 물을 얻는 격일 것이다. 이렇게 좋은 아내와 솥단지를 걸고 한 살림을 차린 남편이 도 다시 어리석게 어머니 품으로 다시 돌아갈 리는 만무하다.

그러기 때문에 사주가 신왕(身旺)한 사람이 인성(印星)을 보게 되면 진퇴양난에 처하게 된다. 예컨대 아들을 찾아온 어머니의 손을 무정하게 뿌리칠 수 없다. 그렇다고 함께 한 이불을 덮고 잘사는 아내를 냉정하게 외면할 수도 없는 일이니 말이다.

그렇다고 여성의 별인 재성(財星)과 어머니의 별인 인성(印星)이 둘이서 쿵쾅하고 이렇게 부딪친다고 덮어놓고 주인공에게 마냥 불리한 것만은 아니다. 왜냐하면 사주가 신왕(身旺)한 사람에게 인성(印星)이 있을 경우에는 재성을 만나면 도리어 기뻐하고, 사주가 신약한 사람이 재성이 있을 경우에는 인성(印星)을 볼 때에 도리어 기뻐하는 경우도 있다.

일주(日柱)를 자동차로 비유할 때에, 재성은 짐을 싣고 스피드를 내며 줄달음치는 운동이고, 정인(正印)은 자동차를 보살피며 필요할 때에 멈출 수 있게 제어를 해주는 브레이크인 제동장치(制動裝置)라 할 것이다.

재성을 쓰는 신왕(身旺)한 사주는 인성(印星)을 싫어하듯이 줄달음치는 자동차도 브레이크를 싫어한다. 예컨대 도로를 질주하던 자동차에 갑자기 브레이크가 걸리면 자동차가 곤두박질하기 쉽기 때문이다.

돌발적인 사고가 발생하여 정신적 물질적인 큰 타격을 받든가 아니면 또 다른 불가항력적인 사태로 인해서 더 이상 앞으로 전진을 할 수가 없어서 그대로 정지해 멈추든가 아니면 후퇴해야 할 상황에 직면을 했기 때문일 것이다.

　그래서 재성을 보약으로 쓰는 신왕(身旺)한 사주가 인성(印星)이라는 브레이크를 만나게 되면, 추진하던 일이 좌절되고 실패함과 동시에 막대한 손실을 당해야 하며 신용 또한 떨어지고 타락을 하기에 이르니 명예손상도 역시 크게 나타날 것이다.

　사주의 육신분석에서 정인(正印)은 후견인이나 손위의 상사를 의미한다. 그래서 브레이크 역할을 하는 정인(正印)으로 인한 사고는 곧 후견인이나 윗사람으로부터의 책망이 따르게 된다.

　그러므로 정인(正印)으로 인한 사고, 불신으로 인한 사고는 갑작스럽게 발생하는 것이므로 예측이 불가능한 봉변과 사고를 암시한다고 할 것이다. 도로 상에서 일어나는 자동차의 사고도 그런 유형의 사고 중의 하나임이 분명하기 때문이다.

　이런 경우는 어머니를 비롯한 존속(尊屬)이나 연상의 윗사람이 위독하거나 사망 등의 변고로 인해서 운행을 중단할 수밖에 없는 사례도 충분히 짐작할 수가 있을 것이다.

　위와는 반대로 인성(印星)을 보약으로 쓰는 신약한 사주는 재성을 싫어하기에 움직여서는 안 된다고 판단되는 자동차는 반드시 브레이크를 단단히 걸어두어야만 한다.

　예컨대 신약해 병들고 불완전한 자동차가 재성을 만나서 힘에 버거운 무거운 화물을 싣고서 과속으로 줄달음치는 경우라면, 그 자동차가 화물을 감당해낼 수 없을 뿐만 아니라 차량운행과 동시에 크나큰 사고가 발생할 것은 불문가지라 할 것이다.

　이러한 무모한 사고가 왜 발생했는지 곰곰이 생각해 볼 필요가 있다. 신약한 사람이 재성만을 쳐다보고 재물과 돈을 벌려는 지나친 욕심과 허영 때문에 발생하였음은 말할 나위도 없다. 이렇듯 무리한 사업과 과도한 탐욕 그리고 과로로 인해서 파탄을 스스로 자초한 결과이니 그 누구도 원망할 수 없는 일이다.

　한편 재성이란 여성으로 또 직결되고 직통함이니 재물이 아니면 여자 때문에 발생하는 색정으로 인한 재난임을 암시한다고 할 것이다. 그래서 감당할 수 없는 재물에 대한 탐욕이나 색정으로 인해서 사고를 당하고 그로 인해서 손재와 망신을 당하기에 조심해야 한다.

　이러한 사고들이 자의가 아닌 타의로 인한 변고임은 물론일 것이다. 왜냐하면 정인(正印)에 의지하는 신약한 팔자를 가진 사람은 스스로 능동적이고 자의적으로 무엇인들 할 수가 없는 인물이기 때문이다.

　즉 어리석고 미숙한 미성년자를 뇌물과 여인으로 유혹해서 걷잡을 수 없는 불의의 이변을 불러일으킨 것이라 생각해도 무방할 것이다.

　이와 같이 사주의 육신(六神)분석에서 정인(正印)의 별은 무한대의 자비와 덕성(德性)을 지닌 어머니의 별이다. 그러나 재성은 철저한 이해관계이고 사적거래의 대명사다. 자비로운 덕성은 이해를 따져서는 안 된다.

　그러나 반대로 약삭빠른 장사꾼은 자비심이나 인정을 베풀어서는 절대로 안 된다. 모성(母性)이 자식에 대한 이해관계를 따진다면 이미 그 모정은 존재 할 수 없는 모정이다. 장사꾼이 돈에 대한 타산을 떠나서 부처님을 생각하고 자비에 눈을 뜬다면 이미 탐욕과 물욕은 존재할 수가 없는 이치와 같다.

이와 같이 정인(正印)은 재성의 물욕이 금물이고, 재성은 정인(正印)의 덕성이 금물인 것이다. 그래서 정인(正印)과 재성이 함께 만나서 부딪치면 서로가 갈피를 못 잡고 주저하면서 우왕좌왕하고 갈등하며 서로 고민을 하는 것이다.

이와 같이 타고난 사주가 신왕(身旺)하고 재성이 풍부한 사람은 재성을 안전하게 감당할 수도 있고 또 큰 부(富)를 이룰 수도 있는 동시에, 힘을 공급하고 길러주는 생기(生氣)의 정인(正印)을 그래서 더욱 기뻐함이다.

한편 타고난 사주가 신왕(身旺)하고 인성(印星)이 풍족한 사람은 심신연마를 완성하고 덕성을 완벽하게 간직함으로써 재성을 만나서 본다고 해도 그 재성에 현혹되거나 유혹되지 않을 뿐만 아니라 오히려 재물을 얻어 자선사업으로 나누고 베푸는데 아낌없이 멋지게 활용하고 크게 덕망과 명성을 떨치게 되는 것이다.

본래 타고난 사주가 신약한 사람이 대체적으로 유혹에 약하듯이 가난한 사람도 또한 유혹에 무기력하다고 할 것이다. 생각과 행동이 어리석거나 어리고 나약한 사람은 사태를 올바로 가늘 수가 없어서 상대방의 속임수에 넘어가기 쉬움이기에 유혹과 현혹이 가장 큰 금물이다.

이와 같이 타고난 사주가 신약한 사람이 재성을 만나거나 아니면 사주에 재약(財弱)한 사람이 인성(印星)을 만나는 것은 금물이라 할 것이다. 그러나 타고난 사주가 신왕(身旺)한 사람이 인성을 만나는 것은 오히려 기뻐할 일이지 싫어할 일이 아니다.

세상만사 모든 것이 이러하듯이 육신의 길흉은 주인공의 환경, 능력, 상항 등 주어진 여건에 따라서 결정되고 달라질 뿐이므로, 육신 그 자체의 길흉이 따로 존재하지 않는다는 점을 크게 깨달아야 할 것이다.

　한편 재성은 편인(偏印)을 다스리는 관살(官殺)이다. 재성이 편인을 보면 편인의 나쁜 기질이 바로잡히고, 편인이 정인(正印)으로 변화됨으로써 정인(正印)의 작용을 하기에 이르니 오히려 좋은 힘을 얻는다고 해야 할 것이다.

제7장

편관운세기간의 육신별

운세판단과 성공처세술

편관운세기간의 육신별
운세판단과 성공처세술

1. 편관 칠살은 호랑이 별로 나를 극하는 직업과 질병

여기서는 관성의 2가지 부류인 편관(偏官)과 정관(正官)의 의의와 성정을 살펴보기로 한다. 나를 극(剋)하는 것은 극아자관귀(剋我者 官鬼)로 직업과 질병이다. 관성(官星)에서 편관과 정관의 고향은 태어난 시각인 시주(時柱)이고 관성은 분발의 별이다.

남자의 사주에서는 음양을 불문하고 관성인 편관과 정관이 자식, 건강, 직업이다. 그러나 여자의 사주에서 관성인 편관과 정관은 남편, 애인, 직업, 질병이다. 그런데 정관은 정식남편을 의미하고 편관은 애인과 정부를 의미한다.

그리고 정관은 정식의 관으로 문과로 관찰하기에 즉 행정관이나 사무관으로 본다. 그러나 편관은 기술, 예능계통 등의 이과로 관찰을 한다. 한편 편관으로 질병으로 관찰하고 판단하는데 사주에 편관이 없을 경우에는 정관으로 편관을 대신하여 분석할 수도 있다.

✱ 편관인 칠살은 호랑이의 별

여기서는 편관의 의의와 성정을 살펴보기로 한다. 어떤 오행이 일간(日干)인 나를 극(剋)해 오는데 음양이 서로 같은 경우가 편관에 해당한다. 예컨대 나를 부양하는 극아자(剋我者)로서 일간(日干)과 음양이 편중을 이루는 경우가 편관인 것이다.

즉 일간(日干)이

日干	甲	乙	丙	丁	戊	己	庚	辛	壬	癸
偏官	庚	辛	壬	癸	甲	乙	丙	丁	戊	己

를 만나는 경우가 편관에 해당된다.

이렇게 한쪽으로만 치우친 음양의 편중현상은 애정이 없고 오로지 이해만을 따지는 무정(無情)한 관계다. 그래서 편관은 부양은 하지만 애정이 없이 이해 타산적이므로 냉혹하고 무정하다.

마치 새 아버지인 의부(義父)와 같이 인정사정이 없고 힘으로 지배하며 가혹 하리 만큼 엄격함을 특징으로 한다. 이는 자식이 미워서가 아니라 훌륭한 인격과 군대를 만들기 위한 스파르타식의 군대 훈련과도 같은 이치라 비유될 수가 있다.

그래서 편관은 호랑이처럼 사납고 강하며 위엄이 있고 기백(氣魄)이 있는 인격과 인재를 길러내는 재주가 있다. 편관은 비굴하고 맹종하는 무기력한 자세와 행동을 단호히 배격하고 용진무퇴의 기질과 체질을 철저히 배양하며 불의와 부정을 증오하는 의협심을 강하게 기른다.

그러하기에 편관의 주인공은 어려서부터 성격이 급하고 모가 나며 진취적이고 독선적이며 남의 지배와 간섭을 철저히 배격하고 남의 위에 군림하는 것을 자랑으로 생각한다.

편관의 장점은 인물이 비범하고 설득력이 뛰어나며 칠전팔기의 강한 인내력, 투지력, 불굴의 정신력을 가지고 있다. 또한 지배하고 영도하는 지도력이 비범하며 솔직하고 과감하며 능동적, 비판적, 영웅적, 혁명적인 기질을 가지고 있기에 꿈이 크고 포부가 대단하다.

그러나 편관의 주인공이 갖는 단점으로는 남을 이해하고 타협, 협동하는 원만한 성품과 수완이 부족하고 직선적이고 저돌적이기 때문에 적이 많으며 바람을 일으키는 문제아이자 풍운아(風雲兒)로서 가장 말썽이 많다는 점을 들 수가 있다.

2. 편관이 용이면 정관처럼 군자와 같고 체로 작용하면 독선 적이고 잔인해

✽ 편관이 용으로 작용하면 정관처럼 군자의 기질과 성품으로 바뀌어

편관(偏官)이 용(用)으로 작용하면 정관(正官)처럼 군자의 기질과 성품으로 너그럽고 원만하며 합리적, 합법적, 단계적인 사고와 행동을 즐기며, 인물이 비범하고 출중한 가장 쓸모가 있는 인재이기에 만인이 따르고 존경을 받는 지도자로서의 권위와 인격을 간직하게 된다. 그래서 정치인, 언론인, 법관, 수사관, 무관, 평론가, 철학가, 혁명가 등에 적합하고 능하다.

즉 용(用)이 되는 편관은 허약한 것이므로 예컨대 사람은 장사인

데 호랑이가 어린 경우에 해당하는 것이기에 호랑이가 어리면 다루기가 쉽고 귀여운지라 조금도 거칠거나 사납게 대하지 않고 자신을 가지고서 너그럽고 인자하게 기를 수 있는 이치와 같은 것이다.

✱ 편관이 체로 작용하면 야생마처럼 잔인하고 독선적이며 잔인해져

편관이 체(體)가 되면 호랑이 같은 사나운 기질을 가지는데 성급하기가 바람과 같고 살기(殺氣), 독기(毒氣)가 있으며 아니꼬운 것을 보지 못하고 고집과 질투가 심하여 타협과 후퇴를 모르며 잔인하고 무자비한 행동을 대수롭지 않게 한다.

본래 편관이 체(體)가 되면 일간(日干)은 절지(絕地)에 있는 허약자로서 몸과 마음이 다 같이 어리고 미숙하다. 그래서 상대를 이해하고 관용하는 능력이 없어서 자기본위로 설치면서 일을 저지르고 마는 것이다.

어린 새끼호랑이로서는 사육자의 권위와 이름을 떨칠 수가 없지만 편관을 기르는 재성(財星)이 나타나거나 편관이 왕성한 운기를 만나면 새끼호랑이가 맹호로 변하듯이 하루아침에 맹호와 같은 권위와 이름을 떨치게 된다.

이와 같이 체(體)가 되는 편관이 정인(正印)이라는 인수(印綬)를 얻으면 호랑이가 교화되어 인간에게 순종하고 충성을 다함으로서 주인공이 호랑이를 타고 다니는 위인처럼 일약 크나큰 권위와 명성을 얻게 된다.

즉 일간(日干)이 왕지에 이르게 되면 유아가 아닌 장사 어른으로서 대호(大虎)를 능히 다루고 다스릴 수 있기 때문에 소인이 대인으

로 변하듯이 마음이 열리고 인품이 당당하며 능수능란 해져서 크나
큰 권위와 명성을 얻게 되는 것이다.

　자연도 춘하추동으로 변하듯이 인생도 세월 따라 변하하는 것이
니 육신도 또한 대운(大運)과 세운(歲運)을 따라서 왕쇠강약을 달리
하면서 용(用)이 되기도 하고 체(體)가 되기도 하는 그 변화가 무상
한 것이다.

3. 편관과 다른 육신과의 상관관계에서 나타나는 운질

　① 신왕(身旺)사주에 편관(偏官)과 식신이 있으면 대부 대귀하는
데 손재는 따른다.

　② 신약(身弱)사주에 편관과 식신이 있으나 식신이 너무 많으면
오히려 빈곤하다.

　③ 편관과 편재(偏財)가 동주(同柱)하면 부친의 덕이 없다.

　④ 편관과 정관(正官)이 혼잡 되면 잔꾀에 능하고 호색 호주한다.

　⑤ 편관과 정관이 많은 여자사주는 남편이 많아 여러 번 개가하
거나 화류계로 들어간다.

　⑥ 편관, 정관, 정재(正財)가 같이 있는 여자사주는 정부(情夫)를
두기 쉽다.

　⑦ 편관과 편인(偏印)이 같이 있으면 타향 또는 외국으로 간다.

　⑧ 편관과 정인(正印)이 같이 있는데 정인이 강하면 문관으로 크
게 출세를 한다.

　⑨ 편관과 정인이 같이 있는데 편관이 강하면 무관으로 크게 출

세를 한다.

⑩ 편관과 정인이 같이 있으면 큰 성공을 이루어 뭇사람의 두목이 된다.

✽ 편관과 용신 12운성과의 상관관계

① 편관이 용신(用神)이 되고 강하면 군인, 정치가, 경찰, 대부호가 된다.

② 편관과 12운성 중에 묘(墓)가 함께 있으면 근심이 많고 상부(喪夫)한다.

③ 편관과 괴강살(魁罡殺), 양인살(羊刃殺)이 함께 있으면 무관으로 크게 성공을 한다.

④ 편관과 12신살(神殺) 중에 장성(將星)이 함께 있는 여자사주는 남편의 덕이 있다.

✽ 편관의 성정과 소재별 특성

① 편관은 질병을 의미하고 학업으로는 이과에 속하며, 직업으로는 국회의원, 의사, 군인, 무관, 사법관, 경찰관, 기술자 등이 여기에 속한다. 그래서 편관의 주인공은 대체적으로 편업(偏業)에 종사하는 경우가 많다.

② 편관의 운질은 권력, 협기, 횡폭, 완강, 성급, 고독 등의 흉성(凶星)이 내포되어 있으나, 식신과 길성(吉星)이 함께 있으면 대부대귀 또는 무관 등에서 두목의 위치를 차지한다.

③ 태어난 해인 연주(年柱)에 편관이 있으면 장남이 부모에 불리하다.

④ 태어난 달인 월주(月柱)에 편관이 양인(羊刃)과 같이 있으면 모친과 일찍 이별한다.

⑤ 태어난 날의 지지(地支)인 일지(日支)에 편관이 있으면 총명하지만 성질이 급하다.

⑥ 태어난 날의 지지(地支)인 일지(日支)에 편관이 있는 무오(戊午), 병오(丙午), 임자(壬子) 연생의 여자사주는 남편과 이별하든지 또는 첩이 된다.

⑦ 태어난 시각인 시주(時柱)에 편관이 있으면 성질이 강인하고 횡폭 하여 자식이 없거나 늦다.

4. 편관은 무법자 다스리는 포도대장이고 반골분자

여기서는 편관(偏官)의 기본성정을 살펴보기로 한다. 정관(正官)과 편관은 모두 다 같이 군주의 생명과 재산을 보호하는 충실한 종복들이다. 정관이 법으로 나라를 지키는데 반하여 편관은 칼로 나라를 지킨다는 점이 서로 다르다.

정관은 법을 지키도록 백성을 계몽하고 교육하며 덕으로 다스리는 따사로운 어버이인데 반하여 편관은 법을 어기는 자를 강제로 무찌르고 칼로 다스리는 냉혹한 집행관이라 할 것이다.

법을 어기는 경우를 크게 2가지로 나눌 수 있다. 나라의 법 자체를 부인하는 적군의 침략이 그 하나고, 나라의 법을 위반한 국내의 범법자가 또 하나다. 적을 다스리는 것은 무관이지만 위법 자들을 다스리는 것은 경찰과 검찰 그리고 법관이다.

국내에 침투한 적을 색출하는 정보기관, 특무대, 수사관이 편관에 속하듯이 사회의 법도를 어긴 자를 탐문하고 여론으로 공개하고 비판하는 언론과 평론가도 역시 편관에 속한다고 할 것이다.

그러한 위법과 불법의 시시비비를 가리고 법적인 제재(制裁)를 요청하거나 집행하는 법의 수호자가 바로 편관인 셈이다.

칼과 폭력을 두려워하지 않고 피와 죽음을 겁내지 않는 정의와 책임과 박력과 판단성이 체질적으로 기질화한 것이 편관의 특징이다. 그래서 편관은 누구도 두려워하지 않는 우월감과 더불어 만인을 무법자로 가상하는 편견이 명백히 흐르고 있음이다.

문제의 핵심과 관건은 힘이다. 힘만 있으면 적을 무찌르듯이 권력의 아성과 정상도 정복할 수 있음이다. 법은 만인 앞에 평등하듯이 칼 또한 만인 앞에 평등하다. 그 어떤 누구도 칼 앞에 떨지 않고 쓰러지지 않을 자는 없다.

그래서 군주는 자고로 편관은 멀리 떨러진 변방에 배치할 뿐 궁중에는 끌어들이지는 않았다. 오직 덕과 법으로 바르게 교화되고 다듬어진 군자인 정관만을 좌우에 거느리는 것이다. 군주의 심복이고 수족인 정관의 다스림을 보좌하고 수호하는 조장행정(助長行政)이 바로 편관의 직분이라 할 것이다.

✳ 편관의 칠살을 다스리는 방법은 식신제살과 살인상생

여기서는 편관과 칠살(七殺)의 상관관계를 살펴보기로 한다. 편관은 호랑이의 체질과 기질을 가진 자만이 누릴 수 있다. 이런 야성적이고 포악한 호랑이와 같은 용맹한 자를 칠살이라고 한다.

칠살은 살생을 먹고 산다. 상대가 눈에 띄면 번개처럼 달려가서 물어 잡고서 포식을 한다. 그런 호랑이에게 벼슬을 주고 칼을 줄 수는 없는 일이다. 이는 위험천만한 살인행위이기 때문이다. 그러나 적을 공격하고 무법자와 범법자를 다스리는 데는 아무래도 칠살이 유일한 적격자임이 분명하다.

그런 칠살을 편관으로 만드는 데는 2가지가 있다. 첫째 무기로 엄격히 훈련시켜서 군기를 지키고 군무에 복무시키는 경우다. 둘째 덕과 교화로서 덕성을 기르고 법을 스스로 지킬 수 있는 인재를 만들어서 군자의 보좌관으로 등용하는 경우다.

전자는 칠살의 칠살에 해당하는 식신으로 칠살을 다스리는 식신제살(食神制殺)의 경우다. 즉 식신(食神)으로서 칠살을 극(剋)하여 내리치고 제어하는 방법이다. 후자는 착한 정인이라는 인수(印綬)로 칠살을 극(剋)하여 내리침으로서 칠살의 독기를 빼듯 설기(泄氣)하고 감화시켜 독기 대신에 덕성으로 체질을 개선시키는 살인상생(殺印相生)의 경우다.

식신제살(食神制殺)자는 의식이 풍부하기 때문에 부하에게 베푸는 것을 즐기고 아량과 관용성이 넓으며 항상 칠살을 다루기 때문에 용기와 재치와 능변을 갖고 있다. 그러나 칼로 지배하는 자가 칼을 잃는 경우에는 반격을 면치 못함으로써 식신을 내리치는 편인(偏印)이 오면 칼과 더불어 그 권능을 잃게 된다.

이와는 달리 정인(正印)으로 칠살을 다루는 살인상생(殺印相生)의 경우는 상황이 전혀 다르다. 예컨대 무기가 아닌 덕성(德性)으로 진행하기에 많은 시간과 정력과 용기가 필요하다고 할 것이다.

그래서 정인의 덕성(德性)으로 칠살을 다루는 살인상생(殺印相生)을 하기 위해서는 노여움과 미움을 버리고 웃음과 사랑으로 대해야 하며 부드러운 글과 재치와 능변으로써 설득하고 추종시켜야만 한다.

선무공덕으로 칠살이 적반하장을 하는가 하면 갑자기 독기를 내뿜는 발악도 마다하지 않을 것이다. 골치 아픈 친구만이 모여들고 그 뒷바라지를 하기에 여념이 없을 것이니 평생을 남을 위해서 산다 해도 과언이 아닐 것이다.

이런 칠살은 군주를 박해하는 반골분자이자 주인공의 몸을 해치는 질병이기도 하다. 그래서 정인이라는 인수(印綬)가 바로 그 칠살이 가지고 잇는 반골의 기질을 순종의 미덕으로 바꾸는 스승이자 질병을 고쳐주는 의사이기도 하다.

어리석음을 깨우치고 포악성을 순화시키며 성급하고 본능적인 욕망을 해소시킨다는 것은 헌신적인 봉사로 될 수가 있다. 그러나 경제적인 생산 작업이 될 수가 없음은 또한 엄연한 현실이다.

그래서 식신으로 칠살을 다스리는 식신제살(食神制殺)을 하는 천명은 부귀를 누릴 수가 있다. 그러나 정인으로 칠살을 다스리는 살인상생(殺印相生)을 하는 천명은 부자가 될 수가 없음이다.

예컨대 재물은 칠살의 포악성을 길러주기 마련이다. 그러기 때문에 재물이 오히려 호랑이를 키우고 질병을 키우듯이 양호위환(養虎爲患)의 격이 되어 버린다. 그래서 돈을 탐하면 덕성이 없어짐이기에 교육자의 자질을 상실시키게 하고, 돈에 눈을 뜨면 일방적인 봉사활동인 살인상생이 더 이상은 지속될 수 없기 때문일 것이다.

그래서 식신(食神制殺)자는 정인이라는 인수(印綬)로써 화살(化

殺)을 함을 두려워하고, 살인상생(殺印相生)자는 식신으로써 제살
(制殺)을 함을 두려워함이다. 자칫 잘못하면 10년 공부가 나무아미
타불이 되어버리고 선무공덕의 이변을 당하게 된다고 하는 점을 경
계하고 있음이다.

5. 편관의 칠살 앞에 비견이 있으면 인덕과 후견인이 많음을 암시해

여기서는 편관(偏官)이라는 칠살(七殺)과 비견의 상관관계를 살펴
보기로 한다. 칠살은 호랑이이자 가파른 절벽의 고갯길로 비유할
수 있고, 비견은 군주와 똑같은 성능을 가진 제2의 군주이자 자동차
로 비유될 수 있을 것이다.

예컨대 무서운 호랑이를 군주가 혼자서 감당할 수 없을 때에 제2
의 군주가 합세를 해준다면 호랑이를 능히 다스릴 수 있고, 호랑이
를 다루는 군주의 위풍은 천하를 호령할 수도 있음이니 대업을 성
취할 수가 있게 된다.

이는 같은 형제와 동기간 그리고 친구와 겨레의 힘으로 자기능력
몇 배의 대사(大事)를 성취하는 인인성사인 것이니 인덕과 후견인이
많다는 것을 암시해주는 것이다.

즉 칠살의 입장에서는 2개의 종복을 거느린 셈이니 그 권위를 가
히 짐작할 수 있는 동시에 권좌의 측근 자리에 있는 일주(日柱)와 비
견이 권세가 있는 고관의 비서와 심복임을 알 수 있을 것이다.

그러나 칠살이 허약하거나 무기력하다면 새끼호랑이 2마리를 거

느리고 있는 셈이니 권위가 없음이고 미관의 말단직마저 호사다마 격으로 쟁탈전이 벌어지기 쉬운 양상이다.

이렇게 재(財)운이나 칠살운을 만나야 큰 호랑이가 되고 권세를 떨칠 수가 있음이니 생애의 초년에는 출세의 길이 없음이고 중년이 지나서야 벼슬길이 열린다고 할 것이다.

✱ 편관의 칠살과 겁재가 함께하면 겁재의 덕분으로 호위를 떨침

여기서는 칠살과 겁재(劫財)의 상관관계를 살펴보기로 한다. 겁재는 대담하고 용감하며 모험과 호기심을 즐기는 육신이다. 그러나 칠살과 겁재는 음양이 서로 배합을 함으로써 다정하게 한 가정을 이루는 사이다.

예컨대 누이(劫財)와 결혼한 호랑이(七殺)가 남매간인 일주(日柱)의 주인공을 함부로 공격할 수는 없는 일이 아니겠는가? 그러함이기에 칠살의 입장에서는 처남인 일주(日柱)를 오히려 성실히 돌봐주고 권위를 나누어 줄 수밖에 없는 처지다.

이렇게 주인공인 일주(日柱)는 누이(劫財)의 덕분에 불확실하고 의심스럽던 칠살의 호란(胡亂)을 면하고 오히려 칠살의 보호막과도 같은 호위(虎威)를 떨침이니 남매간의 우애가 매우 두터움을 짐작할 수가 있음이다.

따라서 사주가 신약(身弱)하고 칠살을 볼 때에 겁재가 나타나 칠살과 합거(合去)를 해주면 이는 구세주와 다를 바가 없는 이치다. 이와 같이 사주가 칠살과 겁재가 함께한 주인공의 경우에는 어떤 위기에 부딪치면 뜻밖의 귀인이 나타나서 도와주는 천명이다.

그러나 사주가 신왕(身旺)하고 칠살이 희신(喜神)으로 작용할 경우에는 겁재에게 소중한 권위와 명성을 함께 도둑을 맞는 격이니 평생 동안 자기권위와 명성을 뜻밖의 침범자와 방해자 때문에 여러 번 잃어버리게 된다는 점도 알아야 할 것이다.

6. 편관과 상관의 두 흉신이 함께 만나면 개과천선하고 전화 위복과 행운을 불러

여기서는 칠살과 식상(食傷)의 상관관계를 살펴보기로 한다. 칠살과 식신(食神)의 관계는 앞에서도 말한 바와 같이 식신은 칠살의 칠살이기에 능히 식신이 칠살을 호령할 수가 있다.

그러나 식신은 군주의 힘을 빼듯 설기(泄氣)를 시키기에 칠살이 1개인 경우에만 식신제살(食神制殺)이라는 그 역할이 가능할 뿐이다. 가령 칠살이 2개 이상인 경우에는 식신이 2개의 칠살을 한꺼번에 감당해낼 수 없을 뿐만 아니라 아울러 주인공인 군주도 또한 식신에 의해서 설기(泄氣)가 심하여 식신을 감당해낼 수가 수 없게 된다.

이럴 경우에는 칠살의 기운을 빼주듯 설기를 하고 군주인 주인공을 생부(生扶)해주는 정인(正印)을 써서 살인상생(殺印相生)을 해주어야만 바른 방법이라 할 것이다.

한편 상관(傷官)은 칠살의 입장에서 보았을 때에 정관(正官)으로서 음양이 배합된 한 가정의 부부사이다. 천하의 맹호와 같이 날쌘 호랑이라도 부부간에는 사랑할 뿐 싸우지 않듯이 상관과 칠살의 관계도 의좋고 다정하며 평화로운 부부관계다. 그래서 칠살은 자신의 남편이자 아버지이고 상전인 상관의 뜻을 존중하고 순종하며 따르는 것이다.

식신은 칠살의 칠살이기에 상극관계로써 무력을 쓰고 힘을 빼야만 다스릴 수가 있다. 그러나 상관은 이렇게 손 하나 쓰지 않고도 칠살을 다스리고 순종시킬 수가 있음이다.

이렇게 칠살은 상관의 요청대로 능력과 권위를 과시하고 군주에 충성을 다함으로써 머리 하나로 대업을 이룩할 수가 있게 된다. 본래 상관과 칠살은 불충스러운 흉신(凶神)에 속하지만 2개의 흉신이 서로 합심하여 개과천선하고 군주에 충성을 다하니 전화위복이 되고 뜻밖의 행운이 되는 것이라 할 것이다.

예컨대 상관이 칠살을 보게 되면 사나운 호랑이인 칠살이 꼬리를 치며 상관에 순응하게 되는 것이기에 이를 상관가살(傷官駕殺)이라고 하는 것이다. 여기서 상관가살이란? 상관이 칠살에게 멍에를 씌웠다는 의미다.

그러나 칠살이 허약하거나 상관이 무력하다고 하면 갓 태어난 새끼호랑이(七殺)에 어리고 어린 꼬마신랑(傷官)이기에 그러한 권위와 공훈은 대체적으로 부실하게 나타나게 된다는 점이다.

7. 편관이 재성을 보면 화난이 계속 발생해 생명이 위험해

여기서는 칠살(七殺)과 재성(財星)의 상관관계를 살펴보기로 한다. 칠살은 다루기 힘든 야생마이기 때문에 재치 있게 길을 들이거나 고삐를 묶는 것이 급선무다. 이런 야생마인 칠살을 재치 있게 길들임 역할을 하는 것이 정인이고, 칠살의 고삐역할을 하는 것이 바로 식신(食神)이다.

그런데 정인은 재성을 보면 만신창이가 됨이기에 혼비백산을 해서 도망을 친다. 그리고 식신도 재성을 보면 기운을 빼앗기듯 설기(洩氣)를 당해 원기를 상실함으로써 무능해지기 마련이다.

반면에 칠살이 재성을 보면 살이 통통 찌고 힘이 용솟음치니 칠살의 호랑이가 안하무인으로 군주를 박해하고 탈권(脫權)을 자행하기에 이른다. 그래서 칠살은 사나운 야생의 말을 다루던 마부를 먼저 내쫓고 자신을 묶어두었던 고삐마저 끊고서는 자신의 힘을 극대화시키니 그 칠살에 타고 있던 군주가 어찌될 것인가는 보나마나 불문가지의 일이다.

이와 같이 칠살이 재성을 만나면 화(禍)와 재난(災難)이 뛰는 말처럼 빠르고 연속적으로 발생하여 마침내는 목숨까지 잃기도 한다. 본래 칠살은 가파르고 험악한 고갯길이고 재성은 돈 보따리인 화물에 비유될 수 있다.

더 더욱 뒤에서는 칠살이 채찍을 휘둘러 쳐대니 그대로 쓰러질 수밖에 없는 처지라 할 것이다. 이는 돈의 보따리가 아니고 죽음의 사약이라 할 것이다. 돈과 욕심에 눈이 어두워서 함정에 빠지고 호랑이를 만난 격이니 재물로 인해서 크나큰 화와 재난을 당하고 사약을 받게 되는 꼴이다.

이럴 때에 사는 길은 오직 돈의 보따리를 내려놓고 흩어버리듯 재물을 아끼지 말고 베풀고 의사와 귀인을 만나는 것이 상책이다. 병든 자에게 약을 주고 힘을 주는 귀인은 바로 정인이니 욕심을 버리고 수양을 하면 원만히 수습이 된다는 뜻이다.

그렇다고 칠살이 덮어놓고 재성을 두려워하는 것만은 아니다. 사주에서 주인공이 신왕(身旺)하고 칠살이 허약한 경우에는 천하장사인 주인공이 새끼호랑이(七殺)와 씨름을 하는 꼴이니 권위가 없다는 증거다.

호랑이가 빨리 커야만 천하장사의 체면을 세우고 권위를 되찾을수가 있게 된다. 그런 호랑이를 속성으로 기르는 것은 바로 재성이다. 재성을 본 칠살은 제 세상을 만나듯이 기고만장해진다.

그렇게 용맹한 호랑이를 자유자재로 조정함이니 천하장사로서이름을 떨치고 권위가 치솟을 것은 분명하다. 이는 높지 않은 절벽을 뛰어넘는 천하장사가 만근의 태산을 등에 지고 뛰어 넘으니 이제야 역발산의 힘을 과시하고도 남음이 있다고 할 것이다.

8. 편관에 정인을 구비한 자는 문무겸전한 장상에 올라

여기서는 칠살(七殺)과 정인(正印)의 상관관계를 살펴보기로 한다. 칠살은 용맹한 영웅이고 정인이라는 인수는 자비롭고 덕망이높은 성현이다. 영웅(七殺)은 총칼을 보면 용기가 치솟고 맹호로 돌변을 한다.

그러나 칼이 없는 성현(正印)의 미소와 덕망 앞에는 천하의 영웅들도 스스로 고개를 숙이고 가슴속에 간직한 마음의 독기(毒氣)가태양에 눈이 녹아내리듯이 스르르 녹아서 사그라져 없어짐이 자연의 이치고 역사적인 경험칙이다.

그래서 매서운 싸움꾼인 칠살이 교화의 별인 인성(印星)을 만나면 어떻게 변하는 지를 살펴볼 필요가 있다. 다시 말해 총칼을 앞세운 영웅이 덕망이 높은 성현을 만나면 어떻게 변하는지 그 과정을 보고자 함인 것이다.

영웅은 본래 늠름하고 불퇴전의 용기와 의지를 가진 천하용장이다. 그런데 성현의 가르침으로 거칠던 영웅이 덕성과 법도를 갖추게 되니 문무를 겸전한 장상(將相)이라 할 것이다. 총칼을 잡으면 천하 명장이지만 붓을 들면 천하의 명재상(宰相)이 됨이니 군주의 신임과 명성이 천하 일품이라 할 것이다.

이렇게 변한 영웅은 총칼에 치우치지 않듯이 덕에도 치우침이 없이 강유(剛柔)를 함께 겸하니 적군은 떨고 국민들은 환호할 수밖에 없음이다. 예(禮)도 지나치면 비례(非禮)가 되어 예가 아니듯이 정인이라는 인수도 지나치면 역효과가 나타나기 마련이다.

이렇게 칠살에 정인이라는 인수를 쓰는 것은 용장에게 슬기와 덕성을 첨가해 덕장(德將)으로 기르려하는 것이지 결코 용장이 가지고 있던 그 용맹한 기질을 없애버리려는 것은 절대로 아닌 것이다.

그러기 때문에 만약 사주에 칠살이 허약하거나 정인이 2개 이상일 경우에도 인성(印星)을 쓰게 되면 어린호랑이의 이빨을 빼버리는 꼴이기에 호랑이를 덕성으로 길을 들이는 것이 아니라 아예 어린호랑이를 병신을 만들어버리는 경우인 것이니 이런 방법은 금물이라 할 것이다.

그래서 사주에 칠살이 허약하거나 정인이 2개 이상이면 무엇이든 망설이고 주저하며 우유부단하고 유명무실하다고 할 것이다. 이는 소뿔을 부러뜨린 교각살우(矯角殺牛)와 다르지 않기 때문이다. 여기서 교각살우란? 소뿔을 고치려다가 소를 죽이는 결과를 초래한다는 말로 소탐대실을 경계하는 말이다.

그런데 만일에 칠살의 앞에 정인과 식신(食神)이 함께 겹친다면 어찌될 것인가? 이는 바로 정인을 쓰는 살인상생(殺印相生)과 식신을 쓰는 식신제살(食神制殺)을 동시에 사용한다는 말이 아닌가?

이런 경우는 한편에서는 살인상생함이니 성현의 덕성을 기르고, 또 다른 한편에서는 식신제살함이니 고삐로 코를 꿰고 총칼과 채찍으로 호령을 하고 있는 셈이니 과연 어느 쪽을 따르게 될 것인가?

위의 경우는 온순하고 슬기로우며 군주에 충성을 다하는 용장을 고삐로 묶어 놓은 꼴이니 천하의 웃음꺼리가 될 수밖에 없음이 아닌가? 또 한편으로는 착하고 어진 용장을 감옥에 투옥하고 칼을 씌어놓은 형국이니 용장의 권위와 명성이 하루아침에 땅에 떨어지고 천하의 누명과 조소를 받게 만드는 경우라 할 것이다.

그러나 만약에 칠살이 2개라면 정인과 식신이 같이 있어 많으면 많을수록 좋듯 다다익선함이니 그럴 염려가 전혀 없다고 해야 할 것이다. 오히려 사나운 목장에 목동이 늘어나고 철책의 담을 높이 쌓은 격이니 목장의 안정과 번영을 누릴 수 있는 방편이 될 수가 있다.

9. 편관에 편인을 구비한 자는 무관 언론계 교육계가 적성

여기서는 칠살(七殺)과 편인의 상관관계를 살펴보기로 한다. 같은 인성(印星)이라고 해도 편인의 경우에는 정인(正印)과 상황이 전혀 다르다. 편인은 덕성이 아닌 재치의 별이다. 즉 편인은 용장을 덕으로써 요리하는 것이 아니고 재치와 재간으로써 멋지게 다루는 기술을 가지고 있다.

예컨대 용맹한 호랑이에게 재치를 가르치는 것은 서커스단의 호랑이를 다루는 곡예사와 같은 처지라 할 것이다. 기발한 재치로써 인기와 명성을 떨치고 관중의 갈채를 받는 편인의 뛰어난 솜씨로 군주에 대해서도 비범한 재치를 발휘할 것이다.

편인은 남달리 인기와 명성과 출세가 훨씬 빠르다. 그런 반면에 편인은 뿌리를 깊이 박고 처음부터 끝까지 시종일관하면서 유종의 미를 거두기가 좀처럼 힘들다는 특징도 또한 갖고 있다.

이렇게 편인은 재치는 있으나 아량과 관용이 부족하고 인내성이 약하며 성급하게 서둘고 의심이 많기 때문에 주위와의 조화가 늘 원만하지 못하고 질투와 중상을 받게 된다. 그러므로 편인은 군주의 신임이 두텁고 자리가 높아지면 높아질수록 적이 많이 생기고 누명과 모함으로 억울한 실각(失脚)과 실의(實意)를 당하기에 이른다는 약점을 갖고 있음이다.

사주에 칠살과 편인을 갖춘 경우라면 무관, 언론계, 교육계가 적성이지만 종교, 철학, 문학, 의술, 학술, 역학 등 행동에 아무런 제약이 없는 독보적인 분야로 진출하는 것이 가장 안정되고 영구적인 각광을 누릴 수 있는 분야라 할 것이다.

그래서 항상 계모나 서모의 세계처럼 냉정하고 야박하며 질투와 중상과 모략이 따르기 쉬운 편인은 처음부터 경쟁이나 대립이나 또는 힘의 지배나 제약을 받는 직업은 적합지 않다고 할 것이다.

편인으로서의 용기와 재치를 겸한 살인상생(殺印相生)은 비호처럼 벼락출세를 하고 남보다 더 빨리 앞으로 나아가는 천부적인 재능과 소질과 운세를 지니고 있음이 분명하다. 그리고 어떠한 역경에서도 임기응변으로 재빠르게 탈출할 수가 있는 기지가 풍부하고 어떠한 환경에서도 동화하고 적응하며 극복할 수 있는 슬기를 가지고 있음이 분명하다.

그러나 의식주와 재복이 약하고 박하기 때문에 호의호식하면서 여유 있게 세상을 즐기기는 어려운 처지라 할 것이다. 그렇지만 용기와 슬기를 겸한 편인의 살인상생자가 가난하고 천하게 살지는 않을 것이다.

10. 관살이 혼잡하면 참모그룹에 소인배가 득세해 대업성취 불가

타고난 사주에 칠살과 관살이 함께하듯 관살이 혼잡하면 그 사람의 주위에는 반드시 대인배가 아닌 소인배들이 우글거리고 득세를 한다는 점이다. 그러나 대통령 후보 중에서 어느 후보가 관살이 혼잡한지에 대해서는 밝히지 않기로 한다. 그래서 지금부터 관살의 혼잡이 무엇인지를 알아보기 위해서 칠살과 정관의 상관관계를 한 개인이 아닌 국가를 비유해서 살펴보기로 한다.

예컨대 관살이 혼잡할 경우에 나라는 어떤 지경에 처하는지를 먼저 그 예를 들어 보자. 한 나라의 문부백관들이 군주의 신임을 독차지하고자 서로가 시기질투하고 중상과 모략을 하면서 군주에게 아부를 하기에 이르면 나라의 꼴은 엉망이고 정치적인 파국과 경제적인 파탄이 불가피해진다.

이렇게 간사한 자들은 자리에 등용이 되고 진정한 군자들은 밀려나니 소인배가 출세를 하고 대인은 낙향하여 은거할 수밖에 없는 세상이 된다. 여기서 소인배는 칠살이고 대인의 군자는 정관인 것이니 정관은 아무런 쓸모가 없는 세상이 되고 칠살만이 활개를 치는 세상이 되는 것이다.

이럴 때에 성인군자와 같은 덕성을 갖춘 정인(正印)이 나타나서 관살의 독기(毒氣)를 뿌리 뽑고 어질고 착한 덕성을 차츰 차츰 길러준다면 나라는 금방 평온해지고 신하들은 분수를 지키며 합심해서 군주를 섬기게 될 것이니 전화위복이 되고 태평성세를 유지할 수 있을 것이다.

정관이 아닌 칠살이 또 다른 칠살과 부딪치면 용맹한 총칼과 총칼이 맞붙어 싸우는 꼴이니 생사가 위급하다고 할 것이다. 천하의 영웅호걸들이 저마다 대원(大願)을 잡으려고 군웅할거를 하며 천지를 주름잡을 것이니 국토는 몽땅 싸움터로 폐허화되고 충신은 짓밟히니 군주의 목숨이 풍전등화의 격이라 할 것이다.

그러나 타고난 사주가 신왕하고 비견과 겁재가 태과(太過)하다면 군주가 장사고 현명한데다 나라를 다스리는 왕족이 왕성한 것이니 군사가 함부로 난동을 부리거나 배반을 할 여지가 없다고 할 것이다.

그래서 타고난 사주가 신왕하고 비견과 겁재가 함께 있다면, 오히려 군주에게 순종하고 충성을 다할 것이니 백만 대군을 거느린 군주는 천하의 영웅이고 대왕으로서 천지개벽을 하듯이 대권을 잡을 수도 있음이다.

그러나 칼로 흥한 자는 반드시 칼로 망하듯이 장병이 득세를 하는 재(財)운이나 관살(官殺)운에 이르면 충신이 역적으로 돌변하여 반란을 일으키니 평지풍파로 불의의 재난을 당하며 목숨이 풍전등

화라 할 것이다.

천병만마가 난동을 부릴 때에는 단순히 총칼로 막기는 힘든 일이다. 그들의 마음을 돌리고 다시 나라에 충성을 다하도록 설교하고 회개시킬 수 있는 비범한 덕망과 슬기만이 칠살의 난동을 수습할 수가 있음이다.

식신은 총칼이고 정인(正印)은 덕성이니 칠살이 여러 개일 경우에는 반드시 덕성을 지닌 정인이라는 인수(印綬)만이 그들을 다스려낼 수가 있음이다. 그러함의 이치는 바로 총칼에는 적이 있으나 덕(德)에는 적이 없기 때문이다.

제살(制殺)은 식신제살(食神制殺)의 방법을 사용하여 관살을 쳐서 몰아내는 것이고, 살인(殺印)은 살인상생(殺印相生)의 방법을 사용하여 덕성으로 관살의 독기를 뽑아주어 문제를 해결하는 것만이 비책이라 할 것이다.

그러나 강권을 사용하는 전자의 방법은 부작용과 역풍이 염려되나, 큰 인물과 덕망을 사용하는 후자의 방법을 사용하면 전세가 역전되면서 순풍의 돛단배처럼 순항을 해서 목표에 도달 할 것이다.

제8장

정관운세기간의 육신별
운세판단과 성공처세술

정관운세기간의 육신별
운세판단과 성공처세술

1. 정관은 내관으로 군자이자 유정한 부양자의 별

나를 부양하는 것이 독자적인 생활력이 없는 시기인 어려서는 아버지이지만 반대로 육신이 늙어 노쇠해진 노년기에는 자식이 나를 부양하는 별이다.

피부양자(被扶養者)는 독립이나 자립을 할 수 없는 의존자이기에 미숙한 어린 시절, 소년시절, 늙고 병든 노년시절 등을 의미한다.

아내가 남편에게 의지하는 것이 동양의 사회제도이고 전통이며 경제는 남편이 전담하며 아내는 주로 집안의 살림과 자녀보육 등 가정을 전담하는 것이 압도적인 현실이므로 남편을 정관으로 보는 것은 당연한 결과라 할 것이다.

현명하고 인자한 사람을 군자라고 하는데 정관은 어질고 착한 군자로서 자식을 만인이 존경하는 인격자나 군자로 만들고자 늘 마음을 쓰고 노력을 한다. 즉 법과 윤리 그리고 도덕을 지키고 만인의 모

범과 귀감(龜鑑)이 될 수 있는 착하고 바르며 덕망이 있는 인간으로
서 가르치고 기르는데 최선을 다하는 것이 바로 정관이다.

그래서 친아버지인 생부(生父)와 같이 다정하고 인자하게 부양하
는 정관은 군자처럼 너그럽고 다정한 인격과 인재를 길러내는 역할
을 한다. 그러므로 정관은 나를 부양하는 부양자로서 가장 지체가
높은 어른인 동시에 나에게 의식주를 제공하는 젖줄이자 명맥(命脈)
이며 생업이라 할 것이다.

✽ 정관이란 어떤 육신인가?

어떤 오행이 태어난 날인 일간(日干)을 극(剋)할 때에 음양이 다른
경우가 정관에 해당한다. 즉 나를 부양하는 별인 극아자(剋我者)가
일간(日干)과 음양의 안배를 이룬 것이 바로 정관이다.

예컨대 일간(日干)이 甲일 때 辛, 일간이 乙일 때 庚,... 일간이 壬
일 때 己, 일간이 癸일 때 戊을 만나는 경우가 모두 정관에 해당된다.

日干	甲	乙	丙	丁	戊	己	庚	辛	壬	癸
正官	辛	庚	癸	壬	乙	甲	丁	丙	己	戊

✽ 호신호재(護身護財)하는 관에서 정관은 내관이고 편관은 외관

여기서는 정관은 내관으로 편관(偏官)은 외관으로서 관성(官星)의
차이점을 살펴보기로 한다. 관(官)은 주군(主君)을 섬기는 종(從)이
다. 그러므로 관은 주인의 생명과 재산을 보호하고 관리하는 역할
이 지상과제다.

주군의 생명은 땅덩이다. 나라와 법과 땅덩이를 지키고 백성을 다스리려면 그만한 식견과 품위와 능력이 있어야 한다.

그러기 위해서 주군을 섬기는 관(官)으로서 종(從)은 마음이 바르고 예의가 밝으며 사리가 분명하고 의리와 책임감이 철저해야만 한다. 전적으로 나를 떠나서 주인을 위해서만 살고 또 심혈을 기울이는 주군의 종속물이 바로 관(官)이다.

나라를 다스리는 것은 주군의 전적인 주권행사다. 누구라도 주권 앞에서는 무릎을 꿇어야만 한다. 많은 백성을 다스리기 위해서는 일정한 법과 질서가 있어야 하고 그를 지키는 수족들이 있어야 한다. 그 법과 질서는 주군의 뜻이요 그 수족은 주군을 섬기는 종이다. 주군은 두 개의 종을 거느린다.

법을 지키고 백성을 다스리며 나라살림을 관장하는 내관(內官)과 나라의 영토를 침범하는 적과 또 법을 침해하는 불법자(不法者)를 방위하는 외관(外官)이 바로 그것이다. 내관은 백성을 다스리는 정사에 능통해야만 하고, 외관은 적과 불법자(不法者)를 무찌르는 정벌에 능통해야만 한다. 이러한 내관을 정관이라 하고 외관을 편관(偏官)이라고 한다.

✱ 정관의 기본성정과 운질

여기서는 사주의 육신분석에서 정관과 다른 육신과의 상호관계를 살피는 창이다. 육신분석에서 극아자관귀(剋我者官鬼)라는 표현이 있다. 즉 나를 극(剋)하는 것은 관귀(官鬼)이니 이는 곧 직업과 질병을 뜻하는 것이다.

관성(官星)으로서 편관(偏官)과 정관의 고향은 태어난 시각인 시주(時柱)다. 이러한 관성(官星)은 분발의 별이다. 남자의 사주에서는 음양을 불문하고 관성(官星)인 편관과 정관이 자식, 건강, 직업을 관찰하는 기준이 된다.

그러나 여자의 사주에서 관성(官星)은 남편, 애인, 직업, 질병을 관찰하는 기준으로 하지만 특히 정관은 정식남편을 의미하고 편관은 애인과 정부를 의미한다고 할 것이다.

한편 대체적으로 편관을 질병을 판단하는 기준으로 삼지만 편관이 사주에 없을 경우에는 정관으로 편관을 대신하여 분석하는 것도 무방하다.

✱ 정관의 특징

① 정관으로는 명예와 직업 등 관록(官祿)을 살핀다.

② 정관을 가진 자는 직업을 문과인 행정관으로 본다. 그러나 정관이 겹쳐서 많으면 정관이 편관으로 변하기 때문에 직업을 이과로 판단하여여야 바르다.

③ 정관을 여자의 경우는 정식 남편으로 본다.

④ 정관의 특성은 족보가 정통이고 명랑하고 인품이 단정하며 지혜와 재주가 있고 자비심이 많으며 사회의 명망이 있는 것 등의 길상(吉祥)을 나타낸다.

⑤ 정관이 너무 많으면 편관으로 변하기 때문에 신체가 허약하고 삶이 곤궁한데, 특히 여자의 경우가 이렇다면 개가를 하게 되고 남자는 직업이 불안하다고 할 것이다.

⑥ 사주에 정관이 하나만 있으면 길(吉)하고, 너무 많으면 빈곤하며 재난을 당하는 운명이다. 즉 정관은 나를 극(剋)하는 관(官)에 해당하기 때문이다.

⑦ 정관이 합(合)이 되는 여자사주는 홀로 사는 과부가 되거나 아니면 웃음을 파는 기생이 된다.

2. 정관이 용이면 현명한 보좌관, 체이면 거역하는 방해꾼

✱ 정관이 용이면 현명하고 성실한 보좌관

여기서는 정관(正官)이 용(用)으로 작용할 때의 성정을 살피는 창이다. 정관이 용(用)이면 아버지, 남편, 자식, 어른들과의 인연이 두텁고 만사에 부지런하고 힘써 분발하는 천성이 있으며 인정이 많고 교양이 풍부하며 군자다운 성품과 기질을 가지고 있기에 어디를 가나 유능한 인재로서 신임을 받고 만인이 존경하며 따르기에 사회적으로 유능한 인재로서 두각을 나타낸다. 이렇게 정관이 용(用)이 되면 직업, 생업이 안전, 순탄, 유정함이 특징이다.

그러나 정관이 용(用)이면 12운성으로는 허약하기 때문에 관(官)을 생해주는 재운(財運)이나 관(官)이 왕성해지는 관운(官運)을 만나게 되어야만 크게 분발하고 뜻을 이루어 출세를 하고 대귀(大貴)를 누릴 수가 있는 것이다.

일간(日干)은 군왕을 대신해서 천하를 다스리는 재상(宰相)이고 나머지 육신들은 재상을 보좌하고 재상의 명에 따라야만 하는 문무백관들에 불과한 것이기 때문이다.

정관은 법을 지키고 재상을 부양할 의무와 책임이 있다. 그래서 정관이 용(用)이면 현명하고 성실한 보좌관으로서 법을 지키고 부양을 하는데 최선은을 다하기 때문에 재상은 안전하게 나라를 다스리고 군왕께 충성을 다할 수가 있게 된다.

✱ 정관이 체이면 무법과 기역을 일삼는 방해꾼

여기서는 정관이 체(體)로 작용할 때의 성정을 살펴보기로 한다. 정관이 왕성하고 체(體)가 되면 일간(日干)이 절태(絕胎)가 됨이기에 허약하고 무기력해진다. 이는 유약한 어린이가 호랑이를 다루는 격이기에 호랑이가 버릇없이 제멋대로 날뛰어서 자칫하면 어린이를 상하게 할 수도 있다.

정관이 체(體)가 되면 재상을 보좌하고 재상의 명에 따라야할 문무백관들이 재상보다 강하고 거만하기에 재상을 따르지 않고 무법과 거역을 능사로 하며 법질서를 어지럽혀 불안해지고 위태로워진다고 할 것이다.

그리고 정관이 체(體)가 되면 질병에 걸리기 쉬우며 건강을 유지하기가 어렵고 항상 버는 것보다는 쓰는 것이 많으며 가난하고 천한 처지를 벗어나기 힘이 드는 것이 그 특징이다.

그러나 정관이 체(體)가 되어도 관(官)의 기운을 빼주듯 설기(泄氣)하고 일간을 생해주는 인수(印綬)가 나타나면 왕성한 정관을 설득하고 교화시켜서 일간에게 충실한 심복과 용(用)으로써 체질개선이 이루어져 체(體)가 아닌 용(用)의 정관으로서 각광을 받게 된다.

이렇게 되면 크나큰 뜻과 포부를 가진 대군자, 대장부로서 뛰어난 인격, 성품, 덕망, 용기를 간직하고 만인의 존경, 신임, 사랑을 받을 수 있는 사회의 사표(師表)가 되고 지도자의 역할을 하기에 이른다.

3. 정관과 다른 육신과의 상관관계에서 나타나는 운질

✱ 정관의 소재별 특성

① 태어난 해인 연주(年柱)에 정관(正官)이 있다면 장남 또는 후계자가 되며 유년시절인 초년부터 발전하는 운명이다.

② 태어난 달인 월지(月支)에 정관이 있고 정인이라는 인수(印綬)가 있으면 부귀한 운명이다.

③ 태어난 달의 천간인 월간(月干)에 정관이 있으면 대체적으로 차남인데 평생 동안 고생이 많은 운명이다.

④ 태어난 날의 지지(地支)인 일지(日支)에 정관이 있으면 재주가 있고 자수성가를 하며 현명한 아내를 얻을 운명이다.

⑤ 정관이 남자에게는 태어난 시각인 시주(時柱)에 있는 것이 가장 좋다. 즉 남자에게 있어서 재성(財星)은 아버지와 아내이고, 태어난 달인 월주(月柱)에 있는 관(官)은 자손이기 때문이다.

✻ 정관이 좋아함은 신왕함과 정인이고, 꺼려함은 신약함과 상관 편관

여기서는 정관이 좋아하는 희신(喜神)과 정관이 꺼리는 기신(忌神)을 살펴보기로 한다. 정관은 신왕(身旺)함을 기뻐하고, 정관을 얼마든지 감당해 낼 수 있는 보약이자 기름을 담은 기름통인 정인을 희신으로 삼는다.

또 정관은 정관이라는 자신을 살찌우고 말(馬)이나 자동차처럼 벼슬길을 가속화 시켜주는 재성(財星)을 가장 기뻐하는 희신으로 삼는다. 그리고 정관을 늘 진흙탕에 곤두박질시키는 편관을 철저히 무찔러주는 식신을 기뻐하여 희신으로 삼는다.

한편 정관이 신약(身弱)함을 싫어하데 그 이유는 사주가 신약하면 정관을 감당해낼 수 없기 때문이다. 또 정관은 자신을 살해하려드는 상관과 정관이라는 자신과 난투극을 벌이려드는 편관을 가장 두려워하며 싫어하여 기신으로 삼는다.

그리고 지지(地支)에서 관성(官星)을 형충(刑沖)해오면 그 관성이 무력해지고 상처투성이가 됨이니 그 역시 싫어하고, 정관을 유인해서 주인을 외면케 하는 합(合)도 무척 금기(禁忌)로 삼는다 할 것이다.

✻ 정관과 상관의 관계

① 정관이 많은데 상관이 없는 사주라면 이는 성인군자의 팔자다.
② 정관을 박해하고 억누르는 상관이 정관의 앞에 나타나면 어떻게 될까? 이렇게 된다면 관성(官星)은 만신창이가 되고 무능하고 무기력해지기 때문에 정관의 성품과 기질, 그리고 재질은 사라져 찾

아볼 수가 없게 된다. 즉 상관이 판을 치고 주름을 잡기 때문에 정관이 상관의 기질과 성품으로 탈바꿈해 변해버리는 것이다.

이렇게 되면 부양자가 설 땅이 없어지기 때문에 아버지, 남편, 자식, 어른들과의 인연이 박하고 분발과 성실성이 떼어내 지듯 거세되어 생업이 불안전하게 된다. 또한 어른을 공경하기 보다는 반항하고 따지며 거역하기를 일삼듯이 만인을 비판하고 배격하는 성격과 유아독존적인 처신으로 어디를 가나 모가 나고 외톨이가 되기가 쉽다. 그리고 남편과 화목하고 해로하기 어려우며 자식을 낳으면서 부부간에 높은 장벽인 산이 생기고 또 벽이 높아지게 된다.

③ 그러나 상관의 기운을 빼듯 설기(泄氣)하고 관(官)을 생해주는 재성(財星)이 중간에 있게 되면 어떻게 될까? 이렇게 된다면 상관은 재성으로 탈바꿈해 변하고 동화하기에 상관의 기질이 사라져 버린다. 이렇게 되면 관성(官星)이 오히려 유능하고 왕성해져서 아버지, 남편, 자식, 어른들과의 인연이 두터운 동시에 분발하고 성실해짐으로서 만인의 신임과 존경을 받고 생업이 일취월장해지는 팔자라 할 것이다.

즉 재성(財星)은 상관을 설득하고 교화시키는 동시에 관성(官星)을 보호하고 보살피는 다재다능한 수완과 요령으로서 남녀 간이 다같이 기뻐하고 즐기는 멋쟁이 별이다. 즉 아내가 재성을 가지면 남편을 해치는 상관 운에서 오히려 수완과 요령으로 남편을 멋지게 보필함으로서 평생 동안 화목하고 다정다감하게 할 수 있는 천하일품의 멋진 별이 되는 것이다.

✱ 정관과 정인 편재 정재

① 정관은 많은데 정인(正印)이라는 인수가 없다면 명분과 실리에 해당하는 명리(名利)를 얻기 힘들다.

② 정관과 정인이라는 인수가 많은 사주는 공방살이를 하지만 어학에 소질이 있고 달변이다.

③ 정관과 정인이라는 인수가 함께 같이 있으면 명예를 얻는 팔자다.

④ 정관과 함께 편재(偏財)나 정재(正財)가 같이 있으면 대길해지나 상관이 함께 있으면 흉(凶)해진다. 즉 상관이 정관을 쳐버리기 때문에 흉(凶)해지지만 강직한 군자는 된다고 판단하면 바르다.

⑤ 정관과 재성(財星)이 함께 있거나 천덕(天德)과 월덕귀인(月德貴人) 중 하나만 있으면 남편의 덕이 좋은 팔자다.

✱ 정관과 12운성 용신과의 상관관계

① 정관이 12운성 중 목욕(沐浴)과 같이 있는 여자사주는 남편이 바람을 피운다.

② 정관이 12운성 중 묘절사(墓絕死) 등과 같이 있는 여자사주는 남편의 덕이 없다.

③ 정관과 12운성 중 장생(長生)이 함께 같이 있으면 훌륭한 남편을 얻고 자손이 많다.

④ 정관과 도화살이 같이 있는 여자사주는 남편이 온순하지만 바람기가 있다.

⑤ 정관이 역마살에 해당하면 근무지에 변동이 많은 팔자다.

⑥ 남자사주에서 정관에 귀인(貴人)이 붙거나 또는 정관이 용신 (用神)이 되면 복록이 있거나 자식이 귀하게 되는 팔자다.

4. 정관은 만인의 사표이니 유력하면 아버지의 덕이 많고 빨리 출세해

여기서는 정관(正官)의 유력함을 따져보기로 한다. 정관은 나라의 백성을 법으로 다스리고 재정을 관장하는 역할이 주된 과제다. 그래서 정관은 위로는 주군에 심복이 되어 충성을 다하고, 아래로는 만인을 다스리는 의표(儀表)가 되어야만 한다.

그래서 정관을 가진 사람은 공적으로나 사적으로 모범이 되고 귀감이 되는 군자(君子)라고 한다. 성인군자는 하늘에서 떨어지는 것이 아니고 땅에서 만들어지는 것이다.

그러기 때문에 군자가 탄생하는 데는 반드시 군자를 양성하는 스승의 군자가 있어야 한다. 과연 그 군자의 군자는 누구이겠는가? 그러한 군자를 3가지로 나누어 말할 수가 있을 것이다.

첫째는 어린 시절의 스승군자다. 어려서의 교육은 아버지에 의존한다. 부전자전이라고 자식은 아버지의 인격과 품위에 의해서 인품이 형성된다고 해도 과언이 아닐 것이다. 범이 범을 기른다고나 할까? 군자만이 군자를 길러낼 수 있음인 것이다. 고양이가 범을 길러낼 수가 없는 이치와도 같음이다.

군자는 싹부터 바른 군자라야 한다. 그 싹을 바로 잡는 것은 오직 아버지뿐이다. 그래서 아버지가 정관을 상징하는 정관의 주체임은 말할 나위가 없다.

그러나 반대로 정관이 상관(傷官)에 의해서 만신창이가 되어 상처 투성이거나, 뿌리가 없는 무력한 존재이거나, 아니면 전체적으로 쓸모도 없고 오히려 해물이 되거나, 나쁘게 작용하는 기신이라면 아버지와의 인연이 박하고 아무런 힘이 될 수 없을 뿐 아니라 아버지 때문에 겪는 고생과 부담이 크다고 할 것이다.

예컨대 무능하고 무력한 아버지의 슬하에서 이리 굴리고 저리 굴리듯 잡초처럼 자라난 아들이 유능한 인재가 되고 나라의 기둥으로 출세할 수는 없는 이치이기 때문이다.

누구나 나이를 먹으면 부모의 슬하를 떠나서 학교나 학원에서 교육을 받기 마련이다. 그러한 교육이 장차 나라의 훌륭한 인재가 되는 정관의 수련의 과정임은 말할 나위도 없다.

그러나 반대로 타고난 사주에 정관의 별이 일그러지고 무력한 인생은 아버지의 덕이 없을 뿐 아니라 학교의 교육도 제대로 받을 수가 없는 처지다. 마치 버림받은 야생의 잡초처럼 제멋대로 자라나고 그래서 인품도 또한 보잘 것이 없음이다.

어려서부터 엄격한 교육과 수련을 통해서 품행이 바르고 성실하며 유능하고 어른을 잘 받들어 공경할 줄 아는 군자만이 학교와 사회에서 사랑을 받고 존경의 대상이 될 것은 당연한 일이다.

집에 들어오면 부모에 효도를 다하니 부모의 귀여움을 받고 세상에 나가서는 직장과 사회와 상사에 충실하고 유능하니 일취월장으로 승승장구하고 발전할 수밖에 없는 이치와 다르지가 않다.

그러나 사주에 정관이 무력하다면 그러한 모두가 꿈같은 이야기일

뿐이다. 예컨대 가정교육이 부실하고 학교교육 또한 부실한 야생마라면 사회에 나가서도 역시 쓸모가 없는 인생일 것이기 때문이다.

이러한 인생은 타고난 육신과 어깨너머로 배운 재주만으로 스스로 자립하며 살아가는 길밖에 다른 뾰쪽한 방법이 없음이 자연의 섭리다.

5. 정관이 무력하면 벼슬 아닌 짐 보따리고 생명을 노리는 호랑이

신약(身弱)사주가 정관(正官)이 왕성하면 질병과 가난을 면하기 어려운 팔자다. 정관의 무력함이 어떠함인지를 한번 따져보자. 타고난 천명사주에 정관이 무력한 사람은 일정한 목표가 없거나 한 가지 일에 일관하지 못할 뿐만 아니라 성실하지 못함이 그 특징이라 할 것이다.

그래서 정관이라고 하는 고갯길을 오르려면 가장 먼저 신체가 건강해야 한다. 가령 몸이 허약하거나 신병이 있다면 대단히 엄격하고 가파른 계단으로 형성된 정관이라는 벼슬길을 끝까지 올라갈 수가 없는 이치와 같다고 할 것이다.

이렇게 되면 신병으로 신음을 하기에 이르니 설상가상으로 관재(官災)와 손재(損財)가 쌍으로 겹칠 수밖에 없음이 상식이다.

그래서 사주가 신약한데 정관이 왕성하다면 감당을 못할 벼슬에 얽매이고 억눌리며 쫓기는 형국이 됨이기에 평소에 건강이 허약하고 돈쓸 곳이 많으며 질병과 가난을 면하기가 어려운 팔자라고 해야 할 것이다.

이럴 경우에는 정관이 벼슬이 아니라 오히려 무거운 짐 보따리이고 생명을 노리는 무서운 호랑이(虎)와도 같은 존재라고 할 것이다. 이렇게 생명을 노리는 범에 쫓기고 가진 것을 빼앗기는 주인공이 어찌 군자의 행세를 할 수가 있겠는가? 이는 자연과 세상의 당연한 이치라 할 것이다.

그래서 타고난 천녕사주가 신약힘에도 정관이 왕성하다면 편관(偏官)에게 쫓기는 소인처럼 성격이 편협하고 매사를 속단하며 짜증과 불만과 노여움이 많은 인생이라 해야 할 것이다.

이렇게 병든 정관의 주인공을 구해내서 출세를 시키는 처방은 오로지 어머니의 별인 정인(正印)이라는 별뿐이다.

정관은 아버지의 별이다. 주인공이 관(官)에 내몰리고 쫓기는 것은 다름이 아닌 아버지의 분부와 명령을 제대로 받들지 못해서라고 할 것이다. 이때에 아버지의 크나큰 노여움을 풀 수 있는 것은 오직 어머니의 자비와 사랑뿐이다.

한편 정인(正印)이라는 별은 의식주라는 별(星)이기에 풍부한 의식주를 주인공에게 공급하는 별이다.

그래서 병들고 허약한 정관이라는 벼슬아치를 정상화시키는 길은 오직 몸에 좋은 보약을 먹으면서 신체를 튼튼히 하는 길뿐이다. 어머니가 자식에게 사랑과 정성을 다하는데 아버지가 수수방관하거나 야박하게 야단만 칠 수는 없음이 인지상정이다.

그토록 미워하고 벌만을 주던 아버지가 오히려 뜨거운 사랑과 자비를 베풀고 적극적인 후견인 노릇을 하는 한편 어머니가 지성껏 간호하고 보살펴주니 병이든 자식은 건강을 회복하고 늠름한 기품과 기상으로 벼슬길에 뚜벅뚜벅 한 걸음씩 정진을 하게 된다.

기름이 넉넉하고 풍부한 자동차는 어디든지 얼마든지 계속해서 달릴 수가 있듯이 정인(正印)이라는 인수를 가지고 있는 주인공이라면 관(官)을 충분히 감당해내고 성실하게 앞으로 전진을 할 수가 있는 이치와 다르지 않다.

그러나 반대로 타고난 천명사주에 정인이라는 인수가 없이 관성(官星)만을 가지고 있다면 기름의 여유와 후견인의 도움이 없이 가파른 고개를 오르려는 자동차와 같은 꼴로 오르려는 데에 한계성이 있어 사뿐히 높이 올라가기가 매우 힘든 경우라 할 것이다.

그래서 벼슬을 하려면 먼저 신체가 건강해야 하고 높은 고지인 정상에 올라갈 수 있는 기름통에 기름인 정인이라는 인수의 별이 필수조건이라 할 것이다.

결과적으로 어머니가 없는 아버지는 새로운 어머니를 찾아 나서기 때문에 자식을 외면하거나, 아니면 홀아비처럼 쓸쓸하게 지내야 하기에, 자식에게 아기자기한 사랑을 베풀 수가 없듯이 그래서 정인이라는 인수가 없는 관성(官星)은 주인공에게 애정이 없고 대신 엄격할 뿐이라 할 것이다.

6. 실력만으로 걸어감보다 차를 타고 가는 벼슬길이 더 빨라

여기서 정관(正官)은 관록(官祿)이기에 그 의미를 살펴보기로 한다.

육신 상으로 관(官)은 녹봉(祿俸)을 먹는 종(從)이기 때문에 관(官)을 녹(祿)이라 하고, 재물은 말(馬)로 운반하기에 재(財)를 마(馬)라

고 한다. 그러므로 관직에 있는 벼슬아치가 재물을 좋아하고 탐을
내는 것은 당연한 일이다.

출세를 하려면 상전의 신임과 총애를 받는 재능과 솜씨가 있어야
하는데 솜씨 중에서 단연 돈(財物)이 제일 으뜸이다. 세상만사 다 그
렇듯이 뇌물을 바치면 상전의 입이 딱 벌어지고 그 결과로 상전은
자신의 심복으로 믿고 보다 더 가까이 높은 자리로 이끌어 준다.

그래서 사주에 재물이 풍부한 사람은 상전에게 뇌물을 넉넉히 제
공할 수 있기에 그만큼 벼슬길도 말처럼 뛰어 올라갈 수 있고 달리
는 자동차처럼 빠른 속도로 질주할 수가 있다.

다양하고 복잡한 세상에서 자기 실력만으로 벼슬을 하려면 각종
고시나 일반시험과 같은 복잡한 절차를 밟아야만하고 오랜 세월동
안을 기다려야만 하기 때문에 좀처럼 쉽게 승진하고 쉽게 출세할
수만은 없는 일이다.

이렇게 자기 실력만으로 높은 정상의 고갯길을 두 발만으로 터벅
터벅 걸어가는 나그네라면 이는 거북이나 소걸음처럼 느리고 답답
하기 그지없는 일이 아닐 수가 없다.

결국 평생 상전과는 가까이 할 수도 없고 변두리의 말단직에서
몸부림치다가 세월과 더불어 하직해야만 하는 처지라 할 것이다.

그러기에 사주에 재성(財星)이 없이 관성(官星)만 있다면 마치 홀
로 사는 아버지처럼 외로운 고관(孤官)의 팔자라 한다. 홀로 사는 아
버지가 자식의 뒷받침을 원만히 하고 자식을 훌륭한 군자로 길러내
기는 어렵다.

그렇다면 과연 재성(財星)의 근본은 무엇일까? 재(財)는 재물을
상징하듯이 돈과 직결되는 개념이다.

누구나 부지런하고 하는 일에 능수능란해야만 돈을 버는 기회와 노다지를 캘 수 있는 찬스가 오는 법이다. 근면과 수단과 재능이야 말로 재물의 산모이듯이 재성(財星)의 본질인 것이다. 그래서 재성(財星)은 단순한 돈이 아니고 돈을 벌 수 있는 수단과 재능과 근면을 의미한다고 할 것이다.

그러므로 관성(官星) 곁에 재성(財星)이 있다면 수단과 재능이 천부적임은 말할 나위도 없고 솜씨가 탁월하고 비범하기에 이른다. 여기서 재(財)가 생(生)해주는 관(官)으로써 재생관(財生官)이란 돈으로 벼슬을 사는 것이 아니고 직속상사인 상전을 섬기고 공경하는 솜씨다.

이렇게 상전을 모시는 솜씨가 비상함으로써 상전이 감탄하고 홀딱 빠져서 주인공의 말이면 무엇이든 믿고 또 들어주는 것을 의미한다고 해야 할 것이다.

그러나 반대로 관성의 곁에 재성이 없다면 이는 상전을 모시는 재능과 솜씨가 전혀 없는 경우에 해당한다. 예컨대 상전을 모시는 솜씨가 전혀 없고 자기고집만을 부리는 고지식하고 멋없는 부하, 맛이 없는 음식처럼 홀대와 버림을 받아 늘 변두리 말단직에 방치된 채 외면되고 도외시되기 마련인 것이다.

똑같은 재성(財星)이라고 해도 정재(正財)와 편재(偏財)는 큰 차이가 있음을 알아야 한다. 정재는 근면과 합법성을 상징하듯이 상전을 섬기는 지성이 지극함으로써 공이 크고 그 공에 의해서 당연히 출세를 한다.

그러나 편재는 융통과 수단을 상징하듯이 비상한 요령과 수단과 비위맞춤으로 상전의 마음을 사로잡고 능수능란한 언변으로 상전을 자유자재로 요리하는 경우라 할 것이다.

과연 어느 편이 보다 빠르고 더 높이 출세를 하겠는가? 군대는 요령이 본분이라 하듯이 벼슬길은 눈치가 빠르고 비위맞춤을 잘하며 상관이 원하는 것을 재빠르게 조달해 제공을 해야만 한다. 그러한 솜씨 중에서 뇌물이 제일의 으뜸임은 말할 나위도 없을 것이다. 그러한 점에서 비추어 본다면 정재는 편재를 따를 수가 없을 것이다.

그러므로 정재는 비록 부지런하고 유능하고 정직하며 실적과 공훈은 단연코 제일 으뜸이지만 상전의 마음을 사로잡고 요리하는 솜씨와 뇌물공세에는 편재의 뒤 발꿈치에도 따라가기 힘든 입장이다.

이러한 결과 역시 인간 세상에 던져놓은 조물주의 사주 팔자라는 그물망 이리라.

7. 정관이 비견을 보면 의식주 교육 인격 상속이 반숙상태

정관(正官)이 있고 동시에 희신(喜神)인 비견(比肩)이 있다면 천부적인 비서직이다. 정관과 비견의 상관관계를 살펴보기로 하자. 정관이 비견을 보게 되면, 정관은 반으로 분할되는 동시에 주인공과 비견이 서로 정관을 독점하려는 다툼과 분쟁이 일어나게 된다.

누구든 이 세상에 출생하는 자녀들은 아버지를 유일한 보호자로 삼는다. 아버지는 인도자인 천복(天福)이며 자식에게 의식주와 인격과 더불어 교육을 베푸는 동시에 마지막으로는 자기 재산과 명성을 대부분 자녀들에게 상속시킨다.

그러던 아버지의 덕(德=正官)을 비견과 다투고 나누게 된다면 천복이 두텁지 못하다고 해야 함이 자명해질 것이다.

한편 정관이 비견을 보게 되면 벼슬길이나 직업에서도 또한 마찬가지의 현상이 나타나게 된다. 1개의 자리나 감투를 놓고서 라이벌의 경쟁자들과 서로 다투고 반으로 나누게 되는 셈이다.

여자의 경우에 있어서 정관은 아버지이자 정식 남편의 별이다. 그래서 여성의 사주에서 정관이 비견을 보게 되면, 아버지의 덕이 반분되니 아버지의 덕이 두터울 수가 없는 팔자라 할 것이다.

그러므로 아버지의 덕분인 교육과 인격이 모두 부실해짐과 더불어 모든 면에서 경쟁심과 질투심 그리고 시기심이 강렬하게 작용하는 성정을 갖게 된다.

결혼하면서 더욱 노골화해지고 강렬해지며 맹렬해진다. 그 이유는 1명의 남편(正官)을 2명의 여자(比肩)가 나누고 다툼을 경쟁함이니 서로 내 남편을 양보할 수도 없으려니와 그 결과 어찌 가정이 평화로울 수 있겠는가?

2명의 여자들 입장에서 관건은 1명인 남편을 누가 보다 더 가까이 하느냐에 있을 것이다. 이는 주인공인 일주(日柱)와 비견의 역량의 차이에 의해서 결정될 수밖에 없는 일이다. 일주가 비견보다 강하면 본처의 비중이 크게 될 것이고, 비견이 일주보다 강하면 둘째인 소실의 비중이 크게 마련이다.

이런 둘 간의 힘의 강약은 지지(地支)의 12운성(運星)으로 결정함이 바르다고 할 것이다. 가령 일주(日柱)가 갑인(甲寅)이고 비견이 갑신(甲申)이라면, 일주는 건록(建祿)이고 비견은 반드시 주인을 해치는 불길한 기신(忌神)만은 아닐 것이다.

우주에 존재하는 만유는 상대적인 존재이자 상대적인 가치를 가지고 있듯이, 육신도 또한 길흉이 상대적이리라고 해야 바를 것이다. 독립할 수 있는 신왕(身旺)한 주인공에게 비견은 백해무익한 식객에 불과하고 장애물이다. 그러나 독립할 수 없는 신약(身弱)하고 관왕(官旺)한 주인공에게 비견은 오히려 구세주가 된다.

관성(官星)이 왕성하고 신약하다는 것은 올라야할 고개는 높은데 힘이 약해서 오르지 못하는 경우다. 혼자서의 힘으로는 도저히 올라갈 수 없는 터에, 비견이라는 또 하나의 친구가 와서 손을 이끌고 등을 밀어주니 그 덕분에 벼슬길에 올라갈 수 있음이다.

내 힘이 아닌 남의 힘에 의해서 정관을 감당해 내고 복을 누린다는 것은 주변의 도움과 같은 인덕에 의해서 출세한다는 뜻이다.

남자의 경우는 형제와 같이 아버지의 덕과 상속을 나누고, 다투는 것이 아니라 형제의 덕분으로 아버지의 덕과 상속을 누리게 되는 것이다. 그것은 형이 받을 상속을 동생이 된 자신이 상속하거나, 형이 아버지를 대신해서 나를 공부시키고 출세를 시키는 것이며 때로는 제3자의 상속을 대신 받거나 제3자의 덕으로 벼슬하고 출세하는 행운을 잡기도 한다.

여자의 경우는 내 남편을 남에게 빼앗기고 반타작하는 것이 아니라 오히려 내가 남의 남편을 빼앗거나 반타작하게 되고 같은 여성의 힘으로서 좋은 남편을 구하고 출세시킬 수 있음을 의미한다.

같은 동창의 남편이 출세하는 바람에 동창의 덕분으로 자기 남편을 출세시키는 경우가 허다하지 않는가? 그래서 정관의 입장에서 볼 때에는 비견은 정재(正財)가 된다. 1명의 남편이 2명의 아내를 거느리고 있는 형국이다.

비견이 흉신(凶神)인 경우에는 교양이 없고 불성실한 2명의 연인이 남편을 놓고 서로 시기하고 질투하며 싸움질만 일삼으며 남편을 괴롭히는 경우다. 그러나 비견이 길신(吉神)인 경우에는 교양이 있고 성실한 2명의 아내가 서로 합심하고 협력하여 남편을 돕는 형국이다. 아내는 남편의 유일한 보좌역이듯이 정관을 보좌하는 2개의 비견은 바로 상사를 보필하는 비서직을 의미한다고 해야 할 것이다.

이같이 정관이 있고 동시에 희신(喜神)인 비견이 있다면 천부적인 비서직으로서 반드시 높은 귀인을 만나서 크게 재능을 떨치고 두각을 나타내게 된다. 여자인 경우 남편을 성실하게 보좌하는 현모양처임은 말할 나위도 없을 것이다.

그러나 반대로 정관이 있고 동시에 비견이 흉신인 경우에는 사주에 비견이 있거나 비견의 세운(歲運)이나 대운(大運)에는 남편을 보좌하는 여비서나 가까운 측근이 남편을 유인하고 반으로 나눔을 암시하는 것이니 크게 조심해야 할 것이다.

8. 정관이 겁재를 만나면 도둑을 맞을 위험이 큼으로 대비해야

여기서는 정관(正官)과 겁재(劫財)의 상관관계를 살펴보기로 한다. 육신 중에서 겁재는 위협과 겁탈을 일삼는 별이다. 그래서 정관이 겁재를 보면 정관은 도둑을 맞을 위험이 크다고 해야 할 것이다. 비견(比肩)은 같은 형제의 처지이기에 서로 나누어 쓰자는 입장이다. 그러나 겁재는 아예 송두리째 독차지 하겠다는 속셈이다.

남자의 경우에 있어서 겁재가 노리는 것은 아버지의 상속과 나 자신의 벼슬과 명성을 겁탈하려는 점이다. 그러므로 형제에게 상속을 빼앗기는가 하면 제3자에게 지위나 감투를 빼앗기고 이름도둑이라는 일명 명의도용(名義盜用)을 당하는 경우가 허다하다. 진학이나 승진의 기회에서도 강대한 적수에 의해서 기회를 빼앗겨 상실하는가 하면 법의 보호를 받는 일에도 장애가 많이 일어난다.

여자의 경우에 있어서 겁재가 노리는 것은 자신의 남편을 겁탈하려는 점이다. 그러므로 남편을 남에게 빼앗기는 비극을 평생 간직하고 있다고 할 것이다. 혼담에서부터 결혼에 이르기까지도 허다한 애로와 장애가 있는가 하면 사랑하는 애인의 도둑도 여러 차례 당할 수밖에 없는 처지다.

그렇다고 남편과 내 남자를 늘 도둑을 당하는 것만이 아니라 때로는 나 스스로가 거꾸로 남자를 훔치는 도둑이 되는 수도 많다. 이러함의 판단에는 겁재가 희신으로 작용하느냐 아니면 기신으로 작용하느냐에 따라 그 성격을 달리한다고 보면 될 것이다.

✻ 겁재가 희신으로 작용하면 빼앗김이 아니라 오히려 빼앗는 입장

여기서는 겁재가 희신(喜神)으로 작용할 때를 살펴보기로 한다. 겁재가 희신으로 작용하면 겁재로 인해서 오히려 정관을 얻는 셈이 된다. 예컨대 부모의 상속을 통째로 점유하는 횡재(橫財)수가 있는가 하면 벼슬과 출세에도 생각지 않던 뜻밖의 요행(僥倖)수가 생길 수 있다는 점이다.

그러므로 겁재가 희신으로 작용하는 사람은 평범함을 떠나서 매사에 능수능란하고 대담하여 모험과 투기를 즐기는 인생이다.

돈을 쓰고 사교를 하는 데에도 남달리 뱃장이 있고 비범하다. 어려서부터 아버지의 사랑을 독점하는가 하면 스승이나 직속상사의 신임도 독차지한다. 무엇이든 독차지를 해야만 속이 풀리고 비약을 해야만 만족하는 성격이다.

여자의 경우에 겁재가 희신으로 작용하는 사람은 남편을 다루는 재간이 능수능란하고 그래서 사랑을 독점한다. 자신이 원하는 것이면 무엇이든 과감하고 대담하며 비범하게 독차지하고야 마는 성격이다. 때로는 남의 애인과 남편을 홀라당 가로채기도 한다. 그만큼 남성을 다루는 솜씨가 깜찍하고 뛰어난 것이 겁재가 희신으로 작용하는 여성이다.

9. 정관이 2이상이면 무용지물이나 정관과 식신이 함께하면 칠살도 얼씬 못해

✱ 정관이 2개 이상이면 쓰지 못하는 무용지물

2개의 정관(正官)은 칠살로 변한다. 그래서 정관이 2개 이상이면 비용만 2배로 지출하게 돼 궁핍해질 수밖에 없는 팔자다. 여기서는 정관과 정관의 상관관계를 살펴보기로 한다.

정관이 정관을 보게 되면 재상이 재상을 보는 꼴이고 남편이 남편을 보는 격이라 할 것이다. 1국가에 2명의 재상이 맞서고 1가정에 2명의 남편이 맞선다면 어찌 되겠는가?

그래서 정관이 2개 이상이면 정관은 쓰지 못하는 무용지물로 비용만 2배로 지출하게 됨이니 마침내 가난에 빠질 수밖에 없음이다.

쓸모없는 남편과 재상에게 비용을 곱으로 써야 함이니 어찌 감당을 할 수가 있겠는가?

물론 이는 정관의 입장에서는 정반대적인 현상이라 할 것이다.

재상이나 남편의 별을 2개 이상 갖게 된 것은 1개를 가지고는 부족하기 때문이다. 즉 허약하고 무능하기 때문에 또 1개를 더 늘린 것이다. 새로운 인재를 택했다면 반드시 전임자는 모름지기 물리쳐야 하는데 그대로 두는 이유는 무엇일까? 역시 똑같이 부족한 인물이기 때문일 것이다.

그와 같이 정관이 2개 이상이면 그 모두가 부실한 것들이고 그래서 변동이 잦은 것이 만물의 이치다.

남자의 경우에 정관은 벼슬하는 직업과 직장에 해당한다. 벼슬길을 여러 번 바꾼다는 것은 처음부터 벼슬과 지위가 부실함이기 때문이니 벼슬과 직장과는 인연이 썩 좋지 않다는 결론이 나오기에 이른다.

그래서 사주에 정관이 2개 이상이면 주인공이 이것저것 여러 직종에 손을 대기 마련이며 만사가 시작은 있되 끝이 없는 유시무종으로 허물어지기 마련인 팔자다.

여자의 경우에 정관은 바로 정식 남편의 별이다. 그런데 여자의 사주에 정관이 2개 이상이라면 남편을 2번 이상 바꾼다는 말이 된다. 이렇게 남편을 2번 이상 바꾼다는 말은 그만큼 남편이 부실하고 남편에게 불만이 많기 때문일 것이다.

사주에 정관이 2개 이상인 여인에게 좋은 남편이나 정상적인 남편의 호적을 기대할 수는 없는 일이다. 정관은 인격과 품위 그리고 그들을 길러주는 아버지와 스승이자 교육과 귀인의 별이기도 하다.

그런데 이러한 정관별이 부실하다는 것은 그 별에 속해 있는 아버지와 스승의 덕이 없듯이 교육과 인격 또한 부실함을 암시한다고 할 것이다.

한편 정관은 군자를 상징하는 별이다. 군자는 도리에 어긋난 시기질투나 자리다툼은 절대로 하지 않는다. 하물며 1명의 여인을 놓고 군자가 어찌 남편싸움을 벌이겠는가? 남편싸움을 벌이는 경우는 군자의 탈을 쓴 소인배이고 싸움을 일삼는 사이비 영웅들이라 할 것이다.

그래서 2개의 정관이 서로 대립을 하면 편관(偏官)이라는 칠살(七殺)로 격하가 되고 만다. 칠살이 군자가 될 수 없듯이 재상이나 큰 인재가 될 수는 없는 일이다. 정관이 변한 편관(偏官)은 시기질투와 중상모략을 일삼는 음모공작이나 싸움꾼으로 무공훈장을 타는 무관에 적합하다고 해야 할 것이다.

그렇다고 2개 이상의 정관의 난립과 집단이 반드시 쓸모가 없고 불행한 것만은 아니다. 아무 쓸모가 없어 보이는 그 어떤 것도 약에 쓰이는 경우가 있다고, 정관의 난립도 유효하게 쓰이는 경우가 있으니 말이다.

태어난 날인 일주(日柱)가 지나치게 태과(太過)해서 안하무인이거나 아니면 정관이 허약해서 버릇을 고치고 법도를 다스릴 수가 없는 경우에는 2개 이상 복수의 정관이 많으면 많을수록 좋은 것이니 다다익선이라 할 것이다.

예컨대 토(土)의 일주(日柱)가 토왕(土旺)하고 토다(土多)하다면, 목(木)이 무력하고 1목(木)으로 서는 경작을 할 수가 없는 처지다. 바로 이럴 때에는 관성(官星)인 목(木)이 많을수록 좋은 것이다. 그러나 이는 나라와 가정이 여러 개이면 재상과 남편도 그 개수만큼 여럿이어야 한다는 분립의 원칙을 의미하는 것일 뿐이다.

✲ 정관과 식신이 함께하면 칠살도 얼씬 못해

　여기서는 정관과 식신(食神)의 상관관계를 살펴보기로 한다. 정관이 가상 두려워하는 대상은 바로 상관(傷官)과 편관(偏官)이라는 칠살(偏官七殺)이다. 칠살을 보면 관살혼잡(官殺混雜)이라 해서 1명의 여인이 2명의 남자를 거느리는 꼴이다. 그래서 가정불화가 상존하고 그에 따른 손재나 시끄러운 파멸 등을 초래하기에 이른다.

　이러한 칠살을 제거할 수 있는 유일한 명약은 식신뿐이다. 때문에 정관과 식신을 사주에 함께 겸하고 있으면 평생 동안 칠살이 함부로 침범할 수 없음이기에 관살(官殺)이 혼잡 될 염려는 없다.

　식신(食神)은 편관(偏官)이라는 칠살뿐만 아니라 정관에 대해서도 통제의 역할을 담당한다. 때문에 정관이 지나치게 왕성하여 주인공인 일주(日柱)가 감당할 수가 없을 경우에는, 식신으로 정관을 억누르고 조화를 시켜주니 일주(日柱)에 정관이 순종하게 되는 것이다.

　그러나 사주에 관성(官星)이 허약한데 식신만 왕성하면 관성(官星)이 더욱 무기력하여지기 때문에 주인공의 출세와 벼슬길이 부실하다고 판정할 수가 있다.

10. 정관은 정재의 녹을 먹고 살고 정재는 정관의 보호로 사는 천생연분

여기서는 정관(正官)과 정재(正財)의 상관관계를 살펴보기로 한다. 정관은 정재를 보호하는 재산관리자다. 그래서 정재는 재산관리자인 정관에게 일정한 녹(祿)을 제공한다. 이렇게 정관은 정재의 녹을 먹고 살고, 정재는 정관의 보호로 산다.

그러므로 정관과 정재의 양자는 서로 의지하고 상부상조를 함이니 천생연분의 관계라 할 것이다. 그러나 정관과 정재라는 양자는 모두 주인인 일주(日柱)에게 종속된 주인의 종이고 재산이기에 모든 것은 다 주인의 뜻과 능력에 달려 있다고 해야 할 것이다.

예컨대 주인이 유능하고 건전하면 종(官)과 재물(財)을 충분히 다스릴 수 있기에 주인이 자신의 체통을 바로잡고 부흥을 할 수 있다. 그러나 주인이 무능하고 병약하다면 종과 재물을 감히 감당할 수가 없기에 종의 방종과 재물의 부정이 자행된다고 보아야 한다.

이렇게 되면 종이 기세가 당당하여져 결국에는 주인의 위에 군림하려 들게 된다. 종이 주인을 호령하며 녹을 강요하기에 이르니 주인은 종의 핍박에 못 이겨 많은 빚과 부채를 지게 되고 종국에는 평생 동안 종에게 얽매여 살게 된다.

그러므로 타고난 사주가 신약(身弱)한데 재성(財星)과 관성(官星)이 무성하다면, 병이든 환자가 많은 종(官)과 재물(財)을 갖고 있는 형국으로 건강이 좋지 않고 늘 가난에 시달리며 자유와 햇빛을 볼 수가 없는 팔자다.

동서고금을 막론하고 종이 잘나고 강하면 반드시 주인의 재물과 권리를 탐하고 빼앗는 것이 인지상정이다. 그러므로 자신이 무력하고 가난한 자는 절대로 부하나 종을 두어서는 안 된다. 고려가 조선을 개국한 이성계에게 나라를 빼앗긴 것도 바로 이러한 생생한 실증이라 할 것이고 전형적인 예라할 것이다.

그러나 주인이 똑똑하고 왕성해 건전하다면 정관과 정재를 모두 다 능히 다스릴 수가 있음이니 부하와 종의 반란은 언감생심이고 일어날 수도 없는 일이다.

만일에 사주에 정관이 강하고 정재가 허약하다면 재물을 위주로 관찰을 해야 바르다. 정관은 봉직자이고 정재는 기업가인 것이니 주인공은 기업가가 아닌 공직에서의 봉직이 천직이라 할 것이다.

그러나 반대로 사주에 정관이 약하고 정재가 강하다면 재물이 풍부함이니 당연히 기업가로 치중을 하고 치부를 하게 된다. 돈이 있으면 종은 얼마든지 거느릴 수 있는 것이니 정관도 또한 건전해지고 부귀를 함께 누릴 수가 있다.

재(財)는 관(官)을 길러 주는 밑 걸음이고 유모이기 때문에 재(財)가 있으면 벼슬길은 반드시 자동적으로 순탄해지고 높아지게 되어 있다. 이럴 때에 가장 아쉬운 것은 바로 벼슬길에 올라서는 주인공을 배부르게 살찌우고 기운을 충분히 공급해주는 정인(正印)이라는 인수(印綬)의 별이 꼭 있어야만 한다는 것이다.

정재는 근면과 성실을 상징하는 육신이다. 그래서 정재와 정관이 함께 있으면 사람이 대나무처럼 곧고 바르며 개미처럼 부지런하고 열성적인 성품의 소유자다. 순수한 실력과 근면과 정직으로 공을 세우고 벼슬이 높아지는 것이니 피와 땀의 대가로 한걸음 한걸음씩 기반을 다져가는 성품이다.

그러기 때문에 정재와 정관이 함께 있는 사람은 거북이나 소걸음처럼 느리고 차분한 반면에 하루아침에 굴러 떨어지듯 일락천장은 없다. 재물도 오로지 피와 땀으로 한푼 두푼 모아 저축함으로써 벼락부자나 벼락출세를 할 수는 없는 팔자다.

그러나 세월과 더불어 단계적으로 점진적으로 치부를 한다. 그래서 이러한 주인공은 평소에 절약하고 검소하며 부지런한 동시에 아량이 있고 인정이 풍부한 사람이다.

11. 정관과 편관이 함께해 관살이 혼잡한 여성은 사고무친의 무방비상태

관살(官殺)이 혼잡한 여성은 한집에 2명의 남자를 거느리고 사는 셈이다. 여기서는 정관(正官)과 편관(偏官)의 상관관계를 살펴보기로 한다. 정관은 군자이고 편관은 소인이다. 군자와 소인은 질이 다르고 격과 행동도 엄연히 다르다. 군자는 법을 앞세우고 소인은 주먹을 내세움이 특징이라 할 것이다.

그래서 정관과 편관의 양자는 물(水)과 기름(油)의 관계이기에 결코 서로 융합하거나 화평할 수가 없는 사이다.

예컨대 법이 무질서하게 어지러워지고 체통이 무너지면 무법천지가 된다. 법이 없다면 생명과 재산을 온전히 보존할 수가 없을 것이다. 무법천지의 세상에서는 언제 어떠한 변을 당할지 몰라서 모두 전전긍긍할 뿐이다. 법이 없는 세상에서는 주먹이 제일이고 왕초다. 주먹은 닥치는 대로 치고 빼앗는 성정을 갖는다.

여성의 경우에 정관은 남편이고 편관은 애인인 정부(情夫)에 해당한다. 남편과 정부가 한집에서 함께 살고 있다면 그 틈바구니에서 1명의 여인은 어찌 될 것인가? 우선 이 1명의 여인은 좋거나 싫거나 한집에서 남편과 정부를 같이 공경하고 거느려야만 한다.

남편과 정부가 원하는 대로 비위를 맞추고 돈을 써야만 한다. 술을 원하면 술을 대작하고 춤을 원하면 춤을 추어야 하며 노래를 원하면 노래를 부르고 노름을 즐기면 노름을 해야만 할 것이다.

그러므로 이 여인은 가난에 시달릴 뿐 아니라 육체적으로 과로에 지칠 수밖에 없는 처지다. 힘에 겨워 공경이 부실해지면 늑대처럼 포악해지는 것이 또한 남성이다. 2명 남성의 포악함과 함께 싸우면 이 여인도 또한 함께 포악해지기 마련이다.

그래서 관살(官殺)이 혼잡하면 다예 다능하지만 가난하지 않으면 단명하다고 판단을 하게 되는 것이다.

이렇게 관살(官殺)이 혼잡하면 평생을 완만한 고개(正官)와 가파른 절벽(偏官)으로 줄달음을 쳐야하는 처지다. 그래서 무거운 화물인 재물을 운반할 수는 없고 알몸으로만 뛰고 달리자니 배가 고프고 가슴은 쿵쿵거리고 숨은 할딱이며 고갯길을 달리자니 호흡기관이 온전할 수가 없는 꼴이다.

그러므로 사주에 정관과 편관을 함께 갖는 여자의 경우에는 2명의 남편을 동시에 거느린 꼴이니 색정(色情)관계로 일생을 허덕이는 팔자라 할 것이다. 이렇게 1명의 여인에게 2명의 남자가 따른 다는 것은 호색에 앞서 그만큼 이 여인이 갖춘 맵시가 뭇 남성들을 유혹할 만큼 매력적임을 암시한다고 할 것이다. 이러한 점은 남성의 경우에서도 똑같다고 할 것이다.

그래서 사주에 관살이 혼잡하면 주색을 즐기고 호탕하며 색정문제로 재산을 탕진하듯 산재(散財)하고 방향감각을 잃기 쉽다는 경고일 것이다. 그렇다고 관살의 혼잡이 덮어놓고 나쁜 것만은 아니다.

정관이 난립해도 일주(日柱)가 왕성하듯 태과(太過)하면 오히려 많을수록 좋듯 다다익선하듯이 관살도 또한 일주(日柱)가 왕성하듯 태과(太過)한 사주에서는 금상첨화로 희신(喜神)이 되고 유능한 일꾼으로서 오히려 많은 재물을 생산하고 주인을 공경하는 육신으로 작용을 하기도 한다.

12. 정관이 정인을 갖추면 천하동량 인재감이고 편인을 갖추면 재승박덕해

✱ 정관과 정인을 함께 구비하면 천하의 동량이 되는 유능한 인재감

여기서는 정관(正官)과 정인(正印)의 상관관계를 살펴보기로 한다. 관성(官星)은 아버지의 별이고 정인이라는 인수는 어머니의 별이다. 아버지가 있는 어머니와 어머니가 있는 아버지는 서로 다정하고 합심해서 자녀를 잘 기르고 잘 보살핀다.

반대로 아버지가 없는 어머니와 어머니가 없는 아버지의 처지는 자신의 삶 자체가 고독하고 허전하여 자식의 양육에 대해서도 전념하기가 어려운 처지다. 예컨대 편부나 편모라는 편친(偏親)의 슬하에서 자라나는 자녀가 오붓하고 순탄할 수만은 없음이 현실이다.

때로는 짜증을 내기도 하고 신경질을 부리기도 하는 허탈한 상태

의 편친에게서 어찌 따뜻하고 아기자기한 부모의 사랑을 기대할 수
가 있겠는가?

· 그래서 사주에 정관과 정인을 함께 구비한 사람은, 품위가 있고
덕망이 있는 아버지와 자비롭고 자상한 어머니의 슬하에서 순조롭
게 자라난 주인공이라 할 것이다. 그러기에 이런 사주를 가진 사람
이 정신적 육체적으로 완전무결하고 빈틈이 없는 인격과 품위를 지
니고 있을 것임은 너 말할 나위도 없을 것이다.

그러므로 사주에 정관과 정인을 함께 구비한 사람은, 어려서는
좋은 집에서 호의호식하고 부모의 엄격한 양육과 훈육으로 품성을
도야하며 자라나서는 학교의 최고 상아탑까지 고루 거쳐 풍부한 지
력과 체력을 개발할 수 있는 처지이니 천하의 동량이 될 수 있는 유
능한 인재가 되는 것이다.

어디를 가든 중추적인 인물로서 단연 두각을 나타내고 두터운 신
임과 명성을 누리게 된다. 그래서 벼슬길이 천직으로서 처음부터
순탄하고 빠르게 승진을 한다.

출세 길에 있어서 정관은 올라가야할 정상의 고갯길이고 정인이
라는 인수는 고갯길을 올라가는데 필요한 원동력으로서 연료인 셈
이다. 힘겨운 고갯길을 오르려면 기름이 풍부해야만 한다.

그래서 사주에 정관과 정인을 함께 구비한 사람은 정관의 길이
탄탄대로라 할 것이다. 예컨대 확 트인 대로처럼 길도 넓고 연료인
기름도 풍부함이니 정상에 오르기는 무난한 입장이다. 아버지가 앞
에서 끌고 어머니는 뒤에서 밀어주니 순풍에 돛단배 격으로 앞길이
창창하다고 할 것이다.

부모가 있고 훌륭하면 무엇이든 극복할 수 있듯이 정관과 정인이

라는 인수가 있으면 관인상생(官印相生)하여 어떠한 육신이 오드래도 무난히 대처할 수가 있게 된다.

재성(財星)이 오면 관성(官星)이 통관(通貫)을 하고 중화를 시켜서 인성(印星)을 보호를 한다. 한편 상관(傷官)이 오면 인성이 앞을 가로막고 중화를 시켜서 정관을 보호하고 보장하기에 이른다.

그래서 사주에 정관과 정인을 함께 구비하면 평생 동안 재난이 침범하거나 이변이 발생할 염려가 없다고 할 것이다. 위기에 직면하거나 어려운 문제에 부딪히게 되면 반드시 구제해주는 손길과 귀인을 만나서 원만히 해결되는 운명이다.

그러나 사주에 정인이라는 인수가 2개거나 관성(官星)이 2개일 경우에는 사정이 전혀 달라진다. 사주에 인성이 2개면 아버지가 2명의 어머니를 거느리는 격이니 가정이 건전할 수가 없음이다. 그래서 인성이 2개면 천명이 허약하고 허덕이며 무기력하고 단명하다고 판단을 하는 것이다.

또한 벼슬길은 뜨거운 햇빛에 눈이 녹듯이 녹아내려 기름으로 변하고 기름바다가 됨이니 굴러야할 수레바퀴는 미끄러지고 또 아래로 곤두박질을 함이니 만사가 마냥 겉돌고 침체되기에 이른다고 할 것이다.

예컨대 갑(甲)일생이 인성인 수(水)가 많으면 관성(官星)에 해당하는 금(金)은 물속에 가라앉고, 본신인 목(木)은 물에 둥둥 떠서 부초처럼 떠내려감이니 벼슬은 고사하고 생활의 정착조차도 하기 어려운 처지라 할 것이다.

그러나 반대로 사주에 관성(官星)이 2개이고 정인이라는 인수가 1개라면 1명의 어머니에 2명의 아버지를 둔 격이라 할 것이다. 이는 어머니가 허약하고 무기력한 반면에 2개의 관성(官星)이 합해져서 편관의 칠살로 변질을 함이니 군자와 같던 아버지가 소인배로 둔갑했음을 암시하는 것이다.

이런 경우에 아버지는 소인배고 어머니는 허약함이니 어찌 부모 덕이 두터울 수가 있을 것인가? 그러나 정인이라는 인수는 정관에 비해서 관대하고 정관에 순종을 함이 기본성정이니 2명의 아버지를 정성껏 공경을 한다.

그와 같은 정인의 덕망에 2개의 정관이 감동을 하여 감화되고 자제를 하기에 이르니, 정관이 정관을 본 것처럼 시기질투하고 싸움을 일삼지는 않음이다. 인성은 곧 어질 인(仁)으로서 만인을 덕으로 교화시켜 화평을 이루는 것이 기본성정이기 때문이다.

✱ 정관과 편인이 함께 하면 시종일관이 어렵고 재승박덕함이 흠

여기서는 정관과 편인(偏印)의 상관관계를 살펴보기로 한다. 정인이라는 인수는 생모가 자식을 기르듯이 스스로 우러나오는 모성의 자연적이고 천부적인 사랑과 자비와 덕망을 기본으로 한다. 그러나 편인은 계모가 자식을 기르듯이 재치로 꾸며진 인공적이고 타산적인 사랑과 자비와 덕망을 기본으로 한다.

정인이라는 인수가 진실과 정성과 덕으로 상전인 정관을 섬기고 받들어 모신다. 그러나 편인은 꾸며진 웃음과 재치와 아양으로 상전을 멋지게 공경함을 특징으로 한다.

정인이라는 인수는 덕과 실력은 있으나 아양과 재치가 없다. 반면에 편인은 눈치가 빠르고 재치가 넘치며 아양과 서비스는 만점이지만 진실과 신망이 없다. 과연 상전인 정관은 정인과 편인 중에서 어느 편을 측근으로 등용하고 출세시키겠는가?

이유야 어떻든 여성은 여우라야만 남성을 사로잡는다고 했다. 정관의 눈길은 덕이 넘쳐흐르는 정인이라는 인수보다는 재치와 아양이 꿀단지처럼 넘치는 편인에 쏠리기 마련일 것이다.

이와 같이 실력이나 인간성으로는 정인이라는 인수가 월등하게 우위에 있지만 처세와 재치의 면에서는 편인이 단연코 더 능수능란하다고 할 것이다. 이런 현상은 정재와 편재의 경우에서와 비슷하다고 할 것이다.

편인이 만들어 내는 모든 것들이 설령 꾸며진 웃음이고 애교이며 매력들이라고 하지만 정관의 마음을 사로잡기에 충분하다고 할 것이다. 그래서 상사의 총애와 신임을 정인이라는 인수보다도 편인이 쉽게 독차지하고 출세 또한 가속화한다고 볼 수 있다.

이렇듯 수완과 요령이 비범한 편인의 재치와 인기 그리고 그런 명성을 누가 감히 흉내를 내고 감당해낼 수가 있겠는가? 그러나 쉽게 끓는 냄비가 쉽게 식는다고 편인의 인기와 명성은 그리 오래갈 수만은 없는 것이 또 자연과 세상의 이치다.

세상만사 당장은 꾸밈으로 상대를 속일 수 있지만 언제까지나 속일 수는 없는 일이다. 그래서 편인으로 재간과 수완으로 정관을 계속 요리하면서 자신이 출세하는 앞길은 평탄하지가 못하다고 해야 바를 것이다.

시간이 지나다보면 때때로 진실이 탄로가 나고 과거에 했던 언행들이 원흉이 되어 말썽을 일으키기에 변화가 무상하다고 해야 할 것이다. 그래서 그러한 단점을 메우기 위해서 편인은 만사에 스피드를 내게 되어 있다.

그러므로 편인은 매사에 성급하게 서둘고 언제나 초조해하며 불안해하기 마련이다. 그러기에 엄격한 아버지의 훈육과 간사한 어머니의 재치로 길러진 주인공이 군자다움과 간사스러움의 양면성을 지니고 있음은 물론일 것이다. 그래서 그의 처세는 한편으로는 군자와 같으면서도 또 한편으로는 재치가 있는 연기자로 기울어지게 되어 있음이다.

따라서 사주에 정관과 편인이 함께 있는 경우에는 시종일관하기가 어렵고 재승박덕한 것이 흠이라 할 것이다. 그러면서도 벼슬길을 올라갈 수 있는 것은 정관의 엄격한 지도력 때문이다. 어머니는 간사하지만 아버지가 군자이기에 군자의 기질에 재치를 가미하는 멋을 아는 군자로 출세할 수 있는 운명인 것이다.

제9장

편관운세기간의 육신별
운세판단과 성공처세술

편관운세기간의 육신별
운세판단과 성공처세술

1. 편인은 눈치 재치 임기응변이 비범하나 전진을 가로막는 제동장치

극으로 치닫는 특출과 불출(不出)의 양면성을 타고난 별종의 인생이 편인인생이다. 즉 무정한 계모가 주는 찬밥만을 먹고사는 인생이 바로 편인의 인생이다. 편인의 인생은 어려서부터 식복(食福)이 부족하고 굶주리다 보니 위장이 약하고 체력과 정신력이 떨어질 수밖에 없는 처지다.

찬밥이라도 얻어먹으려면 눈칫밥을 먹어야하기 때문에 눈치가 빠르고 재치가 있어야 한다. 그래서 편인은 어려서부터 눈치와 재치가 빠르다. 그래서 편인의 인생은 임기응변이 탁월하고 비범하다고 할 것이다.

계모 밑에서 눈칫밥을 먹고 자라난 사람이기에 어머니의 정이 부족할 것은 당연한 일이다. 그래서 만인과의 정이 박하고 남녀 간의 애정도 만족하지를 못해서 항상 정이 아쉽고 그리운 상태가 바로 편인의 인생이다.

편인은 무정한 인생이기에 따뜻한 애정 앞에서는 금방 뜨거워지고 동화가 되는 경향이 있다. 눈치와 재치로 만인의 인기와 관심을 끌려고 노력하면서 사람들을 사로잡아야 하기 때문에 쉽게 주위 사람들과 잘 어울리고 다정해지는 장점을 갖는다. 그만큼 애정에 굶주리고 허기에 진 애정의 고아가 비로 편인이다.

그러나 계모는 이해타산만 따지듯이 만인은 이해위주로서 상대하고 거래를 하기 때문에 참사랑은 얻을 수가 없는 입장이라 할 것이다. 또한 쉽게 펄펄 끓는 냄비가 쉽게 식듯이 쉽게 얻은 인기와 촉망은 쉽게 잃게 되고 사라지는 법이 세상만사의 이치다.

그래서 편인은 무엇을 하든지 어디를 가든지 오래 지탱할 수가 없어서 무엇인가를 찾아서 영원한 보금자리를 열심히 개발하지만 눈칫밥을 먹기는 역시 똑같은 신세라 할 것이다.

그러나 편인은 기발한 착상능력과 임기응변에 비범하고 논리적인 분석과 창의적인 정립에 뛰어난 솜씨를 발휘하여서 종교, 철학, 역학(易學), 의학 등에서 새로운 이론과 진리를 독창적으로 개발하고 일가견을 새롭게 정립함에 있어서 천재적이고 선구적인 역할을 한다.

기상천외한 발상과 창작에 능하고 달관하는 사람은 그 시대의 총아로서 세기적인 각광을 받는다.

그러나 그렇지 못하여 게으른 자는 눈치와 코치로 잔꾀나 부리고 간사한 아첨과 비굴한 배신과 변절을 식은 죽 먹듯 하는 기생충으로 전락되기가 쉽다는 점도 간과해서는 안 된다.

편인은 운동과 전진을 가로막는 제동장치의 역할을 능사로 하기 때문에 안하무인으로 행동하며 극과 극으로 치닫는 특출과 불출(不出)의 양면성을 선천적으로 타고난 별종의 인생이라 할 것이다.

✱ 편인은 계모 서모 양모 스승인데 정식위치는 태어난 달인 월주

여기서는 편인(偏印)의 성정에 대해서 살펴보기로 하자. 나를 낳아준 사람이 부모다. 이를 표현하는 말이 바로 생아자부모(生我者父母)다. 나를 낳고 먹이며 키워주는 것이 인(印)이고 어머니로서 모(母)라는 말이다. 그래서 인성의 인(印)은 모(母)와 동일한 의미로 생각함이 바르다.

그래서 인성(印星)을 모친, 서모, 유모, 이모 등으로 보고 관찰하는 것이다. 인성을 편인과 정인으로 구분할 수 있는데 이들의 정식위치는 태어난 달인 월주(月柱)다. 남녀 공히 사주분석에서 정인(正印)을 어머니로 본다. 그러나 정인이 없을 경우에는 편인을 어머니로도 볼 수 있다.

생모는 다정하고 계모는 무정함이 특징이다. 그래서 다정한 정인을 생모라 하고, 무정한 편인을 계모라고 한다. 정인은 자기의 육신을 낳아준 사람으로서 어머니와 정신을 낳아준 은사를 의미한다. 한편 편인은 자기를 낳아주지 않은 어머니를 의미하므로 계모, 서모, 양모, 스승 등으로 보며 이복형제로 보기도 한다.

편인의 성정은 파괴의 성질로서 파재(破財), 이별, 질병재앙, 박명, 고독, 색난(色難) 등의 수복을 해치는 흉운(凶運)으로 작용을 한다. 성질도 자기주장과 고집이 있고 변덕이 심하며 권태증이 있어 무슨 일이든 금방 싫증을 내고 뭐든 시작은 잘하나 결과가 늘 용두사미의 격으로 허망한 행동을 잘하며 태만해지는 설격을 갖는다.

사주에 이런 편인이 있는 사람은 의사, 학자, 예술가, 승려, 배우 등 연예계 방면에 종사를 하면 발전이 있는 팔자다.

✱ 편인은 무정과 애정결핍의 별이기에 생모 스승 직장과 인연이 박한 흉성

어떤 오행이 일간(日干)인 나를 생조(生助)해 주는데 음양이 똑같은 경우가 편인이다. 나를 낳아주고 길러주는 생아자(生我者)이면서 일간(日干)과 음양이 똑같아 한쪽으로 편중되는 것이 편인인 것이다.

즉 일간(日干)이 갑(甲)일 때에 임(壬), 일간(日干)이 을(乙)일 때에 계(癸),... 일간(日干)이 임(壬)일 때에 경(庚), 일간(日干)이 계(癸)일 때에 신(辛)을 만나는 경우가 편인에 해당된다.

日干	甲	乙	丙	丁	戊	己	庚	辛	壬	癸
偏印	壬	癸	甲	乙	丙	丁	戊	己	庚	辛

편인을 도식(到食)이라고도 한다. 도식은 밥을 빼앗아 먹는다는 뜻이고 또 밥그릇이 깨진다는 의미도 갖는다. 이렇게 편인은 식신을 극(剋)하기 때문에 도식이라고 부르는 것이다.

편인이 사주에 있으면 생모와의 인연이 박하고 스승이나 직장과도 무정한 사이다.

그리고 편인을 가진 자는 공부할 환경이나 여건이 힘들어서 독학이나 고학을 하거나 아니면 아예 학문과 멀어지기도 한다. 또 직장의 운이 박하기 때문에 취직이 힘들고 취업을 하여도 한곳에 오래 지탱할 수가 없는 팔자다.

2. 편인이 용이면 호의호식하는 행운아고, 체이면 방해하는 장애물

✳ 편인이 용이면 정인으로 변해 호의호식하는 행운아

편인(偏印)이 용(用)으로 작용을 하면, 편인이 정인(正印)으로 변하는 것이므로 의식주가 풍요하여 호의호식(好衣好食)하는 행운아로서 체력과 정신력이 왕성하며 인심이 후하고 만사가 순탄하며 너그럽고 원만하다고 할 것이다.

그리고 편인이 용(用)으로 작용을 하면, 진실하고 늘 부지런하며 학문에 능하고 덕망이 두터워 만인의 스승이요 귀감으로서 신망과 존경을 한 몸에 받게 된다.

만일에 관성(官星)이 왕하면서 편인이 용(用)으로 작용을 한다면 관성도 역시 용(用)로 변하여 작용하기에 태산을 자유자재로 오르고 대호(大虎)를 마음대로 사냥하고 다스림으로서 대장부(大丈夫)의 큰 뜻을 능히 이룩할 수가 있는 사주다.

✱ 편인이 체이면 방해하는 장애물로 일이 어그러져 매사 용두사미로 끝나

편인이 체(體)로 작용을 하면, 의식주가 늘 부족하여 찬밥과 눈칫밥을 먹어야하기 때문에 소화기능이 허약해 체력이 떨어지고 학문과도 인연이 박하기 때문에 지식과 정신력의 면에서도 많이 부족하다고 할 것이다.

그래서 무엇 하나 제대로 이뤄지는 것이 없을 뿐만 아니라 무슨 일을 하드래도 계모처럼 시기, 질투, 방해하는 장애물이 나타나 일이 어그러져 용두사미가 된다.

그러므로 편인이 체(體)로 작용을 하는 사주는 시작은 거창하지만 언제나 끝이 흐지부지해서 미완성과 실패로 돌아가기 때문에 평생 가난과 수난에 시달리게 되고 애정을 갈구하지만 만인은 하나같이 무정할 따름이다.

인생은 대운(大運)과 더불어서 세상 속으로 진출하기도 하고, 이동하기도 하며, 거래를 계속하며 진행해 간다. 그런데 이런 대운이 바로 체(體), 용(用), 육신(六神)의 왕성함과 쇠함 그리고 강하고 약함을 끊임없이 바꾸고 또 바꿔 놓는다.

예컨대 운세가 재성(財星)이 왕(旺)하는 재성의 운으로 향하면, 동시에 인성(印星)은 허약해져서 인성이 체(體)가 아닌 용(用)로 변하기 때문에 의식주가 풍요해지고 학문에 능해져서 가난과 수난이 사라지는 동시에 인생에도 봄이 와서 길이 열리고 춘풍에 꽃이 피어서 뜻을 펼치기 시작하는 것이다.

그러나 뜻을 관장하는 것은 관성(官星)이므로 비록 재성(財星)이 나타나고 왕성하다고 하드래도 관성이 없다면 처음부터 포부와 꿈이 없는 인생이기에 설령 편인이 용(用)이 된다고 하드래도 뜻을 이루고 이름을 떨칠 수는 없고 단지 의식주가 순탄할 따름이다.

3. 편인과 다른 육신과의 상관관계에서 나타나는 운질

✱ 편인의 성정과 소재별 특성

① 편인의 운질은 파괴의 운질로서 파재, 이별, 고독, 박명, 색난 등의 수복을 해치는 흉성로 작용한다.

② 편인은 요령의 명수이고 나태하여 게으르며 의타심이 많고 부모덕과 처덕이 적다.

③ 편인의 성정은 변태성과 권태성이 많아서 매사가 용두사미 격이다.

④ 사주에 편인이 많으면 재산이 많으나 조실부모하고 처자와도 인연이 박약하며 조상의 재물을 유지할 수 없어 재산을 파재(破財)한다.

⑤ 태어난 달인 월지(月支)에 편인이 있는 사람은 대개 의사, 학자, 배우, 예술가, 역학자, 스포츠맨 등의 업에 종사하면 발전한다.

⑥ 월지(月支)에 편인이 있고 식신이 있으면 신체가 허약하다.

⑦ 태어난 날의 지지(地支)인 일지(日支)에 편인이 있으면 결혼 운이 나쁘고 자식이 늦다.

⑧ 태어난 날의 지지인 일지에 편인이 있고 태어난 시가인 시주

(時柱)에 식신이 있으면 어려서 젖이 부족하다.

⑨ 태어난 시각인 시주(時柱)에 편인과 정인(正印)이 있으면 2가지 이상의 직업을 갖는다.

＊ 편인과 비견 겁재 식신 상관과의 상관관계

① 편인과 비견이 같이 있으면 계모가 있거나 양자가 된다.

② 편인과 겁재가 동주하여 있으면 남에게 피해를 당한다.

③ 편인이 비겁을 보면 설기(泄氣)되어서 비겁으로 변한다. 비겁은 왕성해 지는데 반해서 편인은 무력화된다.

④ 편인이 식신과 편관을 만나면 재물을 속성속패하며 성패가 많다.

⑤ 편인이 많으면서 동시에 식신이 있는 여자는 산액이 있어 자식에게 해롭다.

⑥ 식신은 무엇이든지 뜻대로 이뤄지는 소원성취의 별이지만 편인은 무엇이든지 뜻대로 소원대로 이뤄지지 않는 무정한 별이므로, 편인은 식신을 미워하고 파괴하는 것이며 그러기에 식신이 편인을 가장 두려워하는 것이다.

⑦ 편인이 식신을 보면 도식(倒食)이 된다. 소원 성취하는 식신을 난도질함으로써 만신창이가 되고 만사불성으로 곤두박질한다. 밥상을 뒤엎는 격이다. 호사다마다.

⑧ 식신이 편인을 보면 모든 것이 변질되고 무너지며 만신창이가 되어서 꼼짝을 할 수가 없게 되므로 생명의 젖줄이 끊어지듯이 가장 소중한 것을 잃게 된다. 직장을 잃고 실업자가 되어 낙오하거나 질병으로 먹지를 못하는 등 의식주에 이변과 재난이 발생하며 여성

의 경우에는 임신한 태아를 잃을 수도 있게 되는 것이다.

⑨ 상관은 하극상하고 안하무인이다. 그러나 상관이 편인을 보면 상관의 기질과 성품이 식신의 기질과 성품으로 바뀌게 된다. 그래서 상관이 편인을 보면 일거일동을 합법적, 합리적으로 시정하고 근신해서 군자로 다시 태어난다. 상관을 꼼짝 못하게 사로잡는 것이 바로 편인이다.

⑩ 편인은 상관을 극하는 정관(正官)으로서 상관을 지배하고 통제한다. 그래서 여자사주에서 천간(天干)과 지지(地支)가 모두 편인이거나 상관과 동주하여 있을 경우에는 남편과 자식의 인연이 없다.

⑪ 편인은 상관의 나쁜 버릇을 고침으로써 전화위복을 한다.

✱ 편인과 재성 관살과의 상관관계

① 사주에 편인이 있으면서 재성(財星)과 관살(官殺)이 함께 있으면 부귀 한다.

② 계모에 해당하는 편인은 자식이 결혼하기까지는 멋대로 간섭하고 제약을 할 수가 있지만 일단 결혼을 하고 나면 부부로서 독립하는 상황이 되기에 간섭을 할 수가 없게 된다.

③ 결혼을 하여 아내를 얻게 되면 아내는 재성이기에 편인은 재성이 나타나면 고양이를 본 늙은 쥐처럼 꼬리를 감추고 사라지게 된다.

④ 편인이 재성과 같이 있거나 편인이 재성을 만나면 편인은 무능해지고 꼼짝을 못한다.

⑤ 편인은 계모처럼 간사, 인색, 무정하지만 재성은 장사꾼처럼

돈 쓸 줄을 알고 수완, 요령, 흥정, 사교에 능하다. 그러나 편인이 재성과 같이 있거나 편인이 재성이 왕성한 대운을 만나면 편인은 허약해지고 무능해지기 때문에 편인의 기질은 온데간데없고 편인이 재성의 기질, 성품으로 바뀌어서 재성의 기질과 인생이 등장해 수완이 능수능란해진다.

⑥ 재성은 편인을 다스리는 관살이다. 그래서 편인이 재성을 만나면 고양이 앞의 생쥐처럼 꼼짝을 못하고 재성에 굴복한다. 잔꾀를 부리지 않고 부지런하고 성실해진다. 편인이 재성과 같이 있다면 처음부터 재성의 기질을 타고나서 재성을 위주로 한 인생으로 탈바꿈하게 되는 것이다.

⑦ 그러나 편인이 재성과 같이 있을 경우에도 편인이 왕성하고 재성이 허약하다면 편인이 재성을 지배하기 때문에 편인의 기질이 인생을 설계하고 지배하게 된다.

⑧ 관살은 편인의 정인(正印)으로서 편인을 생해주고 도와준다. 편인이 왕성해 짐으로써 더욱 기성을 부린다. 하지만 관살은 법도를 지키고 분발하는 의지의 별로서 관살을 보면 편인은 평소의 숙원을 이룩하려고 분발한다.

✽ 편인과 12운성의 상관관계

① 사주에 편인이 12운성 중에 쇠병사묘절(衰病死墓絶)과 동주(同柱)하여 있으면 홀어머니와 이별하고 고생이 많다.

② 사주에 편인이 12운성 중에 제왕(帝旺)과 동주하여 있으면 계모(季母)로 인하여 고생이 많다.

③ 사주의 태어난 해인 연주(年柱)에 편인과 12운성 중에 양(養)이 동주하여 있으면 계모(季母)의 손에 자라며 조업을 파한다.

④ 태어난 달인 월지(月支)에 편인과 12운성 중에 목욕(沐浴)이 동주하여 있으면 계모에게 양육된다.

⑤ 태어난 달인 월지(月支)에 편인과 12운성 중에 장생(長生)이 같이 있으면 친모와 인연이 없고 계모가 바람을 피운다.

⑥ 태어난 날인 일주(日柱)가 음일(陰日)생으로 편인과 12운성 중에 관대(冠帶)가 동주하여 같이 있으면 계모 또는 의붓어머니에게 양육된다.

⑦ 편인이 12운성 중에 건록(建祿)과 같이 있으면 부자 집에서 태어나 13세를 전후하여 부친과 이별하며 폐가(廢家)하고, 직업적으로는 학자, 의사, 역학자가 적합하다.

⑧ 편인이 있으면서 12운성 중에 관대(冠帶), 제왕(帝旺), 건록(建祿)이 있는 여자는 팔자가 좀 세다.

4. 편인은 의식주를 생산하는 식신을 공격해 구걸인생을 만들어

✽ 편인은 의식주를 생산하는 식록의 별인 식신을 공격해

한편 식신(食神)은 천부적으로 타고난 자연의 천연과실이다. 그래서 식신은 불안과 초조와 가난과 역정을 모르고 한평생 태평성세를 즐길 수 있고 누구에게나 다정하고 원만하며 너그럽고 친절한 별이다.

그래서 삶에서 꿀맛 같은 과실은 부모를 비롯해서 스승이나 직장

과 귀인 등을 통해서 한평생 공급된다 할 것이다. 살이 찌고 병이 없음이니 장수하고 부귀를 누릴 수 있다. 이 모든 것은 천부적이고 자연적이다.

인간의 삶에 있어서 가장 소중한 것이 의식주다. 그런데 이런 의식주를 생산하는 식록(食祿)의 별인 식신을 정면으로 치고 공격하는 것이 바로 편인(偏印)이다. 그러므로 편인은 스스로 삶의 편안한 대로를 버리고 험난한 수난의 길을 택한 기구한 별이라 할 것이다.

그렇기 때문에 편인은 천부적인 자연과실을 정면으로 밀쳐내고 거절함이기에 스스로 의식주를 생산해야만하고 자급자족을 해야만 하는 처지다. 이렇게 하늘을 외면한 편인에게 하늘이 은혜와 은공을 베풀 리가 만무하다.

✽ 편인은 천애고아로 황무지의 구걸인생

하늘은 하늘의 은공을 전달하는 부모와 스승과 직장과 상사 등 모든 천덕(天德)의 인연을 송두리째 거둬 버리고 주인공을 천애의 고아로서 자라나게 하는 것이 바로 편인의 별이다.

그래서 편인은 인덕이라고는 추호도 없는 별이기에 이 세상에 태어나면서부터 배가 고프고 외롭고 괴로운 황무지의 인생이다.

하늘이 친어머니의 젖줄을 끊어 놓았음이니 계모나 유모의 젖을 얻어먹어야만 하고 헐벗은 옷, 맛없는 음식과 같은 악의악식(惡衣惡食)을 접하니 소화기능이 온전할 리가 없고 그래서 체력도 건강할 수가 없는 처지다.

하늘로부터 버림받은 편인은 세상의 모두가 차디찬 이국땅의 이국인들과 다름이 없는 서모인 셈이다. 이렇게 편인은 의식이 넉넉하면 질병이 생겨서 못 먹고, 몸이 건강하면 또 가난이 휩쓸어서 먹지를 못하는 처지다.

배고픈 인생에게 호의호식은 절대 금물이다. 그래서 하늘은 편인의 인생에게 호의호식을 베푸는 부모를 무능자로 만들어버리고 그래도 베풀 경우에는 몸이라도 괴롭혀서 호의호식의 대상을 그림의 떡으로 만들어 버린다. 이렇게 가난하지 않으면 질병이 덮쳐서라도 배고픈 인생으로 만들어 버리는 것이다.

편인의 인생은 어쩌면 하늘의 저주를 받았는지도 모른다. 하늘은 그를 미워한 나머지 그에게 베푸는 모든 손발을 묶어 놓고서 접근을 막아 스스로 땅을 파고 스스로 먹이를 생산하게 한다.

처음부터 하늘을 등지고 살아가는 편인은 인생이라고 하는 창해의 바다를 알몸으로 뛰어들어서 헤엄을 쳐가는 삶이다. 부모라는 배(船)와 스승이라는 등불과 직장이라는 안식처를 모르고 홀로 배를 만들고 혼자 등불을 켜고 스스로 안식처를 만들어야만 하는 신세다.

이렇게 태어나면서부터 버림을 받은 편인이라는 인생의 살길은 말 그대로 가시밭길이다. 머리를 쓰고 눈치와 재치가 민첩하여 가난과 궁핍을 식은 죽 먹듯이 참고 견뎌야만 하고 구걸을 천직으로 삼아야만 하는 인생이다.

그러므로 편인의 인생은 태어나면서부터 젖을 구걸하고 옷과 잠자리도 구걸해야만 하듯이 공부도 구걸하고 직장도 구걸하며 사랑까지도 구걸해야만 하는 신세다. 이렇게 모든 것이 순리적이고 마음먹은 뜻대로 되는 것이 하나도 없는 인생이다.

5. 편인은 두뇌가 빠르고 정신세계추구하며 개조변화를 간절히 희구해

편인은 현실에 불만과 원한과 슬픔과 역겨움이 많은 인생이라 할 것이다. 현실에서 도피를 하고 마음의 안식처를 찾기 위해서 그는 물질보다 정신세계를 추구하고 개조와 변화를 간절히 희구한다.

무엇보다도 그에게는 따스한 정과 손길이 메말라 있다. 부모의 정, 스승의 정, 상사의 정, 이성의 정을 모르고 사는 무정한 편인의 인생에게는 돈보다도 벼슬보다도 정이 그립고 의지할 곳이 애타도록 아쉬운 법이다.

그러한 피맺힌 사랑의 손길과 보금자리를 찾기 위해서 그는 인생의 밑바닥으로부터 시작하여, 세상과 인생의 구석구석을 몽땅 파헤치며 새로운 빛과 길과 세계와 인생과 새로운 진리와 철학을 목메어 찾고 궁구를 하게 된다.

그래서 그의 머리가 철저하고 정밀하게 개발되고 슬기와 재치가 극대화하여 비범할 것은 필연적인 사실이다. 그래서 편인은 눈치가 빠르고 재치가 넘치며 임기응변에 능통하고 척하면 척으로 3천리를 줄달음치는 머리를 가졌다 할 것이다.

하늘이 맺어준 천륜과 혈육을 등지고 스스로 먹고 배우고 산다는 것은 그만큼 생활력이 강하고 타고난 체력과 지력이 비범함을 암시한다고 할 것이다. 그러기에 편인은 벌판에 버려진 천애의 고아이면서 자신을 보존하고 개발함을 멈추지 않는다.

어떠한 역경에도 굴하지 않고 끝까지 버티고 이겨내는 저력을 가지고 있다. 때문에 편인은 어려서는 고생이 많아도 나이를 먹으면서 점차 운이 열리고 이름을 얻게 된다.

그러나 어딜 가든지 정다운 사람과 마음을 붙여 의지할 곳이 없기 때문에 고독과 괴로움을 벗어날 수가 없고 언제나 사랑에 굶주린 허탈한 상태에 놓인 인생이다.

✱ 편인의 빠른 두뇌를 바르게 계발시킬 수 있는 건 관살뿐

빗나간 인생을 바로잡는 길은 오로지 마음의 등불이자 정신적인 안식처를 찾아서 물질과 현실의 고통을 탈피하는 것뿐이다. 타고난 물질은 알몸이고 탁월하고 뛰어난 정신으로만 살아가야 할 처지인 편인(偏印)이기에 그는 머리가 자본의 전부인 셈이다.

그러한 두뇌와 머리를 바르게 개발시킬 수 있는 것은 오로지 관살(官殺)뿐이다. 관살은 아버지고 정인(正印)은 어머니의 별이다. 편인이 비록 정이 전혀 없는 계모이기는 하지만 아버지가 살아 있다면 아양을 떨면서 성실하게 자식을 보살펴줄 것이다.

이같이 편인은 재치가 있고 눈치가 빠르기 때문에 아버지를 흡족히 사랑해주고 즐겁게도 해준다. 그래서 아버지가 그 아내와 자식에게 더 많은 정과 물질과 벼슬을 베풀 것은 당연한 일이다. 그러므로 정관(正官)과 편인이 함께 있으면 보다 더 많은 공을 세울 수 있고 빠르게 출세할 수가 있게 된다.

편인이 칠살(七殺)을 보면 정인으로 변해서 병(病)을 고치는 의사가 되고 또 호랑이를 교화시키는 스승으로 둔갑을 한다. 이렇게 편인이 칠살을 보면 이때에는 매정한 편인이 아니고 다정하고 인자한 정인으로 변해서 자식을 보살피게 된다.

6. 편인은 역류하는 이단철학과 이단종교가 가치관의 인생

역경에서 역경으로 헤엄을 쳐가는 역류(逆流)의 인생이 바로 편인 (偏印)이라 할 것이다. 물이 위에서 아래로 흐르는 것이 순리이고 상식이다. 또 어린이는 부모덕으로 자라나고 공부하고 출세하는 것이 천리이고 상식이다.

그러나 편인에게는 그러한 순리와 상식이 전혀 통하시를 않는다. 모든 것이 비정상적이고 비상식적이며 비논리적일 뿐이다. 그런 그가 순천(順天)하고 매사에 순응할 리는 만무하다.

하늘이 자기를 버렸듯이 그도 하늘을 믿지 않는다. 그래서 하늘을 저주하고 원망하며 역천(逆天)을 하는 삶을 산다. 이 같은 현상은 비단 하늘뿐만이 아니다. 그래서 그는 매사를 거꾸로 보고 비뚤어지게 경사(傾斜)를 해서 본다.

사실을 사실대로 인정하지 않고 매사를 부정적으로 보아 부인하고 의심하고 또 캐묻는다. 이렇게 그는 무엇인가 세상이 잘못된 것이라고 여김이니 그의 인생도 또한 잘못된 것이라 할 것이다.

그래서 편인은 그러한 잘못을 밝혀야 한다는 신념이 강하고 고쳐야만 만인이 정상적이고 영원히 잘 살 수 있다고 여긴다. 그 무엇을 찾기 위해서 편인은 종교와 철학을 밑바닥부터 파헤치게 된다. 그대로는 살 수 없듯이 그대로는 방치할 수 없기 때문일 것이다.

그가 개척하고 발견할 철학이 무엇일지는 쉽게 예상해 볼 수가 있다. 현실을 부인하고 평범함을 뛰어 넘는 이단적이고 기발한 아이디어로 보다 높은 차원에서 세상과 인생을 바라다보는 눈과 슬기가 담겨있는 새로운 종교이고 새로운 철학일 것임은 분명하다.

그가 개척하고 발견했다는 그러한 이단적인 철학과 종교가 평범한 사회에서 비상식적인 편견으로 배척이 되고 외면될 것임은 물어보나마나 알 수 있는 일이 아닌가?

단계적이고 정상적인 교육이나 점진적인 인생의 과정을 밟지 않고서 독보적인 인생을 개발해 온 편인으로서는 자칫하면 편견에 치우치기 쉬움이 사실이다. 세상을 비뚤게 보는 편인이 비뚤어진 편견에 사로잡히고 또 그 편견을 최고의 선이자 진리인 양 고집할 것은 당연한 일이다.

역사적인 경험으로 보아 현실을 부인하는 철학들은 그러한 편견과 이단과 역천을 일삼는 편인형의 인간들에 의해서 거의 대부분 개발되고 진행되어 온 것만은 분명한 사실이다.

7. 편인은 사랑에 속아 여난이 허다하나 정재를 보면 품행이 단정해져

재치덩어리인 편인을 무기력하게하고 꼼짝 못하게 묶어 놓는 것이 바로 편재(偏財)와 정재(正財)다. 편재는 편인의 칠살(七殺)이기에 편인이 편재를 보면 고양이 앞에 생쥐처럼 움츠리고 아무런 작용을 하지 못하게 된다.

그래서 편인이 편재를 보면 편인은 유명무실한 허수아비로 전락을 하고, 정재는 편인의 남편의 별로서 편인이 정재를 보면 품행이 단정해지고 조심하며 부지런해지고 진실해진다.

아버지가 똑똑하면 서모나 계모도 품행이 단정해지고 전처인 전실의 자식에게도 인자한 현모양처가 되듯이, 그래서 정재가 있으면 편인은 정인(正印)으로서 체질개선을 하게 되는 것이다.

✽ 편인은 사랑에 속고 실패하는 여난이 허다한 인생

편인(偏印)이 눈물을 흘리게 울리고 낄낄대게 웃기는 것은 오로지 따뜻한 참사랑뿐이다. 그러므로 사랑을 위해서는 무엇이든 다할 수 있는 사랑의 시종이 바로 편인이다. 그래서 편인이 참사랑을 만나면 대성할 수 있다. 그러나 사랑 때문에 속고 울고 또 실패하는 여난(女難)이 허다한 인생이 편인의 삶이다.

그래서 불우한 운명을 달래기 위해서 술을 즐기고 노래를 즐기며 향락을 즐기고 이성을 즐긴다. 무엇을 하든지 만족할 수가 없는 텅 빈 가슴을 메우기 위해서 그는 평생을 몸부림을 쳐보지만 버림을 받은 운명의 고아이기에 언제나 괴롭고 박절한 시련과 궁핍이 파도처럼 끊임없이 밀려올 따름이다.

8. 편인이 상관을 보면 장애물이 사라져 전화위복으로 만사 형통해

일반적으로 계모의 간사하고 악독한 기질은 물질을 보면 금방 나타난다. 견물생심으로 욕심을 부리고 독점하려 하며 전처인 전실의 자식들에게는 돈을 한 푼도 주지 않으려 한다. 그래서 편인(偏印)이 물질의 별인 식신(食神)을 보면 발작을 하고 식신을 공격하여 만신창이로 만들어 버리는 것이다.

그러나 상관(傷官)은 편인의 아내에 해당하기 때문에 그러한 행패는 절대로 부리지 않는다. 오히려 편인이 상관을 아끼고 보살피며 정을 나누기에 서로가 정신이 없음으로써 2개의 흉신이 스스로 승화하듯이 막히고 애먹던 일들이 하루아침에 스스로 해결되고 만사가 전화위복으로 형통하는 것이다.

이처럼 여태껏 서모처럼 무정하고 애를 먹이든 편인이 자기가 가장 기뻐하는 아내를 보니 삽시간에 기쁨이 넘치고 온갖 불평과 불만이 해소됨으로써 성실한 남편으로서 군주인 일주(日柱)에게 충성을 다하는 이치다.

이같이 모든 육신들이 자신의 올바른 배우자나 혈육을 만나게 되면 양처럼 순하고 개미처럼 부지런해진다. 그러나 외롭거나 할 일이 없게 되면 군주에게 불평하고 심술을 부리면서 온갖 반발과 사고를 일삼게 됨인 것이다.

그런데 이렇게 가뜩이나 할 일이 없어서 화를 내고 있던 차에 편인이 또 다른 1개의 편인을 본다면 어찌되겠는가? 첩이 첩 꼴을 더 못 본다고 서모가 서모의 꼴을 더 볼 수는 없는 이치가 된다.

그래서 편인이 또 다른 편인을 보면 의식주를 공격하는 화살이 만발해 빗발치고 간사한 독기를 거침없이 내뿜기 때문에 신세는 더욱 처량하게 궁지에 빠진 채 평생을 몸부림치게 되는 것이다.

아첨과 재치를 떨어도 한번으로는 통하지 않고 2~3번을 해야 겨우 통함이니 아첨과 재치로도 먹기가 어려운 가난한 고아의 처지라 할 것이다. 이런 경우에도 편인을 필요로 하는 별이 나타나면 오히려 유용한 가치를 발휘할 수 있음은 더 말할 나위도 없을 것이다.

제10장

정인운세기간의 육신별
운세판단과 성공처세술

정인운세기간의 육신별
운세판단과 성공처세술

1. 정인은 생모이자 생산공급의 별이고 만인의 사표인 인격자

✱ 정인은 나를 낳고 키워준 생모고 은사

나를 낳고 먹이며 키워주는 사람(印)이 어머니(母)다. 여기서 인성(印星)의 인(印)은 어머니(母)와 동일한 의미다. 그래서 정인(正印)을 설명하는데 아생부모(我生父母)라는 표현을 사용한다. 대체적으로 어머니의 과에 속하는 인성에는 생모, 서모, 유모, 이모 등이 있다.

사주를 분석할 때에 이러한 인성을 또 편인(偏印)과 정인으로 세분해서 관찰을 한다. 정인의 정식 위치는 태어난 달인 월주(月柱)다. 남녀 공히 정인을 생모로 보지만 정인이 없을 경우에는 계모에 해당하는 편인을 생모로 대체해서 관찰을 한다.

정인의 생모는 다정하고 편인의 계모는 무정함이 특징이다. 그래서 다정한 정인을 생모라고 하고 무정한 편인을 계모라고 하는 것이다. 정인은 자신의 육신을 낳아준 사람으로서 친어머니 또는 정신을 낳아준 은사(恩師)를 관찰하는 기준으로 삼는다. 그러나 편인은 자기를 낳아주지는 않았지만 어머니를 의미하므로 계모, 서모, 양모, 스승 등으로 관찰의 기준을 삼는 것이다.

✱ 정인은 생산 공급의 별로 식복 풍족하고 만인의 사표인 인격자

어떤 오행이 주인공인 일간(日干)을 생조(生助)해 주는데 음양이 서로 다른 경우가 바로 정인이다. 즉 나를 생해주는 생아자(生我者)로서 주인공인 일간과 음양의 배합을 이루는 것이 곧 정인인 것이다.

예컨대 일간(日干)이 갑(甲)일 때에 계(癸), 일간(日干)이 을(乙)일 때에 임(壬),... 일간(日干)이 임(壬)일 때에 신(辛), 일간(日干)이 계(癸)일 때에 경(庚)을 만나는 경우가 바로 정인에 해당하는 것이다.

日干	甲	乙	丙	丁	戊	己	庚	辛	壬	癸
正印	癸	壬	乙	甲	丁	丙	己	戊	辛	庚

정인은 일상생활에 필요한 기초수요에 해당하는 의식주의 모든 것을 제공하며 길러주는 역할을 한다. 동시에 정인은 육체적인 체력은 물론 지식, 기술, 종교, 철학 등 인생에 필요한 정신력을 제공하고 양육하는 기능과 역할을 수행한다.

음양의 배합은 천생연분으로 늘 다정하듯이 생모인 정인은 처음부터 의식주와 마음의 양식을 자식에게 다정하게 제공한다. 그러기 때문에 사주에 정인이 있으면 어려서부터 의식주가 풍족하여 호의호식을 하는 운명이다.

정인이 있어 생모의 젖이 풍족하면 아이가 무럭무럭 자라듯이 그의 삶도 역시 다정한 생모의 따뜻한 밥을 먹고 살듯이 늘어진 팔자다. 이렇게 정인의 인생은 처음부터 식복(食福)이 후해서 잘 먹고 잘살기 때문에 소화기능이 튼튼하고 체력과 정신력이 왕성하기 마련이므로 풍요로운 인생을 창조할 수가 있는 것이다.

정인이 있으면 가르치는 스승도 다정하기에 교육이 정상적, 능률적이며 생모의 헌신적인 사랑, 자비, 정성을 누리는 정인은 선천적으로 순진하고 착하며 바르고 너그러우며 인자하고 원만한 덕성(德性)을 차분히 가꾸어 추호의 꾸밈도 없이 진실, 성실, 정직으로 일관하기 때문에 만인이 나를 아끼고 사랑하며 너그럽고 후덕하게 상대해 준다는 특징이 있다.

그리하여 자신도 학업에 열중하여 풍부한 지식과 덕망을 쌓아서 너그럽고 원만하며 만인의 사표(師表)가 될 수 있는 덕망이 두터운 인격자, 지도자로서의 품위를 가꾸고 간직하게 된다. 그래서 정인의 인격, 덕망은 만인을 교화하고 감화시킴으로서 천부적인 교육자요 지도자로서의 소질과 권능을 가지고 있는 육신이다.

✸ 정인은 정신면에는 완벽하나 물질에는 허점투성이

고대 중국의 요순(堯舜) 시대처럼 성현군자의 사회에서는 당연히 덕성을 중심으로 하는 정인이 으뜸이고 그 진가를 충분히 발휘할 수 있었다.

그러나 돈이면 다 된다는 금전 만능시대에서는 상황이 달라졌다. 인정도 도덕도 팔아먹는 속고 속이는 장사꾼의 물질만능 사회에서는 수단과 요령의 별인 재성(財星)만이 활개를 치는 세상이다.

눈치와 속임수, 수단과 요령과는 인연이 아주 먼 순진무구한 정인은 만인을 자신과 같은 진실한 군자로만 생각하고 또 의심할 줄을 모름으로써 수단꾼인 재성(財星)을 만나게 되면 눈을 부릅뜨고도 도둑을 당하기 십상이다.

말을 잘하고 눈치가 빠르며 능수능란한 재성(財星)이 수단과 요령을 멋지게 부려대면, 단순한 정인은 추호의 아무런 의심도 없이 그대로 자신의 보따리를 몽땅 털어주어 버리고 만다.

남이 보증을 서 달라면 선뜻 도장을 찍어 주고, 친구가 돈을 빌려 달라면 통장을 통째로 넘겨주며, 이해관계를 가진 상대가 뇌물이나 미인계를 쓰면 아무런 의심도 없이 감사하게 홀라당 받아들이고 만다. 그리고 함정에 빠져서 꼼짝없이 그대로 당하는 게 바로 정인이다.

정인은 평생 남을 속여 보지 못하고 의심할 줄 모르는 살아있는 부처님이다. 그래서 남에게 속기란 식은 밥 먹기가 아닌가? 하물며 수단이라고는 추호의 터럭만큼도 없는 정인이 함정에 빠졌을 때에는 손을 한번 써보지도 못하고 고스란히 당할 것은 당연한 일이다.

이러한 점이 바로 정인이 갖고 있는 현실적인 약점과 무능성이다. 그러기 때문에 정인은 학문과 직장과 명예 이외에는 거래를 절대로 하지 말아야 하고 현실에 항상 냉정하고 철저해야만 한다.

평생에 남이 운항해주는 배(船)만 타고 스스로 수영할 줄을 모르는 행운아가 한번 물에 빠지면 치명적인 상처를 받을 것은 당연한 이치다. 그래서 평생에 티를 모르는 순수한 정인이 뇌물과 꽃뱀과 같은 여자의 올가미에 쉽게 걸려들듯 한번 걸리면 빠져 나기도 정말 어려운 법이다.

이런 점에 있어서는 처음부터 물에 풍덩 빠져서 평생을 자기 스스로의 힘으로 수영해 건너는 편인이 훨씬 더 강인하고 유능한지도 모를 일이다. 빛(陽)이 있으면 그늘(陰)이 있듯이 정신적인 장점이 있으면 물질적인 단점이 있기 마련인 것이 만물의 이치다. 정신적인 면에는 철저하고 완벽하지만 물질적인 면에는 구멍이 숭숭 뚫린 허점투성이가 바로 정인인 것이다.

2. 정인은 의식주를 생산하는 원동력이자 진정한 후견인

✱ 정인은 의식주의 원동력이자 스승 교육 직장 지위 명예에 해당

사람이 사는 데는 반드시 의식주가 기본조건이고 원동력이다. 이러한 의식주를 사주분석에서는 정인(正印)이라고 한다. 즉 독자적인 생활능력이 없는 어린 시절에는 이러한 원동력을 부모가 공급을 한다.

예컨대 어린아이를 먹이고 입히고 잠재우는 등의 보육의 일체를 어머니가 전담한다. 그러나 성인이 되면 자력으로 의식주라는 원동력을 생산해야만 한다. 그러기 위해서는 정신적인 생산능력인 지식과 물질적인 생산능력인 체력을 기르고 완성해야만 한다.

의식주를 정성껏 보급하고 체력을 기르는 어머니를 비롯해서

지식을 길러주고 체력을 단련시켜주는 교육과 스승 그리고 자립적인 생산 활동을 할 수 있는 의식주의 공급처인 직장과 생산능률을 향상시켜주는 지위와 명예 등을 통틀어서 정인이라고 명명하는 것이다.

인간생활의 기본적인 생산수단인 정인도 역시 선천적으로 주어진 환경을 비롯해서 또 후천적으로 얻는 모든 교양과 주변의 영향 그리고 감동이나 감화 내지는 동화력까지도 모두 몽땅 포함된다고 보아야 할 것이다.

때문에 사주에 정인이 왕성하고 충파해(沖破害) 등의 상처가 없다면, 부모의 덕이 두텁고 스승의 덕이 크고, 체력과 지력이 왕성하여 소화기능과 두뇌가 비범하며, 직장과 상사의 신임이 두텁고, 사회적인 명성과 신망이 특별하며, 생활환경과 생활주택이 좋고, 의식(衣食)이 풍족하며 주위의 영향력과 동화력이 민감하고 비상하다고 할 것이다.

체력, 의식주, 교육, 직장 등의 생활의 기본조건들을 고도로 양성하고 완성하는 기초 작업이 튼튼한 인생은 생활능력도 또한 최고로도 발달함이기에 매사에 능수능란하고 부귀를 겸전할 수 있는 사람이다.

이렇게 정인을 통해서 가지런히 잘 갖추어진 덕성은 만인의 가슴을 사로잡고 또 순종을 시킨다.

언행과 행실이 바르고 생각이 슬기로우며 처신이 원만하고 성숙한 도량을 지니고 있는 대인격자는 성현군자뿐이다. 이런 성현과 덕성(德性)의 별이 바로 정인의 별이다.

정인은 군자의 도리이자 사회의 기강과 법도인 정관(正官)을 기뻐하고 즐길 뿐이다. 반면에 정인은 소인배들이나 즐기는 물욕,

금전, 색정의 별인 재성(財星)을 금물처럼 멀리하며 꺼리는 것이 당연한 이치다.

정인이 대운(大運)이나 세운(歲運)에서 재성을 보게 될 경우에 심하면 파직을 당하고 약할 경우에는 좌천을 당하는 등의 이변이 발생하는 것이니 이것이 바로 진행되는 운명과 운세의 생생한 실증인 셈이다.

✳ 정인은 후견인의 별로 어머니 스승 직장 상사에 해당

나를 낳고 먹이고 입히고 기르는 어머니와 나를 가르치고 인격을 만들어 주는 스승, 사회에서 의식주를 마련해주는 직장과 상사도 역시 더없는 나의 후견인이다.

정인은 12운성 상에서 장생(長生)과도 똑같다. 어려서부터 일생 동안 나를 보살펴주는 후견인은 언제나 내 곁에 있는 정인이다.

이런 정인은 어디를 가나 생모처럼 자상하고 다정하며 현명하고 정성 어리게 반겨준다. 그래서 세상천지에 후견인으로 가득한 정인이 외롭거나 가난하거나 천할 리는 만무하다.

정인이 사주에 있으면 부모나 형제들이 지극하듯이 세상의 인심들도 주인공에게 후하고 늘 다정하다. 늙어서는 아들딸이 후견인으로서 정성껏 봉양하니 처자의 인연도 또한 두텁고 현명한 아내와 자식을 맞는다.

정인을 가진 사람은 이렇게 평소에 인덕이 풍부하고 덕을 마음껏 누리다 보니 주인공도 또한 덕인이 되어서 세상의 사람들에게 덕을 베풀게 되는 것이다.

이렇듯 정인이 도처에서 신임과 사랑을 받는 것은 그 자신이 훌륭하고 정직하며 유능하고 성실하며 너그럽고 원만한 성현군자의 인품을 지녔기 때문일 것이다. 쓸모가 있고 귀염성이 있기 때문에 누구나 한 결 같이 기뻐하고 따르며 보살펴주게 된다.

그러나 제아무리 유능하고 군자의 인품을 지녔다고 하드래도 임자를 제대로 만나지 못하면 아무런 소용이 없는 무용지물에 불과함이다. 그러한 유능한 인재를 등용하고 출세시키는 것은 출사와 벼슬길이다. 직업이 있고 벼슬을 해야만 능력을 발휘하고 덕을 베풀 수가 있기 때문이다.

현명하고 어질고 착한 성현이 한번 벼슬길에 오르면 그 보름달 같은 광채는 휘황찬란하게 천하에 빛을 발휘한다. 정신적인 지력과 물질적인 체력이 건전하고 의식주가 풍족한 정인의 주인공은 무병하고 장수하며 평화를 즐길 수가 있다.

또한 물욕을 멀리하고 색정도 멀리하며 시비와 편견을 철저히 외면하면서 만사에 덕과 슬기로써 중용을 지켜내기에 주인공은 불안이나 삶에 풍파가 있을 수 없고 실수나 과실 그리고 실패도 또한 있을 수가 없음이다.

덕은 한상 외롭지 않은 법이다. 그래서 주인공의 주위에는 언제나 따사한 봄바람과 더불어 만인이 따르고 동화를 함이다. 정인을 갖췄기에 어머니의 참사랑 속에 자라난 그는 만인이 모두가 어머니처럼 자신을 자발적으로 보살펴주는 동시에 자신도 또한 만인의 어머니로서 참사랑을 베풀게 됨이니 가는 곳마다 꿀과 젖 같은 따끈따끈한 인정이 포근히 흐름을 느낄 수가 있음이다.

3. 정인이 용이면 의식주가 풍족하나 체이면 의식주 헐벗어

❋ 정인이 용이면 의식주가 풍족하고 학문과 덕성이 높아

　사주에서 정인(正印)이 용(用)으로 작용을 할 경우에는 의식주가 후하면서 학문에 능하고 덕성이 지극함이다. 정인이 용(用)이면서 또 관성(官星)이 같이 있으면 학문으로서 큰 뜻을 이루고 당대의 명사로서 이름을 떨칠 수 있다.
　한편 정인이 용(用)이면서 재성(財星)과 관성이 같이 있으면 부귀를 겸함으로서 평생 부귀영화를 누릴 수가 있게 된다. 그러나 인성(印星)은 있으나 관성이 없으면 학문에는 능하지만 출세하기가 어려울 것이다.
　한편 인성과 재성이 같이 있으면 학문을 중시하기보다는 물욕에 기울고 치우치기 때문에 장사꾼으로 변질될 가능성이 더 크다고 할 것이다.

❋ 정인이 체이면 편인으로 변해 의식주 학업의 인연이 박해

　사주에서 정인이 체(體)로 작용을 할 경우에는 무정한 것이 편인(偏印)과 같으므로 의식주와 학업에의 인연이 박하여 공부할 능력이 부족할 뿐만이 아니라 학업을 즐기지도 않는다. 또 성실 근면보다는 재간과 잔꾀에 치우치고 능하기 때문에 소인배와 어울리게 되어서 인생에서 낙오하기 쉽다.
　그러나 정인이 체(體)로 작용을 하드래도 관성이 있다면 정상의

고지에 오르려는 뜻과 의욕이 있고 강하기 때문에 부지런히 학업에 전념을 하고 분발을 할 것이다. 겉으로 보아서는 관성이 정인을 생해줌으로서 관성이 작은 체(體)로서 오히려 체(體)를 부추기는 형국이지만 관성은 높은 고지, 뜻, 생업으로서 인생에 활력과 의욕을 고취하는 분발의 별이기 때문이다.

사주에서 정인이 체(體)로 작용해도 관성이 있으면, 마치 배가 불러서 땅바닥에 뒹굴고 있는 게으름뱅이 포수에게 천하의 대호(大虎)가 나타나준 격이니 포수는 사냥이 능사이듯이 사냥감을 발견하면 신바람이 생기는 이치와 같음이라 할 것이다.

노련한 사냥꾼이 노리는 것은 맹호인데 맹호가 높은 산봉우리에 나타나면 포수는 있는 힘을 다해서 분발을 하고 실력을 발휘하듯이 관성이 나타나면 비록 정인이 체(體)라고 하드래도 큰 뜻을 품고 열심히 학업에 전념을 하게 되는 것이다. 그래서 인생에 지표가 생기고 의욕과 활기가 일어나서 마침내 학업을 크게 이루어 대성하고 명성을 크게 떨치는 것이다.

사주에서 정인이 체(體)로 작용하고 관성이 있다고 하드래도 그 관성이 미약하다면 관성을 부양해주는 재성의 운(運)이 올 경우에 크게 학업을 이룩하고 평생의 뜻과 소망을 실현하게 된다. 이렇게 정인이 체(體)로 작용하면 왕성한 것이니 정인은 의식주와 학업이 왕성하여 배가 부르고 아쉬움이 없음을 의미하는 것이다.

무엇인가를 해야 마땅할 인간이 배가 부르고 아쉬움이 없다면 게으르고 놀기를 즐길 뿐이기에 기생충에 불과한 것이다. 그리고 학문에 능하면 뜻하는 바가 있어야 하는데 뜻하는 바가 없다면 그 학문은 단지 많은 지식을 알고 있을 뿐이고 아무런 쓸모가 없는 무용지물이다.

그러므로 사주에서 정인이 체(體)가 되면 많이 먹고 많이 배웠을 뿐 특별한 의욕과 뜻하는 바가 없기에 단지 먹고 놀고 즐길 따름이다. 생산이 없으면 가난하고 가난하면 천하며 천하면 또 전락하기 쉬우니 정인이 체(體)가 되면 반드시 가난하면서도 나태해 게으르고 남에게 의지하기를 서슴지를 않게 된다.

이런 현상은 사람이 모자라고 나빠서가 아니라 능력은 있는데 의욕과 활력이 부족해서 그러함이다. 사냥꾼으로서야 천하의 명포수라고 하지만 사냥감이 없으니 마냥 낮잠을 즐기는 것이지 그 사냥꾼 앞에 호랑이가 나타났다면 이는 관성을 만난 정인이기에 맹수를 발견한 명포수처럼 크나큰 뜻과 확고한 지표와 신념을 가지고 일생동안을 뛰고 분발하게 되는 이치인 것이다.

결국 부지런하고 분발하며 노력하는 사람은 반드시 부귀를 이룩함이 세상의 이치다. 이렇듯 관성을 가진 정인은 일정한 목적을 가지고 학업에 열중함으로서 비록 늦기는 하지만 반드시 크게 출세를 하고 세상에 그 명성을 떨칠 수가 있음인 것이다.

4. 정인과 다른 육신과의 상관관계에서 나타나는 운질

✻ 정인의 일반적 특성과 소재별 특성

여기서는 정인(正印)의 일반적 특성에 대해서 살펴보기로 하자.
① 정인의 운질은 재산이 풍부하고 수복(壽福)이 대길하며 건강하고 사업에 흥왕이 있고 생활의 행복 등을 의미한다.

② 정인의 성정(性情)과 성격은 온화단정하고 자비심이 있으며 인의를 알고 사람됨이 총명하여 지혜와 학문을 즐기고 출중함을 나타내는 특성이 있다.

③ 정인의 특징은 주위사람의 신임을 얻으며 종교와 도덕을 중시하며 군자다운 대인관계의 인품을 소유한다.

④ 정인이 사주에 있으면 재주가 있고 자식의 복이 있다. 그러나 정인이 사주에 너무 많으면 남자는 처와 이별을 하고 자식이 적거나 불효하며, 여자는 어머니와 생사 이별을 한다.

⑤ 정인은 어머니를 의미하므로 사주에 너무 많으면 어머니가 많은 것을 뜻하여 유모, 서모가 있음을 나타내는 것이고, 부모의 덕과 자식의 덕이 없어 고독하다. 그러함의 이유는 정인이 식신(食神)과 상관(傷官)을 쳐내버리기 때문이다. 예컨대 갑목(甲木)의 정인은 계수(癸水)인데, 계수(癸水)가 갑목(甲木)의 식신과 상관인 병정화(丙丁火)를 쳐내버리기 때문이다.

⑥ 신강(身强)사주에 정인이 많아 왕성하면 주색을 좋아하여 빈곤하고 자식이 적음이 특징이다.

⑦ 여자사주에 정인이 많으면 일찍 젊은 나이에 과부가 되고 자식의 덕도 없다.

⑧ 정인이 천간(天干)에 있고 초년대운이 길하면 부모의 덕이 많은 자손이다.

⑨ 정인이 태어난 달의 천간인 월간(月干)이나 태어난 달인 월지(月支)에 있고, 형충파해(刑沖破害)가 되지 않으면 총명하여 고등고시에 합격하는 등 문장으로 이름을 떨치며 인품이 고상하다.

⑩ 정인이 형충(刑沖)되면 심신이 고달픈 인생이다.

✲ 정인과 비견 겁재와의 상관관계

① 정인이 비견(比肩)과 같이 있거나 겁재(劫財)와 함께 같이 있게 되면 형제간에 덕이 없다.

② 정인이 비견과 같이 있을 경우에는 사업이 번창하고 가정도 평화로우며 타인의 존경도 받는다. 그러나 재물의 손실이 있게 되는데 이는 바로 비겁(比劫)이 쟁재(爭財)를 해버리기 때문이다.

✲ 정인과 식신 상관과의 상관관계

여기서는 정인이 식신과 상관을 만났을 때의 상관관계를 살펴보기로 하자. 주인공에게 정인은 힘을 길러주는 생기(生氣)의 별이다. 그러나 주인공의 입장에서 보면 식신과 상관은 힘을 발휘하거나 빼앗기는 설기(洩氣)의 별이기에 정인과 정반대의 입장이라고 할 것이다.

정인은 식신과 부부관계로서 서로 아끼고 사랑하는 사이다. 정인은 남편이고 식신은 아내에 해당한다. 그리고 식신은 본래에 힘과 에너지의 순리적인 작용을 함이기에 상대에게 무리한 출혈을 요구하지 않는 성실한 수족이다.

그러므로 남편(正印)이 애써 생산하고 공급하는 소중한 생기를 아내(食神)가 함부로 낭비할 수는 없는 일이다. 그래서 주인공을 위해 성실히 수족활동을 하는 알뜰한 아내(食神)에 대해서, 남편(正印)이 의심을 한다거나 강제로 억제를 한다거나 심하게 간섭을 하지는 않는다.

즉 정인과 식신의 양자는 서로 주인공을 위해서 최선의 공급과 소비를 하고 있는 관계다. 둘이는 서로 아끼고 도와주며 상부상조를 하듯이 보호하고 보호를 받고 있는 관계라 할 것이다.

정인에게 절대적으로 의지하는 미성년자나 병이든 허약자의 입장에서는, 힘과 에너지를 소모시키는 식신과 상관을 싫어함이 당연한 일이다. 즉 미성년자가 힘을 길러야 할 중요한 성장기에 힘을 함부로 소모시키는 것은 무리한 출혈이기 때문에 싫어함이다.

정인은 비단 주인공에게 힘을 공급할 뿐만 아니라, 동시에 힘과 에너지의 빼앗김과 도둑을 방지하기위해 설기(泄氣)시킴을 억제하기도 한다. 예컨대 장사(壯士)가 힘을 발휘하는 것은 실력을 발휘할 좋은 기회로서 출세의 시발점이 되기도 한다.

그러나 반대로 병이든 환자나 미숙한 유아가 힘을 함부로 쓰고 발휘하는 것은 무리한 출혈이 발생되어 힘을 빼앗기고 도둑질을 당하는 것과 다름이 아니기에 질병의 시발점이 되기도 한다.

① 정인이 식신과 동주(同柱)를 하면 사업이 번창을 하고 가정도 원만하여 타인의 존경을 받는다.
② 정인이 상관과 동주를 하면 어머니와 사이가 나쁘다.
③ 여자사주에 정인이 상관이나 양인(羊刃)과 동주를 하면 남편의 덕 또는 자식의 덕이 없다.

✻ 정인과 재성과의 상관관계

정인이 재성(財星)을 만났을 때의 상관관계를 살펴보기로 하자. 정인의 별은 생모의 별이고 재성은 아내의 별이다. 누구나 어려서는 생모에게 의지하지만 다자라 성인이 되면 아내에게 의지를 한다.

아들이 결혼을 하면 어머니는 자식사랑을 며느리에 물려주어야 한다. 사랑을 빼앗기는 어머니의 슬픔과 고통은 단장(斷腸)의 비애와 같다.

성인으로 성장한 아들이 결혼을 하면 어머니의 이런 자식사랑을 싫든 좋든 며느리에 물려주어야만 한다. 그러기에 어머니와 며느리는 처음부터 상극관계다. 한번 며느리에게 자식사랑을 빼앗긴 어머니가 다시 또 자식사랑을 되찾아 올 수는 없는 일이다.

지금까지 어머니에 의존하던 아들은 결혼과 더불어 독립을 해야 한다. 그러나 자식이 튼튼하게 자란 완전한 성인이라면 문제는 간단하다. 결혼한 아내와 함께 독립하면 그만이기 때문이다. 그러나 아직 허약하고 미숙한 미성인이 결혼을 하고 아내와 독립을 한다면 어찌될 것인가? 이는 간단한 문제가 아니다.

여기서부터 문제가 출발된다. 병든 환자가 결혼생활을 한다면 이는 독립이 아니고 죽음의 길이다. 주인공의 입장에서 어머니인 정인이 아내인 재성을 보면 어머니와 아내가 상극관계이니 고부(姑婦)간에 서로 부딪히는 것은 자연적인 현상이다.

과연 주인공이자 자식의 입장에서는 어머니와 아내 중에 어느 쪽을 택하고 따를 것인가가 문제다. 어머니를 따르자니 아내가 울고 아내를 따르자니 어머니가 운다. 이럴 때에 주인공인 일주(日柱)는 그 어느 쪽도 뿌리칠 수가 없듯이 그 어느 것도 택할 수가 없는 처지가 된다.

그러므로 정인이 재성을 만나는 운세에서는 매사에 우유부단하고 주저하다가 주어진 모든 기회를 놓치는 시기다. 이럴 때에 주인공인 일주(日柱)가 어느 쪽을 택할 것인가는 일주(日柱)의 능력에 달려있다고 할 것이다.

주인공인 일주(日柱)가 왕성하고 독립할 수 있다면 모름지기 아내인 재성을 택해야 한다. 그러나 주인공인 일주(日柱)가 허약하고 자립능력이 없다면 당연히 어머니인 정인을 따라야만 바른 처세라 할 것이다.

① 정인이 편인(偏印)인 도식(到食)이나 양인(羊刃)과 동주(同柱)하고 있으면 과단성과 결단성이 없다.

② 정인이 편인인 도식이나 양인(羊刃)과 동주를 하면 심신이 허약하고 괴로운 일이 많이 생긴다.

③ 정인이 편재(偏財)와 동주하면 사업이 번창 하고 가정도 원만하여 타인의 존경을 받는다.

④ 정인이 있고 정재(正財)가 많으면 일의 실패가 많고 어머니와도 일찍 이별하는데 만일에 재운을 만나면 흉사(凶死)를 한다.

⑤ 정인이 정재와 동주하면 남자는 처덕이 좋고 어머니와 사이가 좋다.

⑥ 여자사주에 정인이 있고 정재가 많으면 화류계에 들어가거나 음란하다.

⑦ 학문과 덕망에는 돈과 여자가 금기이듯이 정인은 재성을 두려워한다. 그런데 정인이 재성과 함께 같이 나타나면 돈과 여성이 조석으로 유혹하고 학업을 방해하는 경우가 됨으로써 마침내 정인은 만신창이가 되고 재성이 주름을 잡게 되는 이치다. 그래서 속세의 부귀영화에 반하고 빠져서 욕심, 수완, 재치에 능하고 이를 능사로 삼게 되는 것이다.

⑧ 만일 재성이 왕성하면 정인은 처음부터 무능해져서 재성을

위주로 일관하지만, 정인이 왕성하면 재성이 허약하고 무능해지기 때문에 정인을 위주로 일관하게 되는 것이다. 그러나 재성이 왕성한 재운(財運)에 이르면 현실적인 욕망과 유혹에 빠지거나 타락하기가 쉬운 것이다.

⑨ 정인이 관성(官星)과 같이 있는데 재성을 보면 전혀 상황이 다르다. 즉 재생관(財生官)하니 재성은 관성을 도와서 큰 뜻을 펴게 하고, 관생인(官生印)하니 관성은 인성(印星)을 도와서 학업에 박차를 가하게 함이니 장원급제를 이루어서 마침내 높은 벼슬과 출세로서 귀한 몸이 될 수 있음이다.

⑩ 재성은 부(富)를 생산하고 관성은 귀(貴)를 창조하며 인성은 학문과 덕망을 쌓게 한다. 부(富)는 부(富)이되 만인의 부(富)이고 귀(貴)는 귀(貴)이되 만인의 귀(貴)이기에 이를 덕부(德富), 덕귀(德貴)라고 하는 것이다. 그러나 재성이 왕성하면 부에 치우치고 관성(官星)이 왕성하면 귀에 치우치며 인성이 왕성하면 덕망에 치우치게 되니 과연 덕부와 덕귀가 이 세상에 존재할 수가 있을 것인지 궁금할 따름이다.

✱ 정인과 관성인 관살과의 상관관계

정인과 관살(官殺)의 상관관계를 살펴보기로 하자. 정인은 자비로운 어머니의 별이고 관성(官星)은 엄격한 아버지의 별이다. 어머니는 아버지가 있어야 생기가 나고 활기를 띄듯이 역시 아버지도 어머니가 있어야 다정하고 의욕이 발랄해진다.

한편 아내는 남편을 보살피고 또 남편은 아내를 가호(加護)하듯이 정인과 관살(官殺)은 서로가 지켜주고 보살펴 주는 관계다. 우선 관생인(官生印)의 관계이기에 관살이 정인을 생해주는 입장이다.

음양오행의 관계에서 한쪽이 다른 한쪽을 생(生)해 준다고 함은 생기를 공급하고 도둑으로부터 지켜주며 모든 침해자들을 물리쳐 줌으로써, 생을 받는 쪽이 아무런 장애가 없이 건강하게 성장하고 활동하며 생활하도록 안전을 보장해준다는 의미다.

남편에게 의지를 하는 아내가 남편을 보면 생기가 용솟음칠 것은 당연한 일이다. 여자는 욕심이 강하고 금전의 유혹에 약한 존재다. 그래서 정인은 재성을 가장 두려워한다. 이는 재성이 인성(印星)을 극(剋)하는 재극인(財剋印)의 관계설정이기 때문이다.

그러나 남편이 있으면 그 누구도 아내에게 접근을 하거나 유혹을 하지 못하며 오히려 아버지의 위력에 눌려서 아내에게 시종을 하기에 이른다. 예컨대 아내를 해치려는 매서운 호랑이가 순한 양으로 둔갑을 해서 오히려 먹을거리인 고기를 가져다 바치고 아내를 살찌우는 역할을 하게 된다는 것이다.

이런 현상을 통관(通貫) 또는 관통(貫通)이라 한다. 통관이란? 상극관계에 있는 2개의 오행(五行)사이에 개입하여 서로 꿰뚫어 서로 통(通)하게 하는 오행의 역할을 통관이라 한다. 일종의 중재자인 셈이다.

만약에 재성과 인성(印星)이 재극인(財剋印)의 관계로 대립할 경우에 관성(官星)이 중간에 개입을 하면, 재생관(財生官)→관생인(官生印)하는 과정 속에서 재성이 관성(官星)으로 변하여, 재성이 인성(印星)에게 충실히 봉사를 하게 된다는 이치다.

주인공의 아내인 정재(正財)가 제아무리 눈을 부릅뜬들, 이렇듯 자상하고 늠름한 남편인 정관(正官)이 중간에 존재하고 있는 한, 어머니인 인성(印星)은 그 어떤 불안도 불행도 있을 수가 없음이다.

① 정인이 태어난 달의 천간인 월간(月干)이나 지지인 월지(月支)에 있고, 관살(官殺)인 정관(正官)이 함께 있게되면 부귀하고 유복하다. 이는 관살(官殺)은 관인생(官印生)으로 인성(印星)을 살려주기 때문이다. 편관은 칠살이라하므로 정관과 편관을 통칭할 때는 관살(官殺)이라고 한다.

② 정인이 있으면서 관성(官星)이 왕성하면 처음부터 큰 뜻을 품고 만인을 가르치며 다스리는 큰사람이 되는 동시에 역사에 이름을 남기는 큰 벼슬과 공덕을 이룩한다. 정인이 정관(正官), 즉 관성과 같이 있으면 유복하여 여자는 남편의 덕, 자식의 덕이 많고 남자는 사주가 중화될 때에 이름을 떨칠 수 있다.

③ 정인이 있고 관성이 없으면 학업에는 능하고 출중하나 벼슬과 출세에는 뜻과 의욕이 부족함이 있다. 오직 학자고 선비로서 학업에만 전념하고 속세를 멀리하며 망각하기 때문이다. 즉 목(木)이 본인일 때에는 정인은 음양이 서로 다른 생조자(水)이며, 관살은 나를 극하는 자(金)가 되는 것이다.

금생수(金生水)하여 관살은 정인을 살려주는데, 금(金)인 관살(官殺)이 없으면 공부를 못하여 관(官)에 오르지 못하고 예술계통에서 두각을 나타내게 되는 것이다.

④ 정인이 있으면서 관성이 없으나 대운에서 관성이 나타나면 청룡이 구름과 여의주를 얻은 듯이 크나큰 포부와 경륜을 발휘해서 일약 출세를 하고 이름을 떨치게 된다.

✱ 정인과 12운성과의 상관관계

① 태어난 해인 연간(年干)에 정인이 있고, 태어난 달의 천간인 월간(月干)에 겁재(劫財)가 있으며, 12운성(運星) 중에 쇠병사묘(衰病死墓)가 동주하여 있으면 형을 대신해서 아우가 부모의 재산을 상속한다.

② 정인이 12운성 중에 제왕(帝王), 장생(長生), 건록(建祿)과 동주하여 있을 경우에는 사업이 번창하고 가정도 평화로우며 타인의 존경도 받는다.

③ 정인이 12운성 중에 사절묘병(死節墓病)이 같이 있으면 부모의 덕이 없다.

④ 정인이 12운성 중에 건록(建祿)이 동주하면 부모덕이 좋다.

⑤ 정인이 12운성 중에 제왕(帝王)이 동주하면 아버지가 데릴사위다.

⑥ 정인이 12운성 중에 목욕(沐浴)이 동주하면 어머니가 과부로 늙는다.

⑦ 정인이 12운성 중에 관대(冠帶)와 같이 있으면 훌륭한 부모를 가졌다.

5. 정인이 비견과 겁재를 만나면 변화가 무쌍해져

여기서는 정인(正印)이 비견(比肩)과 겁재(劫財)를 만났을 때의 상관관계를 살펴보기로 하자. 정인이 비견과 겁재를 보면 1명의 어머니가 2명의 아들을 둔 격이다.

이런 상황이라면 1명의 어머니는 과로하고 허약해지며 또 2명의 아들은 젖을 나누어 가져야 하는 처지이니 의식주가 풍족할 수가 없음이다. 그래서 어머니와 아들이 모두다 같이 반씩을 손해봄이니 어머니는 과로함이고 아들은 반숙상태라 할 것이다.

그러나 정인을 만난 주인공(日柱)은 형제지간인 비겁(比劫)으로 인해서 얻는 것은 있어도 잃는 것은 적다고 해야 할 것이다. 또 어머니인 정인의 입장에서도 아들이 2명이면 1명보다는 더욱 기쁜 일이니 이로울 뿐 해가 될 수는 없는 일이다. 그런데 어머니는 과로함이고 아들은 반숙상태라고 하는 그 이유는 무엇일까?

첫째, 사주가 신왕(身旺)한 자는 어머니인 정인을 싫어한다. 그 이유는 신왕한 자는 이미 장성한 성인이다. 성인은 어머니의 젖꼭지를 떠나서 결혼하고 자립을 해야 할 입장이다.

자립을 하려면 재물이 있어야 하는데 생산을 하는 데는 똑같은 노동력과 능률을 가진 비견은 필요해도 나이든 정인은 오히려 방해가 된다고 할 것이다. 어머니는 자식의 사랑을 독점하려함이 인지상정이다. 그런데 자식이 결혼하면 자식의 사랑이 며느리에게로 향해 어머니가 혼자 독차지만을 할 수 없게 된다.

완전하게 성숙해 사주가 신왕한 자는 모정을 접고 아내를 얻어 자립을 하는 것이 원칙이다. 그러나 아직 미숙해 덜 성숙한 자는 어머니에 의존해야 하기 때문에 사주가 신약한 자는 모정을 떠날 수 없음이다.

이렇게 사주가 신약해 모정에 얽혀 있을 경우에 비견이 함께 있어준다면 또 하나의 아들이 있어 협조가 이뤄지기 때문에 주인공인 일주(日柱)가 힘을 얻어 쉽게 자립을 할 수가 있게 됨이다. 그래서 정인으로 인한 피해나 장애가 반으로 감소되고 홀가분해질 수 있다는 점이다.

둘째, 재다신약(財多身弱)한 경우다. 재다신약(財多身弱)이란? 사주에 재성(財星)이 많은데 신약함을 가리키는 말이다. 신약한 자는 반드시 정인에 의지하고 도움을 받아야 한다.

그런데 재성(財星)이 있으면 정인은 며느리를 본 어머니처럼 자식의 곁을 떠난다. 정인의 입장에서 재성은 관살(官殺)에 해당하기 때문에 그렇다.

그러나 이럴 때에 비견이 나타나 정인과 합심해서 재성을 눌러주면 어머니인 정인은 안심하고 모자지간의 정을 나눌 수도 있고 신약해 허약한 자식을 보살필 수가 있음이다.

이와 같이 비겁(比劫)은 병이든 형제를 대신해 재물을 조성하는 한편 빈틈없이 형제를 관리해주니, 정인이 비겁이라는 2명의 힘을 모두 받을 수 있는 동시에 허약하던 주인공인 일주(日柱)의 몸도 왕성해지고 재물도 또한 부유해지지게 됨이다.

형제지간인 비겁은 무거운 짐을 함께 같이 나누어지고, 정인은 기름을 보급함이니 재물이 많을수록 다다익선이라 할 것이다. 그래서 정인은 재성(財星)을 두려워하지만 비겁(比劫)이 있으면 오히려 재성(財星)을 기대하고 재운(財運)에 발복한다.

그러나 사주가 신왕(身旺)하고 재관(財官)이 없다면, 비겁(比劫)과 정인이 무용지물일 뿐이고 오히려 무거운 부담이 되는 것이니 더욱더 가난해지고 천해질 수밖에 없음이다.

예컨대 비겁(比劫)은 재성(財星)을 공격하고, 정인은 관성(官星)의 정기(精氣)를 빼앗아 버리기 때문에, 재관(財官)이 모두 다 무기력해지고 그림의 떡이 되는 처지가 되어버리는 것이다.

그런데 여기에 설상가상으로 업친데 덮친 꼴로 정인운이나 또는 비견운을 만나게 되면, 아내(財)와 자식(官)이 모두 다 설 땅이 없이 만신창이가 되어버리고, 자신도 또한 가난을 감당하지 못하며 수명도 역시 위험해진다고 할 것이다.

반대로 재관(財官)운에 진입해 들어간다면, 정인의 입장에서는 비겁(比劫)이 천금의 가치가 있음이기에 합심하고 협력해서 부귀를 생산하고 처자들도 또한 왕성하여 번창을 이루게 된다.

6. 정인 반기고 식상 꺼림은 신약자고, 정인 꺼리고 식상 기뻐함은 신왕자

✱ 정인을 반기고 식신과 상관을 꺼림은 신약한 자

상관은 매우 냉정하고 과격한 소모자의 별이다. 주인공의 뜻과는 상관없이 제멋대로 활동하고 기름과 에너지를 소모시킨다. 그래서 주인공은 늘 상관(傷官) 때문에 골치를 앓고 지치며 피로해한다.

이런 방약하고도 안하무인인 상관을 고양이 앞에 쥐처럼 꼼짝 못하게 다루는 상관의 호랑이가 바로 정인(正印)이다. 정인은 상관의 칠살(七殺)로서의 위치를 갖는다.

그래서 정인이 상관의 독기를 덕으로써 제거해 줌으로써 상관을 온순하고 얌전한 식신으로 개조를 시킨다. 이렇게 정인의 도움으로 상관의 냉혹한 기질과 폐단은 없어지고 상관의 무리하고 독선적인 힘과 에너지의 낭비도 억제된다.

그래서 정인이 식신(食神)과 상관을 만나게 되면, 정인의 본업인 힘과 에너지의 생산과 공급에만 전념을 할 수가 없게 된다. 정인이 애써서 공급한 힘들을 헛되이 소모시키고 에너지를 훔쳐가는 도둑인 식신과 상관으로부터 정인이 에너지를 철저히 지켜내야 하기 때문이다.

이렇게 정인의 앞에 식신과 상관이 나타나면, 정인은 에너지의 생산과 방위활동의 2가지 작업을 동시에 해야만 한다. 그래시 정인의 앞에 식신과 상관이 나타나면, 정인의 생산능력과 작업능률이 자연히 크게 감퇴될 수밖에 없고 주인공은 그 감량만큼이나 성장과 능력이 감소된다고 할 것이다.

그러므로 정인의 앞에 있는 식신과 상관은, 한창 잘 자라고 있는 나무를 좀먹는 벌레나 기생충처럼, 또는 주인공의 인체를 괴롭히는 질병이나 병균처럼 부정적인 작용을 하고 있음이다. 그래서 정인은 주인공을 먹이고 입히고 기르랴 또 한편으로는 질병을 치료하랴 항상 눈코를 뜰 새가 없이 바쁜 일정을 보낸다.

그러므로 정인이 식신과 상관을 만나게 되면, 주인공이 아직 성숙도 하기 전에 유혹과 호기심에 정신을 쏟고 일찍부터 재능을 발휘해야 하기 때문에 올바른 성숙을 기대할 수가 없게 된다.

주인공이 이럴 경우에는 남달리 조숙하고 사회에 빠르게 진출하는 장점이 있다.

그러나 반면에 미숙한 상태에서 시작함이니 미숙함으로 미완성으로 끝나는 경향이 많게 된다.

✱ 정인을 꺼리고 식신과 상관을 기뻐함은 신왕한 자

사주가 신왕(身旺)한 경우는 상황이 다르다. 신왕(身旺)한 자는 독자적으로 자립을 할 수 있는 능력이 있기에 식신과 상관을 기뻐하고 정인을 멀리한다.

한마디로 신왕(身旺)한 자에게 있어서 식신과 상관은 유일한 기회다. 그런데 그러한 유일한 기회를 정인이 나타나서 견제하고 들어온다면 신왕한 자에게는 오히려 호사다마가 되어 버린다.

예컨대 사주가 신약(身弱)해서 아직 운행할 수 없는 미숙자에게는, 힘과 에너지를 빼앗아가는 식신과 상관으로부터 제동기(制動機)의 역할과 보호막을 해주는 정인이 생명선일 것이다.

그러나 사주가 신왕해서 능히 자립적으로 운행할 수 있는 성인에게는, 과도한 힘과 에너지를 일부 빼앗아 조절해주는 식신과 상관이 찬스로, 모처럼의 기회를 얻어 제대로 움직여지는데 이를 제지하는 정인이 나타나면 주인공의 입장에서는 크나큰 방해자가 될 것이기 때문이다.

그래서 정인의 앞에 식신과 상관이 나타나면, 한쪽에서는 가자고 손을 붙들고 또 다른 한쪽에서는 가지 말라고 손을 붙들고 있는 형국이니 주인공이 갈피를 잡을 수가 없게 된다. 그래서 만사에 우유부단하고 주저하다가 주인공이 몇 번이고 좋은 기회를 놓치게 되는 현상이 반복되는 것이다.

결국 주인공이 이러한 미궁을 박차고 나가는 길은 오직 정인을 억누르는 재성(財星)을 만나는 것뿐이다. 따라서 대운이나 연운인 행운(行運)에서 재운(財運)에 들어가게 되면 비로소 식신과 상관이 활기를 띠고 뚜렷한 지표를 찾아서 앞으로 전진을 하는 동시에 오히려 정인의 힘이 필요하게 됨이다.

이때서야 비로소 야속했던 정인이 반가운 지원자로 변모를 하니 드디어 병이 약으로 둔갑한 것과 같음이다. 사주에서 정인, 식신, 상관은 똑같은 일주(日柱)의 신하들이다.

군주는 신하의 어버이로서 하후하박이 있을 수 없고 미움과 차별이 있을 수가 없다. 다만 나라와 가정을 다스리기 위해서 이단적인 행동을 억누르고 막을 뿐이다. 나라가 흥하려면 모든 신하가 합심하고 총동원되어야 한다.

정인이 밉다고 해서 억제하고 누르기보다는 정인도 충신으로 활용하는 것이 군주의 도리고 부흥의 길이기 때문이다. 그 부질없던 정인도 이제 생산의 작업에 기름을 보급하는 황금의 별로 전향을 하였으니 이보다 더 큰 경사가 어디에 또 있겠는가?

누구나 돈을 보면 욕심이 생기고 욕심이 지나치면 분수를 벗어나기 마련이다. 그래서 재성(財星)을 본 식신과 상관은 과속으로 질주하고, 주인공인 일주(日柱)도 또한 절호의 찬스와 기회를 최대한 활용하려고 무리한 욕망과 작업을 시도하기에 이른다.

이럴 때에 비로소 그동안 미움만 받았던 정인이 브레이크를 걸고 피로해 지치고 과로한 주인공인 일주(日柱)에게 생명수를 공급하기에 이르니, 이것이야 말로 전화위복이고 만사형통이라고 할 것이다.

7. 아내 따르면 정인은 허수아비고, 어머니 따르면 여자문제 발생해

✱ 자식이 아내인 재성을 따를 경우 정인은 허수아비 신세고 이직하거나 좌천해

자식이 아내인 재성(財星)을 따를 경우에 어머니인 정인은 허수아비가 되고 만다. 이렇게 허수아비가 되어 놀고먹는 경우를 유한(有閑)의 별이라 함이니 이를 일러 한신(閑神)이라고 한다.

일단 재성을 따르고 잡았다면 재성이 왕성해야 한다. 재성이 왕성하려면 재성을 생조(生助)해주는 식신(食神)과 상관(傷官)이 있어야만 한다. 그래서 식신과 상관을 기뻐하는 것이다.

식신과 상관은 재(財)를 생조(生助)하고 생산함으로써 크게 번창을 한다. 그러나 사업을 확대하려면 자본이 크게 필요하게 된다. 그런데 어머니는 유일한 원동력이자 돈주머니다.

결혼하면서 아내를 택할 때에는 어머니가 혹처럼 부담이 되었었다. 그러나 식신과 상관을 만나서 사업이 크게 확대되기에 이르니 이제 어머니의 돈주머니가 꿀단지처럼 생각이 나게 되어 있다.

자식은 어머니를 외면할 수 있었지만 어머니는 자식을 버릴 수가 없다. 무거운 짐을 지고서 허덕이는 자식을 보면서 안타까워한다. 어머니는 돈주머니를 풀어서 송두리째 자식에게 바친다.

그래서 주인공인 일주(日柱)는 재(財)운에 아내와 결혼을 하면서 어머니를 배신했다. 그러나 식신과 상관운에서 오히려 어머니에 효도하고 돈을 벌어 번창을 하는 이치다.

✱ 자식이 어머니인 인성을 따를 경우 여자와 뇌물문제로 직장해고와 풍파발생

자식이 어머니인 정인을 택할 경우에는 아내인 재성이 골칫거리가 되고 만다. 미성숙한 자식이나 병든 환자의 입장에서는 어머니라는 정인의 품속을 빨리 떠나지 말고 앞으로도 젖을 더 먹고 성숙할 때까지 힘을 더 길러야만 한다.

그런데도 불구하고 젊은 아내인 재성은 청춘타령을 하면서 온갖 유혹으로 주인공인 남편의 독립을 꼬드기면서 강요를 함이니 어찌 요부가 아니라 할 것인가? 미숙한 남편이나 어린 환자가 이런 간사한 아내의 어지러운 유혹들을 물리칠 수 있는 용기와 슬기를 가지고 있지 못하기에 문제다.

아울러 재극인(財剋印)의 관계설정 때문에 정인(正印)이 재성의 앞에서는 무기력함이니 재성의 유혹을 물리칠 수도 없는 처지다. 미숙하고 병이든 몸이 아내인 재성의 유혹에 빠져드니 병은 깊어만 가고 몸은 더욱더 허약해질 수밖에 없다.

그만큼 주인공은 미숙하고 무기력하며 주위의 유혹과 욕망에 쉽게 빠져들어 끝내는 몸도 잃고 재물도 잃게 된다. 이렇게 무기력하고 기진맥진 지친 상태에서 재성을 생부(生扶)해주는 식신과 상관을 만나게 된다면 상황이 어찌 되겠는가? 호랑이에게 날개를 달아준 꼴이니 신병의 악화와 파산의 정도가 급속도로 가속화될 뿐이다.

이런 요부를 물리쳐내고 어린 환자를 구제하는 길은 오직 어머니 격인 정인을 생해주고 재성의 기운을 빼내서 설기(泄氣)를 시켜주는 최고의 약(藥)은 관성이다.

관성(官星)이 법도로서 재성의 어지러운 유혹을 제거해주고, 동시에 관성이 정인의 생모로서 허약한 정인을 대량생산하여 주인공인 일주(日柱)를 강한 성인으로 만들어 가야만 한다.

　이렇게 관성이 동원되니 요사스럽던 재성은 행실이 단정해지고, 관성이 정인인 인수(印綬)와 합동을 해서 주인공인 일주(日柱)를 돕게 되니 병이 든 어린 왕자의 집에는 웃음꽃이 만발하고 경사가 생기는 이치다.

　그런데 정인은 직장이고 재성은 기업의 별이기 때문에 정인이 재성과 함께 같이 있으면 처음에는 직장으로 진출을 하다가 멀지 않아서 자기사업으로 전환을 하게 된다.

　그래서 사주가 신왕(身旺)한 사람은 빠르게 자기사업으로 진출하고 성공을 한다. 그러나 사주가 신약(身弱)한 사람은 어머니의 도움이 절실하기에 정인을 떠날 수 없듯이 직장을 절대로 떠나지 않는 것이 성공의 첩경이라 할 것이다.

　만약에 정인과 재성이 나란히 대립을 하는 경우라면 재성이 강력하기 때문에 정인은 보좌역할에 머무를 수밖에 없게 된다. 어머니는 미우나 고우나 자식을 사랑하고 지원하듯이 정인은 주인공인 일주(日柱)를 위해서 자신의 슬기와 체력을 계속 공급한다.

　그러나 주인공인 일주(日柱)는 어차피 그 중에 어느 하나를 택할 수밖에 없는 처지다. 아내인 재성을 택할 경우에는 어머니에게 되돌아가는 정인을 쳐다보는 것은 금물이듯이, 또 일단 정인을 택했다면 아내에게로 돌아가는 재성을 만나는 것은 금물이다.

　그러기 때문에 주인공이 인성(印星)을 쓰는 경우에 재성을 보면 어머니의 젖줄이 끊어지듯이 여자와 재물관계로 직장에서 물러나거나 매사에 풍파가 일어난다. 그러나 반대로 주인공이 재성을 쓰는 경우에는 정인을 보면 아내와 이별하는 격이니 직장을 떠나거나 좌천을 하게 된다.

그러므로 이렇게 상극된 정인이 재성을 함께 사주에 가지고 있는 사람의 경우는 삶의 변화가 무상할 것이 필연적인 사실이다.

✱ 관성이 없는 정인을 재성이 보면 독수리가 병아리 낚아서 채듯 유혹 점유하려 해

그렇지만 막상 관성이 사라진다면 어머니인 정인은 과부처럼 의지가지가 없어지게 된다. 만약에 정인이 이런 상황에 처하게 된다면, 이렇게 외로운 정인을 돈과 향락으로 유인하기란 정말 식은 죽 먹기가 아니겠는가.

이렇게 관성이 없는 무방비 상태의 정인으로서는 황금의 유혹과 힘의 겁탈에 순순히 굴복할 것은 물어보나 마나한 일이다.

그래서 재성은 관성이 없는 정인을 보게 되면 독수리가 병아리를 낚아서 채듯이 유혹을 하고 점유를 하려드는 것이다. 세상만사 모두 다 그렇지만 설움 설움해도 특히 남편이 없는 정인의 서러움이 얼마나 복받치겠는가는 알만한 일이다.

그래서 정인은 관성을 가장 기뻐하는 동시에 가장 소중하게 지키고 보살피며 정성을 다한다. 아울러 정인은 관성을 해치려드는 상관을 얼씬도 못하게 내쫓기도 한다. 그리고 정인은 관성과 맞서려드는 관살(官殺)인 편관(偏官)의 기운을 빼버리며 설기(泄氣)를 시켜서 무능력자로 전락을 시켜버린다.

8. 관성혼잡하면 2부1처, 관성1개에 정인2개면 1부2처

일반적으로 가정을 이루는 1부1처(一夫一妻)제는 인륜(人倫)이기에 앞서 하늘이 정한 천륜(天倫)이자 건강과 평화와 부귀의 기본이자 근본이다.

그런데 정인(正印)이 하나인데 관성(官星)이 2개거나 관살(官殺)이 혼잡하면 2부1처(二夫一妻)가 되듯이, 또 관성(官星)이 1개인데 정인(正印)이 2개면 1부2처(一夫二妻)가 되기 때문에 이런 관계설정은 결국 불륜과 가정불화, 가산낭비 등을 초래할 수밖에 없게된다.

예컨대 1부2처인 경우를 생각해보자. 이는 남편이 부정(不貞)하고 성실하지 못함이기 때문에 경제와 체력의 낭비가 심해져서 손재(損財)로 인해 경제면이든 건강이든 모두가 허약질 것은 분명하다.

이렇게 부정하고 성실하지 못한 남편에 대해서 아내가 신경질적으로 반발을 하고 성적인 불만에 몸부림칠 것은 당연한 일이다. 가정이 시끄럽고 아내의 바가지가 심해지며 정력과 금전적인 소모가 점점 과대해 감에 따라서 주인공은 의욕은 감퇴하고 사회적인 진출이나 활동 또한 둔화되어가며 수명도 역시 감소될 수밖에 없음일 것이다.

그러나 정반대로 2부1처인 경우를 생각해보자. 이는 아내가 부정(不貞)하고 불필요한 금전과 정력의 소모가 과대하여 남편의 의혹과 시기질투가 심해지고 가정이 시끄러워져 가정불화로 이어질 것이다.

아내가 부정(不貞)을 저지르니 홧김에 뭣을 한다는 식으로 남편도 외도를 하게 되고 또 다시 아내도 그 본(本)을 따르고, 외간 남자와 바람을 피우기 마련이다.

그래서 남편은 아내에게 불성실하고 역시 아내도 남편에게 불순하고 불온하게 된다. 부부가 서로 의심하고 불신하며 가정을 외면하고 딴전을 피움이니 어찌 가정에 평화와 웃음을 기대할 수 있겠는가?

오행과 육신 상으로야 1개의 정인(正印)이 여러 개의 관살(官殺)을 능히 소화하여 정인으로 화인(化印)을 시킬 수도 있지만 그 실제는 풍파를 면치 못하는 관계설정이다.

어떤 남편이 아내의 부정을 보고 잠자코 있겠는가? 아내가 바람을 피우면 당연히 남편이 아내에게 화를 내고 냉정하고 불신할 것은 보나마나한 일이다. 그렇다고 아내가 반성하고 자중하기는 어려운 일이다.

여성의 사주에 관성(官星)이 2개거나 관살이 혼잡하다면 그녀는 이미 선천적으로 여러 명의 남성을 거느리고 있는 팔자이기 때문이다. 그만큼 그 녀는 남성을 매혹하고 유혹시킬 수 있는 아름다움과 교태(嬌態)와 음성(淫性)을 풍부하게 지니고 있기 때문이다.

여성의 사주에 2개의 관성이 아닌 관살이 혼잡한 경우에는 그러한 현상이 더욱 심하다. 관성이 2개면 정식남편이 2명이니 2번 결혼함을 암시한다. 그러나 관살이 혼잡한 경우에는 남편과 정부(情夫)를 동시에 거느리고 있는 형국이니 부정하고 음란함을 암시한다고 할 것이다.

칠살(七殺)이 2개인 경우에는 처음부터 자유여성으로서 정식결혼을 하지 않고 여러 명의 남성을 편력(遍歷)하는 형국이기 때문에 자유부인의 표본이라 할 것이다. 물론 이는 부모의 별이기에 부모의 운세를 암시함이다. 이러한 영향이 자식에게 그대로 미칠 것임은 필연적 이치다.

부전자전이고 모전여전이라고 부성(夫星)의 작용은 아들에게 그대로 영향을 주어 크게 미치고, 모성(母星)의 영향도 그대로 딸에게 더욱 깊게 미친다고 할 것이다. 그래서 결혼을 앞두고 배우자를 선택하는 과정에서 집안을 살피고 부모를 살피는 이유가 바로 이런 이유 때문인 것이다.

9. 정인과 정인이 함께하면 질투와 중상모략만 일삼아

여기서는 인성(印星)과 인성의 상관관계를 살펴보기로 하자. 인성은 다정한 어머니의 모성이다. 같은 모성이 2개가 서로 부딪칠 때에는 모성끼리 경합이 붙게 된다. 누가 참다운 모성인가를 경쟁하려는 것이 아니고 누가 어머니의 자리를 차지하느냐의 경쟁이다.

누구나 적군 앞에서 관대할 수는 없는 일이다. 그래서 서로가 시기하고 질투하며 중상하고 모략을 한다. 그래서 어머니의 참사랑과 자비로운 웃음은 오간 데가 없고 차디찬 얼음덩이와 날카로운 신경질로 변질해 버린다.

아량이나 겸손이란 생각조차도 할 수 없는 상황이다. 오직 나 혼자 자녀를 독점하겠다는 집념과 편협한 고집뿐이다. 이는 따사롭고 자애로운 생모가 아니고 가시가 돋친 계모나 서모와 같다.

그 중에 1명은 분명히 생모에 해당한다. 생모가 현명하고 지혜로우며 남편을 만족하게 공경을 했다면 아버지는 생모를 두고서 또 다른 어머니를 맞아들이지는 않았을 것이다. 무엇인가 생모에게 부족함이 있었고 무기력함이 있었기 때문이다.

설사 그렇다고 하드래도 아버지가 너그러운 군자였다면 그러한 가정의 풍파는 일어나지 않았을 것이다. 어머니도 부족하지만 아버지도 부족함이 분명하다. 서모를 본 생모가 아버지에 충실하고 공경하며 자식들에게 다정할 수만은 없는 일이 아닌가?

그래서 생모는 매사에 신경질적이고 시기와 질투에 이성을 잃을 정도가 된다. 그렇게 고독하고 괴로운 어머니의 슬하에서 자녀들이 호의호식할 수만은 없는 처지다. 자식들은 생모이든 서모이든 그 사이에서 눈치를 봐야만 하고 그래서 눈치가 있고 재치가 있게 움직이지 않으면 안 되는 상황이다.

정인(正印)이 2명인 것이 반드시 서모를 뜻하는 것만은 아니다. 어머니가 세상을 떠나 작고를 해서 계모를 얻을 수도 있는 일이다. 이 경우는 아버지의 행실이 단정하지 못함이 아니라 어머니의 무력함 때문이다. 아무튼 어느 쪽이든 생모가 무력하고 불행한 것만은 사실이다.

어머니가 2명이면 서로에게 자식을 미루는 경향이 있다. 남편이 생모를 외면하는데 자식을 알뜰히 보살필 수는 없는 이치다. 하물며 내 자식도 아닌 서모의 입장에 있어서야 두말할 나위가 없음이다.

스포츠 게임도 아니고 2명 어머니의 경합 때문에 자식들은 외면되고 의식주의 공급도 덩달아 부실해진다. 자녀들은 호의호식이 아니라 악의악식을 하기 때문에 소화기능이 건전하지 못할 것이고 체력과 지력 또한 부실해질 것은 분명하다.

자녀들이 먹고 입고 배우는 것이 부실하고 편식과 편견에 치우친 생활 속에서 살아가니 아량과 관용과 덕성을 기르기는 어렵다고 할 것이다.

정반대의 경우도 생각할 수가 있다. 예컨대 미운자식 밥 한 그릇 더 준다고 억지로 먹이고 또 먹이는 수도 있음이다. 그래서 소화불량이 되고 권태를 느끼며 정상을 상실할 수도 있다.

아무튼 이미 무력해진 생모와 차갑고 냉랭한 서모의 눈칫밥을 먹고사는 인생의 갈 길은 단하나 독자적으로 자립하는 것뿐이다. 그러기 위해서는 수단과 재치를 배워야 한다. 이는 천하의 돈을 주름잡는 재성(財星)의 기질이다.

이렇게 정인(正印)과 정인이 서로 양립할 때에 재성(財星)을 보면 서모 밑에서 구박받던 인생이 현명한 아내를 만나서 자립을 하는 기회이니 어두컴컴한 밤의 등불처럼 새로운 계기를 얻게 됨이다. 이제 돈과 수완을 얻었음이니 서로의 눈치도 보지 않고 서모를 섬기는 재치도 비범하다고 할 것이다.

이렇게 자식이 출세를 하면 생모가 활기를 되찾을 것은 당연한 일이다. 정인이 여러 개면 인성이 극성스럽다. 그래서 인성들이 아버지의 지배를 받지 않고 멋대로 행동을 한다.

그런데 재성(財星)은 극성스러운 정인(正印)을 누르고 허약해진 관성(官星)을 생부(生扶)하여 비로소 아버지인 관성이 희생하여 관인(官印)의 관계가 정상화됨이니 아버지도 정상화되고 어머니도 모성의 도리를 다 지키어 부모는 화목함을 되찾고 자식도 또한 모자의 정을 누리게 됨이다.

그러므로 정인(正印)이 정인을 보면 아버지가 2번 결혼한 것이니 생모와의 인연은 없고 계모나 유모의 손에 자라는 운명이라 할 것이다. 이렇게 정인이 2개인 사주는 생모와의 생리사별을 암시

하니 어려서 생모를 잃게 되고 제3의 모성과 후견인에 의해서 성
장하게 된다는 점을 상징하는 것이다.

　이렇게 일찍이 생모를 잃은 아기가 어머니의 덕을 보기는 어렵
다고 할 것이다. 아버지가 재혼함에 따라서 부정(夫情)은 새 어머
니에게 독점되니 부모의 정을 누리기는 힘들다고 보는 것이다.

10. 정인과 편인이 함께하면 생모와 서모가 한집에 사는 꼴

　정인(正印)은 생모(生母)이고 편인(偏印)은 서모(庶母)의 별이다.
정인과 편인이 같이 있으면 생모와 서모가 한집에서 같이 사는 꼴
이니 서로가 사랑싸움이 벌어질 수밖에 없다.

　아버지는 생모가 싫어서 서모를 얻은 것이니 아버지의 사랑은
자연히 서모에게 가고 생모인 어머니는 버림을 받은 셈이다. 그래
서 생모와 서모가 서로 질투하고 중상하며 싸울 것은 필연적인 일
이다.

　그리고 아버지로부터 버림받은 생모가 자식을 올바로 보살피고
기를 수는 없는 처지다. 남편을 빼앗긴 아이들의 생모인 아내는
이별을 고하는 것이 원칙일 것이다. 그러나 아직은 결판이 나지
않았음이니 이대로 물러설 수도 없는 일이다.

　누가 물러서고 물러가느냐는 정인과 편인의 근기(根氣)로써 결정
될 일이다. 정인이 왕성하고 편인이 쇠약하다면 당연히 서모가 물
러갈 것이다. 반대인 경우에는 생모가 당연히 물러가야 할 처지다.

　이렇게 2명의 아내를 거느린 아버지가 군자가 아닌 소인일 것

은 분명하고 또 정력과 재력의 낭비로 인해서 머지않아 쉽게 무력화(無力化)될 것은 물어보나마나 알 수 있는 일이다.

이렇게 정인과 편인이 함께 있어 이런 문제가 일어날 때에 재성(財星)을 보게 되면 기사회생을 하고 만사가 원만히 정상화된다. 예컨대 정인은 생기를 공급하는 원동력의 근원이므로 체력과 지력의 별이다.

정인이 많으면 오히려 소화불량이 되고 올바른 섭취를 하지 못함이니 체력과 지력은 오히려 악화될 수밖에 없음이다. 예컨대 을목(乙木)은 임수(壬水)가 인성(印星)인데 임수(壬水)가 여러 개라면 오히려 을목(乙木)이 부목(浮木)이 되어서 물에 둥둥 떠내려가는 신세가 된다.

이와 같이 사주에 인성(印星)이 많으면 공부를 해도 어느 1가지에 전념하지를 못하고 이것저것 기웃거리며 손을 대면서 변동을 자주 하게 된다. 그리고 이상은 높으나 현실에 어둡기 때문에 실용적인 지식을 얻지 못하고 고루한 지식에 사로잡히는 삶이 될 확률이 높다고 할 것이다.

그리고 사주에 인성(印星)이 많으면 성품도 편견적이고 고루한 경향이 있으며 어느 1가지의 일도 성사하기가 어려운 동시에 뜬구름처럼 뿌리를 박고 정착하기도 어려운 삶이다. 배움은 많으나 깊이가 없고 열매가 없으니 재능은 많으나 발휘할 기회를 잡지 못하는 인생이라 할 것이다.

그러함의 이유는 인성(印星)이 활동의 별인 식신(食神)과 상관(傷官)을 공격하고 용납하지 않기 때문이다. 생산은 과잉상태지만 판매할 시장이 봉쇄되니 만사가 침체되고 무용지물로서 헛되이 정력과 자본을 소모할 뿐이다. 주위에서 새로운 상품의 개발을 권

유하지만 편견과 자기의 고집 때문에 받아들이지 않는 성품을 가
진다.

　범람해 넘치는 홍수와 강물에 휩쓸려 떠내려가는 부목(浮木)의
을목(乙木)처럼 주위의 유혹을 뿌리칠 능력이 없음이기에 항상 타
의적이고 수동적으로 움직이다가 언제나 손실을 당하고 정착과
안정을 이룩할 수 없게 된다.

　그러한 유혹 중에 이성문제도 또한 도사리고 있다. 주위의 온갖
유혹에 사로 잡혀서 본업과 본분을 망각하는가 하면 언제나 우유
부단하고 갈팡질팡하다가 찬스와 기회를 놓치는 인생이다. 그래
서 능력은 풍부하지만 사회경험과 수단이 없어서 언제나 훌륭한
재능을 발휘하지 못하고 다람쥐 쳇바퀴를 돌듯이 제자리걸음을
하는 경우가 많은 인생이다.

기도발이 센 기도명당 50선

기도발이란 시간 · 공간 · 인간의 삼위일체가 관건!

기도발의 3대 결정 요인은 누가 · 언제 · 어디서 기도를 할 것인가이다.

첫째로 기도하는 주체가 본인인 경우와 가족이나 성직자 등의 대리인이 하는 경우 그 기도발의 차이는 상당하다.

둘째는 기감氣感이 좋고 신명神明의 감응이 좋은 날짜와 시간 선택에 따라 기도발의 차이가 엄청나다.

셋째로 기도하는 장소가 어디냐에 달려있다.

신명의 감응이 높고 빠르며 좋은 장소에서 하는 기도는 그 기도발이 매우 빠르고 크게 나타난다.

전국에 산재한 분야별 영험한 기도명당 소개!

그 기도에 대한 응답이 기도발이다.

기도발은 누가, 언제, 어디서 기도를 하는가에 달려 있다.

기도란 자신에게 부족한 기운을 보강하는 일이며, 간절하고 애절하며 비장한 기도는 가장 먼저 자신의 내면세계를 바꾸고 이어서 자신에게 부족한 기운을 불러들여 운세를 바꾸며 더 나아가 그 공덕으로 세상을 변화시킨다.

어디가 기도발이 센 명당일까?

기도를 함에도 기도의 주제별로 기도발이 센 기도명당이 있기 마련이다.

부자명당, 출세명당, 합격명당, 당선명당, 사랑명당, 득남명당, 장수명당, 득도명당, 접신명당……

전국에 산재한 분야별 기도명당들을 소개한다.

운명을 바꾸는 방위오행 운수대통 풍수힐링

막히고 닫힌 운을 여는 기술

命을 바꿀 수 없다면 運을 바꿔라!

막히고 닫힌 운(運)을 열리게 하는 개운(開運)의 방법을 이해하고 터득하면 누구나 자신의 소원하는 바를 얻을 수 있다. 이러한 점이 바로 자연 속에 감춰진 비밀의 문을 들어간 방위학술이 갖는 불가사의함이다. 믿고 따르는 자는 소원을 이룰 것이나 그렇지 않으면 주어진 운명대로 살아갈 수 밖에 없음이 운명이다.

〈천명은 불변하나 운명은 변할 수 있다〉
내 運命은 내가 선택하는 개운법

모든 중생들은 숙명, 천명, 운명, 소명이라는 4가지의 명(命)을 가지고 있다. 사람들은 저마다 선천적인 천명을 가지고 태어나지만 후천적인 운명은 선택적으로 만들어 가면서 삶의 질을 결정한다. 운명(運命)은 진행되어가는 과정이므로 천지만물의 자연현상 속에서 자신에게 결핍된 부분을 발견하고 필요한 기운을 적절히 동원하여 흉운(凶運)을 물리치고 길운(吉運)을 불러들이는 다양한 개운(開運)법을 동원하여 변화시킬 수가 있다. 후천적인 운명은 '시간(때)의 선택'과 '공간(곳)의 선택'이라는 2가지의 경우의 수에 의해서 영향을 받아 결정됨이고 이것이 바로 자연의 섭리이자 곧 우주만물을 움직이는 작동원리이다. 그래서 공간이라는 방향을 선택하고 활용하는 기술이 필요한 것이다. 방향을 선택한다고 함은 곧 우주공간에 형성된 자성(磁性)이라는 에너지 중에서 방향별로 자기에게 유리한 에너지는 받아들이고 불리한 에너지는 멀리하는 방법이다. 따라서 그 사람 '삶의 질'과 운명도 함께 달라진다. 공간의 선택이란 '방향을 선택하는 것'이고 '방향을 바꾸는 일'이다.